高职高专"十三五"规划教材

汽车类专业立体化数字资源配套教材

二手车鉴定与评估

双色版

何乔义　陈　珊　主编

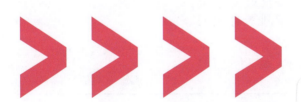

化学工业出版社

·北京·

本书以实际工作案例为载体，按企业实际工作要求，培养学生的职业修养、二手车鉴定与评估流程操作和现场管理等职业核心能力，包括二手车基础知识、二手车基本情况核实、二手车技术状况鉴定和二手车价值评估等典型工作内容，以及二手车鉴定评估综合训练。

为方便教学和学生自学，在书中设置了二维码，包括大量的动画、视频等内容，同时配套了电子课件、教案等资源。书中还设置了AR图片。

本书可作为高职高专院校、中等职业技术院校汽车营销与服务、汽车运用技术、汽车检测与维修以及汽车电子技术等专业的教材，也可作为汽车维修业务接待培训教材，同时亦可供汽车维修企业相关人员参考。

图书在版编目（CIP）数据

二手车鉴定与评估/何乔义，陈珊主编． —北京：化学工业出版社，2019.11（2023.5重印）

高职高专"十三五"规划教材　汽车类专业立体化数字资源配套教材

ISBN 978-7-122-33678-1

Ⅰ.①二…　Ⅱ.①何…②陈…　Ⅲ.①汽车-鉴定-高等职业教育-教材②汽车-价格评估-高等职业教育-教材　Ⅳ.①U472.9②F766

中国版本图书馆CIP数据核字（2019）第005858号

责任编辑：韩庆利　　　　　　　　　　文字编辑：张绪瑞
责任校对：王素芹　　　　　　　　　　装帧设计：史利平

出版发行：化学工业出版社（北京市东城区青年湖南街13号　邮政编码100011）
印　　刷：北京云浩印刷有限责任公司
装　　订：三河市振勇印装有限公司
787mm×1092mm　1/16　印张14　字数337千字　2023年5月北京第1版第3次印刷

购书咨询：010-64518888　　　　　　　售后服务：010-64518899
网　　址：http://www.cip.com.cn
凡购买本书，如有缺损质量问题，本社销售中心负责调换。

定　　价：39.00元（含光盘）　　　　　　　　　　　　　　　　　　版权所有　违者必究

编写人员名单

主　编　何乔义　武汉软件工程职业学院
　　　　　陈　珊　武汉软件工程职业学院
副主编　闫　旭　河北龙鼎科技有限公司
　　　　　王章永　河北昌源教育集团有限公司
　　　　　兰清鑫　青海柴达木职业技术学院
　　　　　李　健　涿洲市职业技术教育中心
　　　　　张　金　辽宁农业职业技术学院
参　编　陈　晨　天津市交通学校
　　　　　崔吉祥　天津教学委员会职业技术指导中心
　　　　　周安华　重庆机电职业技术学院
　　　　　陈刚田　东营职业学院
　　　　　李茂勇　淄博市技师学院
　　　　　朱　飞　合肥职业技术学院

  本书依据二手车鉴定与评估的实际要求，结合学校的教育特点，采用工作实际内容的"教学做"的教学模式编写而成。

  本书提取了二手车技术状况鉴定与评估的重点工作内容，包括二手车基础知识、二手车基本情况核实、二手车技术状况鉴定和二手车价值评估等典型工作内容，以及二手车鉴定评估综合训练构建成课程内容。书中以实际工作流程和要求为主线，以实际工作案例为载体，按企业实际工作要求，培养学生的职业修养、二手车鉴定与评估流程操作和现场管理等职业核心能力，用接近实战的方法培训学生，缩小学校教学与实际工作要求之间的差距。

  本书可作为高职院校汽车营销与服务、汽车运用与维修技术、汽车检测与维修以及汽车电子技术等专业的教材，也可作为汽车维修业务接待培训教材，同时亦可供汽车维修企业相关人员参考。

  本书进行了数字化资源配套，设置了二维码，包含动画、视频等；针对性地制作了智能AR图片，可观看学习（可用安卓系统手机扫描本页二维码，安装APP后扫描书中标有"智能AR图片"的图，观看AR图片）；配套提供了教学课件、电子教案、习题参考答案等教学资源，可登录化学工业出版社教学资源网免费下载，或联系QQ857702606索取。书后配套教学课件光盘，为二手车鉴定与评估三维仿真教学软件试用版。

  本书视频、动画、智能AR图片、三维仿真教学软件由河北龙鼎科技有限公司制作。在编写过程中得到了相关二手车企业同仁的大力支持和帮助，在此一并感谢。

  书中不妥之处，敬请读者指正。

编　者

扫描二维码安装智能AR APP

1 二手车基础知识 · · · · · · 1

学习目标 · · · · · · 1
学习方法 · · · · · · 1
1.1 汽车车身框架 · · · · · · 1
　　1.1.1 汽车结构件 · · · · · · 2
　　1.1.2 汽车加强件 · · · · · · 3
　　1.1.3 汽车覆盖件 · · · · · · 3
1.2 汽车车身主要构件 · · · · · · 4
　　1.2.1 前部车身 · · · · · · 7
　　1.2.2 中间车身 · · · · · · 10
　　1.2.3 车身后部结构 · · · · · · 13
　　1.2.4 车身下部总成 · · · · · · 15
1.3 车身内饰件和车身电器附件 · · · · · · 15
　　1.3.1 汽车内饰 · · · · · · 15
　　1.3.2 车身电器附件 · · · · · · 16
1.4 影响二手车价格的因素 · · · · · · 17
1.5 二手车常见的缺陷 · · · · · · 18
1.6 二手车技术状况鉴定与评估的主要流程和要求 · · · · · · 18
课后练习 · · · · · · 20

2 二手车基本情况核实 · · · · · · 21

学习目标 · · · · · · 21
学习方法 · · · · · · 21
2.1 核实二手车的证件 · · · · · · 21
2.2 核实二手车的税费缴讫证 · · · · · · 24
2.3 核实车辆保险 · · · · · · 25

2.4 核实卖主的身份 ·········· 26
2.5 核实其他证件 ·········· 26
课后练习 ·········· 27

3 二手车技术状况鉴定 28

学习目标 ·········· 28
学习方法 ·········· 28
3.1 车辆有关数字信息 ·········· 30
   3.1.1 汽车牌照 ·········· 30
   3.1.2 车辆生产日期 ·········· 30
   3.1.3 发动机号 ·········· 31
   3.1.4 汽车玻璃标识 ·········· 31
   3.1.5 轮胎上的数字 ·········· 32
   3.1.6 大灯生产日期 ·········· 33
3.2 维修痕迹的查找 ·········· 33
   3.2.1 螺栓的拆卸痕迹 ·········· 33
   3.2.2 维修焊接痕迹 ·········· 36
   3.2.3 钣金胶 ·········· 37
3.3 车辆外观检查方法和技巧 ·········· 38
   3.3.1 观察车身的平整度 ·········· 39
   3.3.2 观察车身腰线 ·········· 39
   3.3.3 观察钣金、漆面 ·········· 40
   3.3.4 车辆缝隙（边缝）检查 ·········· 45
   3.3.5 车灯和大灯玻璃的检查 ·········· 45
   3.3.6 前后挡风玻璃及车窗玻璃检查 ·········· 46
   3.3.7 翼子板检查 ·········· 47
3.4 发动机机舱检查 ·········· 47
   3.4.1 发动机机舱盖检查 ·········· 48
   3.4.2 发动机机舱舱内检查 ·········· 48
   3.4.3 发动机静态检查 ·········· 51
   3.4.4 发动机动态检查 ·········· 52
3.5 车身检查 ·········· 53
   3.5.1 车身主要尺寸的检查 ·········· 53
   3.5.2 检查车门和门框 ·········· 54
   3.5.3 A柱、B柱、C柱及门框检查 ·········· 55
   3.5.4 车辆尾部检查 ·········· 56
   3.5.5 车轮与轮胎检查 ·········· 58
3.6 车内检查 ·········· 59

3.6.1 方向盘检查 …… 60
3.6.2 仪表板检查 …… 61
3.6.3 座椅检查 …… 62
3.6.4 车门内饰检查 …… 63
3.6.5 变速器手柄检查 …… 63
3.6.6 踏板检查 …… 63
3.7 车辆底盘检查 …… 63
3.7.1 底盘损伤检查 …… 64
3.7.2 渗漏检查 …… 64
3.7.3 悬架与减震检查 …… 65
3.7.4 车轮检查 …… 65
3.8 二手车技术状况动态检查 …… 66
3.8.1 启动性能检查 …… 66
3.8.2 怠速检查 …… 66
3.8.3 功能键检查 …… 66
3.8.4 方向检查 …… 66
3.8.5 起步检查 …… 67
3.8.6 行驶中的检查 …… 67
3.9 如何鉴别事故车 …… 69
3.9.1 事故车知识 …… 69
3.9.2 事故车的检查流程 …… 71
3.9.3 车辆碰撞事故的判断 …… 74
3.9.4 如何鉴别水泡车 …… 89
3.9.5 如何鉴别火烧车 …… 91
课后练习 …… 92

4 二手车价值评估　94

学习目标 …… 94
学习方法 …… 94
4.1 重置成本法评估二手车价值 …… 96
4.1.1 重置成本法的估价计算 …… 96
4.1.2 计算方法 …… 113
4.1.3 注意事项 …… 132
4.2 现行市价法评估二手车价值 …… 134
4.2.1 现行市价法的运用条件 …… 134
4.2.2 现行市价法的计算方法 …… 135
4.2.3 工作流程 …… 136
4.2.4 采用现行市价法的注意事项 …… 137

4.2.5　评估实例 …………………………………………………… 138
　4.3　清算价格法评估二手车价值 …………………………………………… 147
　　　4.3.1　清算价格法的运用条件 …………………………………… 147
　　　4.3.2　清算价格的计算方法 ……………………………………… 148
　　　4.3.3　工作流程 …………………………………………………… 148
　　　4.3.4　采用清算价格法的注意事项 ……………………………… 148
　　　4.3.5　评估实例 …………………………………………………… 149
　4.4　收益现值法评估二手车价值 …………………………………………… 150
　　　4.4.1　收益现值法的运用条件 …………………………………… 150
　　　4.4.2　收益现值法的计算方法 …………………………………… 151
　　　4.4.3　工作流程 …………………………………………………… 152
　　　4.4.4　采用收益现值法的注意事项 ……………………………… 152
　　　4.4.5　评估实例 …………………………………………………… 153
　4.5　各种价格计量标准的联系与区别 ……………………………………… 156
　　　4.5.1　重置成本价格与现行市价价格的联系与区别 …………… 156
　　　4.5.2　现行市价价格与收益现值价格的联系与区别 …………… 156
　　　4.5.3　现行市价价格与清算价格的联系与区别 ………………… 156
　课后练习 ………………………………………………………………………… 156

5　二手车鉴定评估综合训练　158

　学习目标 ………………………………………………………………………… 158
　学习方法 ………………………………………………………………………… 158
　5.1　二手车鉴定评估程序 …………………………………………………… 158
　　　5.1.1　受理鉴定评估 ……………………………………………… 158
　　　5.1.2　查验可交易车辆 …………………………………………… 159
　　　5.1.3　签订委托书 ………………………………………………… 159
　　　5.1.4　登记基本信息 ……………………………………………… 159
　　　5.1.5　判别事故车 ………………………………………………… 159
　　　5.1.6　鉴定车辆技术状况 ………………………………………… 160
　　　5.1.7　评估车辆价值 ……………………………………………… 160
　　　5.1.8　撰写及出具鉴定评估报告 ………………………………… 160
　　　5.1.9　归档工作底稿 ……………………………………………… 160
　5.2　车辆技术状况鉴定操作 ………………………………………………… 160
　　　5.2.1　受理车辆评估 ……………………………………………… 160
　　　5.2.2　了解车辆基本信息 ………………………………………… 161
　　　5.2.3　判别事故车 ………………………………………………… 161
　　　5.2.4　车辆技术状况鉴定（正常车辆技术状况鉴定） …………… 167
　　　5.2.5　评估车辆价值 ……………………………………………… 189

5.2.6 撰写鉴定评估报告 …………………………………………… 190
5.2.7 归档工作底稿 ………………………………………………… 191

附录

192

附录1 《二手车鉴定评估技术规范》………………………………… 192
附录2 《机动车强制报废标准规定》………………………………… 205
附录3 车辆技术状况鉴定记录表 …………………………………… 208

参考文献

211

1 二手车基础知识

学习目标

掌握车身框架、主要构件、内饰和车身电器附件作用与结构特点，能够运用这些知识分析车辆损坏情况。

熟悉影响二手车价格的因素，能够熟练地检查影响二手车价格的关键点。

掌握二手车技术状况鉴定的主要流程，能够熟练地运用流程进行二手车技术状况鉴定。

学习方法

结合实车认识二手车技术状况鉴定部位的结构特点，利用教学软件和实车完成车辆结构特点的学习。

结合教学软件和实车理解二手车技术状况鉴定流程的意义，掌握流程关键点的操作要求。

1.1 汽车车身框架

车身框架

汽车车身结构是二手车技术状况鉴定与评估的重要内容之一，汽车车身主要由汽车结构件、汽车加强件和汽车覆盖件组成。

汽车的车身结构分成三大部分，分别是发动机舱、乘员舱、行李箱。为了保护驾驶员和乘客安全，通常整个车身壳体按不同的强度设计，其中乘员舱是最重要的，要求具有较强的刚性，在发生事故时不发生变形，保证乘员的安全。而发动机舱和行李箱要求具有较强的韧性，在碰撞时要能够变形吸能，以避免外力传到乘员舱。

汽车车身包括车身前部、车身侧部、车身后部和车身底部（车身底部在车身侧部和车身后部的下部），如图 1-1 所示。

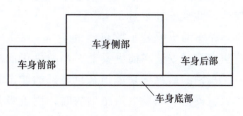

图 1-1 车身部位图

1.1.1 汽车结构件

车身结构

汽车结构件主要是指车体框架,是支撑车体的主要构件,是汽车安全的第一保障。

汽车结构件一般是整体制造,所以只要结构件损伤,修复就要进行切割焊接工作,使得汽车的安全性能大幅下降。因此只要结构件受到损伤的车辆,都会被定性为事故车。

承载式车身结构示意图如图 1-2 所示,车身的框架主要包括车体前纵梁、中部的纵梁及尾部后纵梁这三大部件。

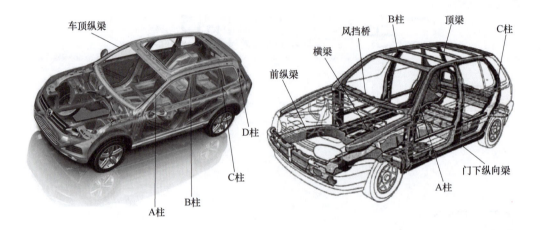

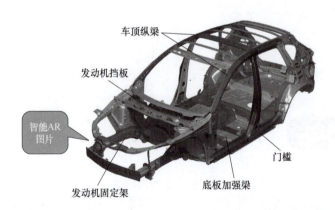

图 1-2 承载式车身结构示意图

承载式车身的两根纵梁是车身的主要部件,主要安装发动机、座椅、底板和外壳等主要部件,并承受其重量。

轿车前纵梁处于散热器的后部(发动机后置的车辆除外),其主要作用是支撑发动机,前防撞钢梁安装在前纵梁上,当发生正面碰撞时,用于吸收(或者抵挡)冲击。

车辆的后纵梁是承担来自尾部的冲击和承载行李物品重量的关键部件。后防撞钢梁安装在后纵梁上,当发生追尾事故时,用于吸收(或者抵挡)冲击。

在检查车辆纵梁时,如果发现纵梁弯曲、褶皱和断裂,或者有修复痕迹时,则表明此车

1 二手车基础知识

可能发生过严重的碰撞,存在安全隐患。

如果有某一边的纵梁存在弯曲、变形的状况,则表明车体的这一边曾经被严重的撞击,与之相连的门框及车门和其他部件一般也会受到损伤,会有修复的痕迹。同时,由于纵梁是车体最基本的框架构件,那么当纵梁发生变形,一般会影响车辆的定位精度,会使车辆的行驶状态严重偏离安全行车的要求。

注意,有些车型举升后也不能全部看到后纵梁,那么可以通过观察行李箱底板的平整程度来辅助判断是否发生过比较严重的尾部撞击事故。一般地讲,如果底板表面平整、凹凸均匀,则表明此车的后部基本完好,没有发生过严重的后部撞击。

1.1.2 汽车加强件

汽车加强件

汽车加强件是指汽车结构件的一系列强化保护结构,如散热器框架(如果是塑料制成的则不属于加强件)、前防撞钢梁、前翼子板内缘、后防撞钢梁和后围板,如图1-3所示。一般车辆碰撞时,首先是通过加强件对碰撞能量进行缓冲和吸收。

1.1.3 汽车覆盖件

汽车覆盖件是指汽车表面的蒙皮,如车门外板、翼子板、发动机机舱盖和前后保险杠等,如图1-4所示。覆盖件主要由钣金件组成,在汽车的日常使用中,主要是外观覆盖件的损伤,在覆盖件损伤后,只需要进行修复或更换即可,并不会影响汽车的使用安全,因此这种损伤的车辆不属于事故车。

在汽车受到碰撞时,刚度不足的覆盖件容易产生较大的变形,从而影响到驾驶员和乘客的有效生存空间等。可见覆盖件的刚度和车辆的使用性能是息息相关的。

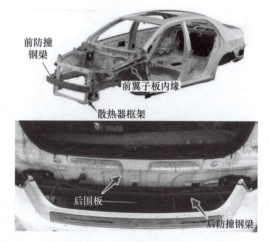

图1-3 汽车加强件

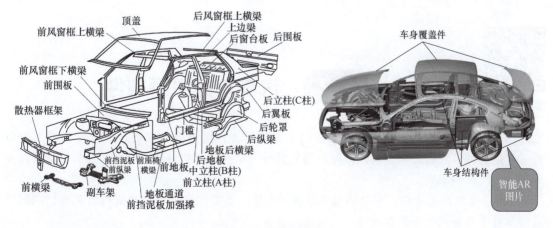

图1-4 汽车覆盖件

如果更换后的覆盖件质量不好，易造成车门开关困难、密封性下降；油漆表面出现裂纹、脱落，使整车美观性降低；同时在汽车行驶时容易产生振动和噪声，降低了车辆的乘坐舒适性。

汽车在驾驶过程中，难免会有些剐蹭，汽车覆盖件的损伤在所难免。但是覆盖件的维修和更换对车辆的整体价值影响并不严重。

当发现覆盖件有维修和更换嫌疑时，就要怀疑是否发生过严重的撞击，就需要进一步确定相应的加强件和结构件是否损伤。例如：如果发现车门更换，就要检查与车门有关的部件是否损伤。

车身主要钣金件如图1-5所示。一般的乘用车都是由13块板拼成，包括前保险杠、左右前翼子板、发动机机舱盖、车顶、车门、左右后翼子板、行李箱盖和后保险杠等。

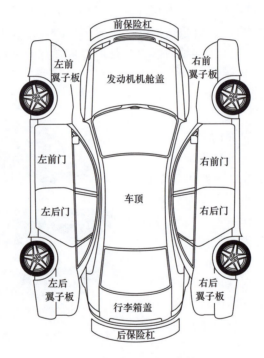

图1-5 车身主要钣金件

汽车结构拆解

1.2 汽车车身主要构件

汽车车身结构有助于安全行车和减轻事故的伤害，同时还为驾驶员提供便利的工作条件，对乘员提供舒适的乘坐条件，保护他们免受汽车行驶时的振动、噪声和废气的侵袭以及外界恶劣气候的影响。

如图1-6所示为承载式车身的基本结构示意图，主要的构成是发动机机舱总成、侧围总成、车身下部总成、顶盖总成和四门两盖系统等。

车身壳体是一切车身部件的安装基础，通常是指纵梁、横梁和支柱等主要承力元件以及与它们相连接的钣金件共同组成的刚性空间结构。

图1-6 承载式车身的基本结构示意图

（1）车身壳体的主要构件

① 车身底部。车身底部是将车身前部后侧、乘员舱和行李箱底板连接在一起的构件。车身底部要求具有较高的刚性，用以支撑乘车人和货物并连接后悬架和后轴，车身底部由数条横梁及两侧的纵梁等，构成刚性较高的承载浅盘形地板，如图1-7所示。

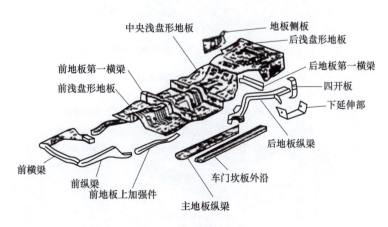

图1-7 车身底部构成

为了适当吸收车辆碰撞时的部分冲击能量,防止碰撞时发动机侵入驾驶舱,前纵梁和后纵梁都设计成向上弯曲的挠曲状。

② 车身侧部。车身侧部用以连接车身的底部、前部、后部和顶盖,并构成乘员舱的侧面。用前、中、后三根立柱和上下纵梁构成车门框,用以安装车门。如图 1-8 为车身侧部构成部件。由于车门面积的要求,车身侧面的刚性较弱。

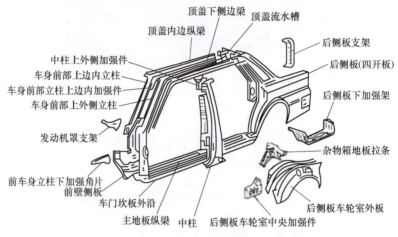

图 1-8　车身侧部构成

③ 车身后部。车身后部有两种结构形式,一种是把乘员舱和行李箱隔离开布置的三厢式,另一种是乘员舱和行李箱一体式的旅行车型。车身后部主要由后侧板、后挡泥板、衬板、行李箱盖或背门形成行李箱的空间。图 1-9 所示为车身后部构成。与车身前部相比,车身后部只有面板,而没有骨架部分,所以,其刚性比车身前部低得多。

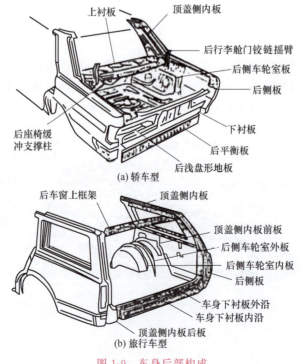

图 1-9　车身后部构成

（2）辅助构件

① 车身外部装饰件。主要有装饰条、车轮装饰罩、标志和浮雕式文字等，散热器面罩、保险杠、灯具以及后视镜等也具有明显的装饰作用。

在车身壳体上敷设有隔音、隔热、防振、防腐和密封等材料及涂层。

② 车身内部装饰件。主要有仪表板、顶棚、侧壁内衬和车门内衬等。

③ 车身附件。主要有车身电器元件，汽车车门及其附件，风窗刮水和风窗洗涤设备，车身通风、取暖和空调装置，座椅及安全带。

1.2.1 前部车身

车身前部主要是发动机机舱总成，发动机机舱总成主要由前左右纵梁、左右前轮罩、大灯支架、水箱上下横梁、前围板和前减震器安装座等组成，如图1-10所示。

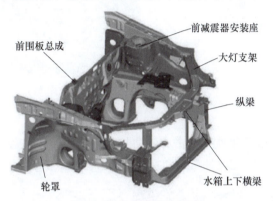

图1-10 发动机机舱总成

发动机机舱总成的作用是安装发动机、变速器、转向系统和制动系统等重要总成，同时也是被动安全装置的重要组成部分，即当汽车发生意外的正面碰撞时，发动机机舱的构件会折曲变形以吸收碰撞产生的巨大能量，减少碰撞对车内外人员的冲击，起到保护车内乘员的作用。

（1）发动机机舱盖

发动机机舱盖是最醒目的车身构件之一，对发动机机舱盖的主要要求是隔热隔音、自身质量轻和刚性强。

发动机机舱盖的结构是骨架形式，主要由外板和内板组成，中间夹以隔热材料，内板起到增强刚性的作用，如图1-11所示。

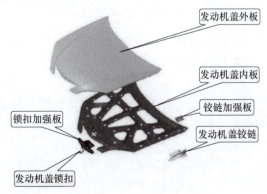

图1-11 发动机机舱盖

(2) 翼子板

翼子板是遮盖车轮的车身外板。按照安装位置分为前翼子板（见图1-12）和后翼子板。

轿车的前翼子板一般是独立的，因为前翼子板容易被碰撞，采用独立装配的翼子板容易更换。

前翼子板用有一定弹性的塑性材料（如塑料等）做成，塑性材料具有缓冲作用，在发生碰撞时可以减少撞击损伤。

(3) 散热器罩

散热器罩（又称中网总成、前脸和格栅）是汽车前脸的重要组成部分，其主要作用是对进入散热器的气流进行整流及导流和保护散热器，同时也是一个装饰零件。如图1-13所示。

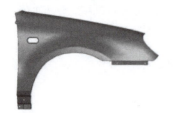

图1-12　前翼子板

图1-13　散热器罩

(4) 汽车保险杠

汽车保险杠是吸收和缓和外界冲击力，防护车身前后部的安全装置。保险杠结构如图1-14所示，一般由外板、吸能缓冲材料和横梁三部分组成。

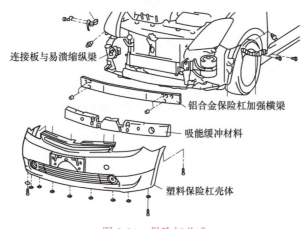

图1-14　保险杠总成

目前轿车的前后保险杠采用塑料或其他复合材料制成，使得在汽车发生碰撞事故时，保险杠能够起到缓冲作用，保护行人和前后车体安全。

(5) 前围板

前围板是指发动机机舱与乘员舱之间的隔板，使车身前部与乘员舱隔开，同时用来支撑和保护乘员舱前部，具有密封、隔热和隔震作用。前围板与地板及前立柱连接，安装在前围上盖板之下。

前围板上有许多孔口，作用是使操纵用的拉线、拉杆、管路和电线束等通过。前围板还要配合踏板、转向柱等机件安装。为了防止发动机机舱里的高温、噪声和废气窜入乘员舱，前围板上有密封和隔热装置。

如图1-15所示，前围板总成的主要组成是前围上盖板总成、前围侧板、前围板和转向柱支架梁等构件。

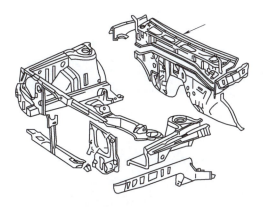

图1-15 前围板总成

① 前围上盖板总成由前围上部内板总成、前围上部外板总成、转向管柱安装支座总成、仪表板左/右侧端内板构成。

前围上部主要作用为安装仪表板及转向柱等总成，连接车身左右侧围，与仪表板、发动机机舱盖配合安装。

② 前围侧板是侧围梁框架结构的一部分，起到侧面保护、支撑顶盖、连接车身前后部分以及安装车门、固定前后挡风玻璃的作用。

链接——副车架

副车架并非完整的车架，只是支承前后车桥和悬架的支架，使车桥和悬挂通过它再与车身相连。

如下图所示，副车架可在前、后端都加装或仅在前端加装（后者也称短车架或部分式车架）。

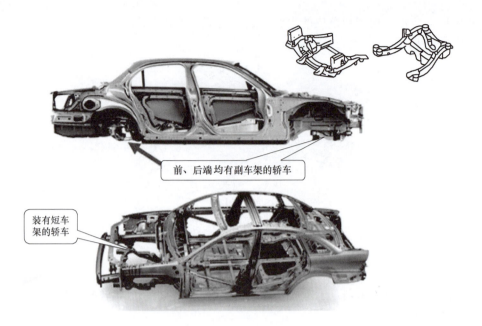

前、后端均有副车架的轿车

装有短车架的轿车

1.2.2 中间车身

中间车身的构件主要包括立柱（A柱、B柱、C柱）、门槛板和地板等，如图1-16所示。车身立柱起支撑风窗和车顶的作用。

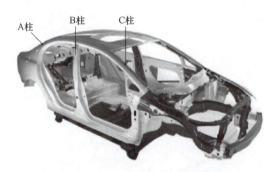

图1-16 中间车身示意图

（1）侧围总成

左右侧围总成是形成轿车左右侧壁、组成乘员舱的重要结构，是支撑顶盖、连接车身前后侧围面的构件，同时固定前后挡风玻璃，并用来安装侧门，是保证车身承受侧面撞击安全性的承载框架，具有较大的抗弯和抗扭的能力。

侧围总成一般由侧围外板、侧围内板、A柱内板、A柱加强板、B柱加强板、加油口盖、后减震器安装座和轮罩总成等组成，如图1-17所示。

轿车侧围的刚性框架结构主要由A柱、B柱、C柱、上边梁和门槛等结构件组成。其中A柱、B柱、C柱是比较重要的结构件。

A柱除起到支撑车顶盖和保证刚性的作用外，上部的前风窗柱用来安装前挡风玻璃。

B柱既用来支撑轿车车顶盖，同时还承受前后车门的支撑力，以及安装布置电线、安全带、车门和门锁等。

C柱上部支撑车顶盖和形成安装后挡风玻璃的后窗柱，下部安装车门锁、车门定位

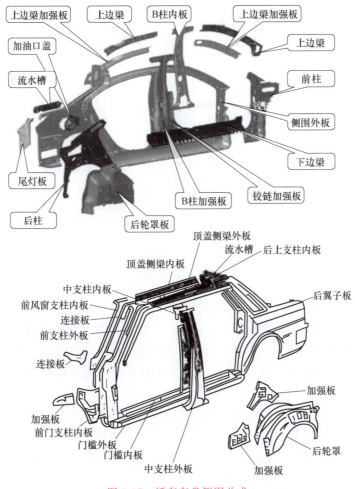

图1-17 轿车车身侧围总成

器等。

A柱、B柱、C柱安装密封条,保证车门的密封性。

上边梁主要是搭接A柱、B柱、C柱及内饰件,同时承受纵向载荷。上边梁与车顶盖焊接在一起。

门槛是底板总成的关键部件,连接A柱、B柱、C柱的下部,同时与车门形成密封。在侧面碰撞时,门槛可以防止乘员舱侧面变形。

两门轿车没有中柱,其他与四门轿车相同;敞篷轿车的侧围仅仅是四门和两门轿车侧围的下半部分。

(2)四门总成

四门总成分为左前门总成、右前门总成、左后门总成、右后门总成。四门总成由内板、外板、防撞梁、铰链及螺栓构成,四门总成与侧围总成组成乘员舱。四门内的防撞梁,可以增强抵抗前方、横向碰撞能力。

轿车车门及其附件主要包括车门板(外板和内板)、车门内饰板、车门密封条、车门铰链(上下铰链)、车门锁总成、门窗框、车门玻璃导槽、门窗附件等。门内板装有玻璃升降器、门锁等附件,为了装配牢固,内板局部还要加强,如图1-18所示。

门内板与门外板通过翻边、粘合、滚焊等方式结合,针对承受力不同,要求门外板质量轻而内板刚性要强,能够承受较大的冲击力。

车门框架是车门的主要钢架,门铰链、玻璃、门把手等部件安装在车门框架上。

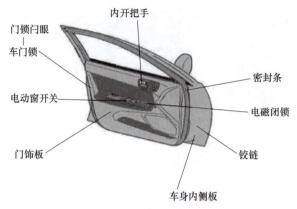

图 1-18　车门及其附件

对于轿车而言,车门的质量直接关系到整车的舒适性和安全性。如果车门的质量差,制造粗糙,材料单薄,就会增加车内噪声和振动,让乘坐者感到不舒适和不安全。

车门要求密封性好、防尘、防水、隔音。除了车门与车身之间尺寸配合要合理外,重要的还有镶嵌或粘贴在车框与车门上的密封条,密封条的质量直接影响车门的密封性。

(3) 车顶盖

车顶盖总成由车顶盖外板和车顶盖内衬等组成,车顶盖是车厢顶部的盖板,在其上可能装备有天窗,有的车型还有车顶行李架。

对于轿车车身的总体刚度而言,车顶盖不是很重要的部件。为了提高车顶盖的强度和刚度,一般在车顶盖增加一定数量的加强梁。

车顶盖内层敷设绝热衬垫材料,以减少与外界的温度的传导和减少振动、噪声的传递。

(4) 车顶盖框架

轿车的车顶盖框架是用来支撑车顶盖的,由顶盖前横梁、左右侧围上边梁和顶盖后横梁等结构件组成,如图 1-19 所示。

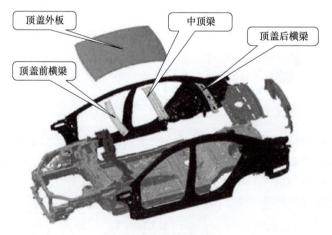

图 1-19　车顶盖框架结构

顶盖前、后横梁分别用来连接左右侧围、前柱及后柱上部，是构成前后挡风玻璃安装框架的一部分。

(5) 前地板总成

前地板总成是车身下部非常重要的部件，主要是承重和安装前排座椅。因此地板结构要有足够的刚度和强度。前地板承重部位应力变化复杂，在主要零部件安装的部位会布置有横梁、加强板等，并在前地板主板上压制出加强筋和凸凹平台，提高地板的强度和刚度。

前地板总成由前地板、左下后加强梁、右下后加强梁、驻车制动操纵机构加强板、前地板上横梁、前地板左边梁、前地板右边梁等组件构成。

1.2.3 车身后部结构

轿车的后车身是用于放置物品的部分，可以说是中间车身侧体的延长部分。

轿车后部结构形式与轿车的整体结构有关。斜背式轿车的行李箱是由乘员舱的后围板、行李箱的左右内侧板、行李箱盖、后地板和后地板横梁等构成。直背式轿车的后部主要由背门和门框组成，向后延伸的轿车侧围以及后窗组成一体的行李箱。如图1-20所示。

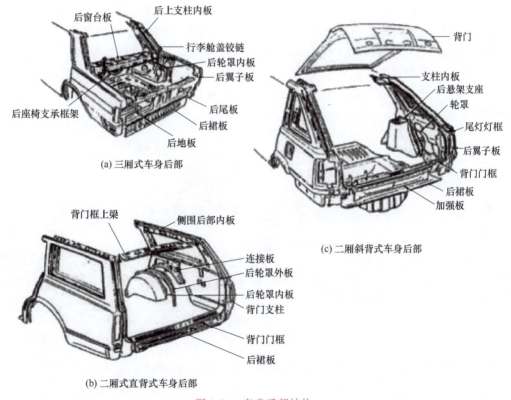

图1-20 车身后部结构

(1) 后围板总成

轿车的后围板总成是构成行李箱的部件之一，是承受横向载荷的主要部位之一。

后围板总成由行李箱门横梁、后围上盖板、杂物隔板、后围板、后围加强梁、左右连接板和行李箱门锁安装板总成等结构件组成。

后围上盖板和杂物隔板组合成为封闭的承载构件。后围板是隔开乘员舱与车身后部的隔板，后围板涂有隔震隔音材料，降低后轮传来的震动和噪声，并防止产生共振。

（2）行李箱隔板总成

行李箱隔板总成主要由后排座椅挂钩固定板总成、行李箱主盖板、左右侧连接角板和流水槽构成，如图 1-21 所示。其主要作用是构成行李箱和固定后排座椅。

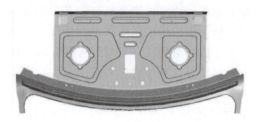

图 1-21　行李箱隔板总成

（3）行李箱盖总成

行李箱盖要求有良好的刚性，结构上基本与发动机盖相同，也有外板和内板，内板有加强筋。一些被称为"二厢半"的轿车，其行李箱向上延伸，包括后挡风玻璃在内，使开启面积增加，形成一个门，因此又称为背门，这样既保持一种三厢车形状又能够方便存放物品。如果采用背门形式，背门内板侧要嵌装橡胶密封条，围绕一圈以防水防尘。行李箱盖开启的支撑件一般用钩形铰链及四连杆铰链，铰链装有平衡弹簧，使启闭箱盖省力，并可自动固定在打开位置，便于提取物品。

行李箱盖总成由行李箱盖（见图 1-22）、后排座椅挂钩固定板总成、行李箱主盖板、左右侧连接角板和流水槽等构成。

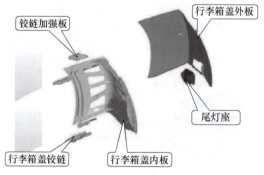

图 1-22　行李箱盖

（4）后侧板

后侧板指的是后门框以后的遮盖后车轮及后侧车身的车身钣金件。

（5）后地板总成

后地板总成主要作用是承载重量、安装后排座椅和油箱等。

后地板总成由后地板、后地板左纵梁总成、后地板右纵梁总成和后地板横梁总成等组件构成，如图 1-23 所示。

（6）后保险杠

后保险杠位于车辆尾部，起到装饰和保护车辆后部的作用。

后保险杠主要包括保险杠外皮、保险杠杠体、保险杠加强件、保险杠固定支架及保险杠

1 二手车基础知识

图 1-23 后地板总成

装饰条等。

1.2.4 车身下部总成

车身下部结构主要由散热器架、前围上板、前围下板、前纵梁、后纵梁、地板纵梁、后地板横梁、地板过渡板、前地板、中地板、后地板、门槛内板、座椅支撑梁、坑道加强板、前柱和前轮罩板组成，如图 1-24 所示。

车身地板是车身的基础，是乘员舱的承载构件，决定车身的强度及刚度。

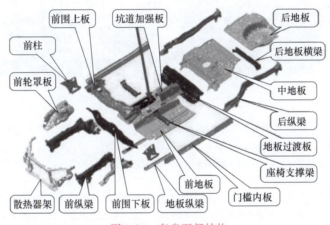

图 1-24 车身下部结构

1.3 车身内饰件和车身电器附件

汽车内饰和电器

1.3.1 汽车内饰

汽车内饰系统（汽车内装件系统）是汽车车身的重要组成部分。汽车内饰不仅有装饰作用，还涉及汽车的功能性、安全性以及工程属性。

汽车内饰主要包括以下子系统：仪表板系统、副仪表板系统；门内护板系统、顶棚系统、侧壁、座椅系统、立柱护板系统等表面覆饰物；驾驶室内装件系统、驾驶室空气循环系统、行李箱内装件系统、发动机舱内装件系统、地毯、安全带、安全气囊、方向盘,以及车内照明、车内声学系统等,如图1-25所示。

在轿车上广泛采用天然纤维或合成纤维的纺织品、人造革或多层复合材料、连皮泡沫塑料等表面覆饰材料。

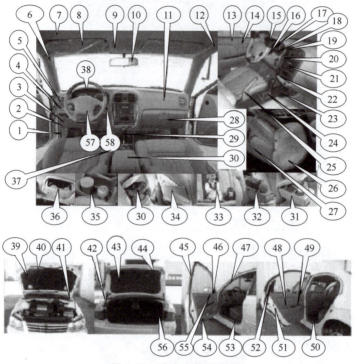

图1-25 汽车内饰示意图

1—前围侧饰板;2—发动机机舱盖开启拉杆;3—仪表台左下盖板;4—侧开关板;5—侧出风口;
6—前立柱(A柱)饰板;7—顶棚;8—遮阳板;9—阅读灯;10—后视镜;11—仪表台;
12—车顶辅助手把;13—车门装饰板;14—车门内拉手;15—方向盘;16—仪表板;
17—组合开关;18—转向管柱罩;19—应急开关;20—中部面板;21—A/V系统;
22—空调控制板;23—电源输出口;24—中部通道罩;25—手制动拉杆;26—坐垫;
27—座椅靠背;28—杂物箱;29—变速器手柄;30—中部通道盒;31—后座椅扶手;
32—后座椅杯架;33—儿童座椅集成;34—座椅靠背袋;35—杯架;36—太阳镜盒;
37—变速器;38—仪表面板;39—发动机机舱盖隔热垫;40—发动机机舱盖密封条;
41—发动机机舱盖支撑杆;42—行李箱支撑杆;43—行李箱盖饰板;44—行李箱;
45—车门胶条;46—前车门玻璃内三角盖板;47—门框胶条;48—门内手柄;
49—门锁及电动门窗开关;50—后门槛饰板;51—儿童锁手柄;
52—后车门玻璃内三角盖板;53—前门槛饰板;54—车门灯;55—安全按钮;
56—行李箱内饰;57—安全气囊模块;58—点火开关

汽车车身电器附件

1.3.2 车身电器附件

车身电器附件是指用于轿车底盘以外的所有的电气及电子装置,如各种仪表及开关;前灯、尾灯、指示灯、雾灯、照明灯;音响及收视装置及设备;空调装置;刮水器;洗涤器;除霜装置;定位系统、集成安全系统等。

（1）照明及信号

① 前照灯。前照灯总成是保障汽车安全运行的重要部件之一，前照灯的灯照距离越远，配光特性越好，汽车行驶的安全性能就越高。

轿车前照灯有照明和装饰功能。

② 电动雨刮器。电动雨刮器总成有电动机、减速器、四连杆机构、刮水臂轴和刮水片总成等。一般情况下在汽车组合开关手柄上有雨刮器控制旋钮，设有低速、高速、间歇等挡位及洗涤器按键开关。洗涤器系统由储水箱、水泵、输水管和喷水嘴组成。

除了前挡风玻璃雨刮器外，许多乘用车还装置了后玻璃窗雨刮器。有些高级乘用车上的前照灯也安装有类似雨刮器的清洗装置。

（2）电动玻璃升降器

轿车用的电动玻璃升降器主要由电动机、减速器、导绳、导向板和玻璃安装托架等组成。

通过电子模块控制对电动机的过流、过压及过热保护，而且当玻璃上升途中遇到障碍时会自动识别而反向运行，防止乘员夹伤。

（3）电动座椅

汽车座椅的主要功能是为驾驶者提供便于操纵、乘坐舒适、安全保护和不易疲劳的驾驶座位。座椅是与人接触最密切的部件，人们对轿车平顺性的评价多是通过座椅的感受作出的。因此，电动座椅是直接影响轿车乘坐舒适质量的关键部件之一。

现代轿车的驾驶座椅和前部乘员座椅有电动可调功能的称为电动座椅。电动座椅由坐垫、靠背、靠枕、骨架、悬挂和调节机构等组成。有些轿车的座椅控制装置还设有微电脑，有存储记忆能力，只要按下某一记忆键钮，即可自动将电动座椅调整到存储的位置上。

目前轿车座椅已与安全带和安全气囊一起构成对乘员的安全防护。

（4）轿车的仪表总成

仪表总成一般分成两部分，一部分是指方向盘前的仪表板和仪表罩及平台，另一部分是指驾驶座旁通道上的副仪表板。

1.4　影响二手车价格的因素

影响二手车价格的关键因素是二手车残值率，残值率越高，车辆就越值钱。

影响残值率的关键因素如下。

品牌，一般情况下，大品牌保值率高，主流品牌保值率高。

车型，保有量越大的车越保值。刚刚上市的新车需要经过市场的考验，保值率一般，但随着市场占有率、保有量和口碑的上升，保值率会慢慢提升。

颜色，黑色、白色、银色和红色等常见色最保值，个性色的车保值率较低。

配置，新车不同配置价格差距很大，但是二手车不同配置的价格差距就非常小了。

车龄和行驶里程数，根据使用年限和行驶里程数，折扣会呈反比逐渐下降，如果这两项中的某一项明显偏高，那么要按照高的一项来评估。

过户频繁，车辆过户次数越多，残值率越低。评估时需要详细掌握车辆过户情况。

保养,全程在4S店保养的车辆会比在修理厂保养的价格稍高一点,但是价格影响不是很大。

如果车辆在4S店做过维修保养,厂家的数据库中都会有记录。而这些记录,在4S店都能查询到。所以在鉴定评估一辆二手车之时,应该去4S店查询一下该车的维修保养记录,了解该车的维修保养情况。

如果车辆不到4S店继续维修保养,则该车的维修保养记录就比较难查询了。

1.5 二手车常见的缺陷

利用动态检查方法,可以检查发动机的动力性,确定承载式车身或车架是否受到撞击产生变形。如果车身(车架)变形,在行驶中会出现一些不良反应,如转向不均匀、不稳定;直行过程中有车轮的响动;轮胎有偏磨痕迹;制动时跑偏等现象。

二手车常见的缺陷如下。

① 外观损伤:观察其外观可以看出车主对车辆的保养情况和车辆的使用强度,检查是否有钣金油漆作业。

② 车身的主要缝隙不均匀、不对称,缝隙不合适。

③ 发动机舱脏乱、原有布局改变、油液泄漏。

④ 车身主要构件变形、开裂,有修复的痕迹。

⑤ 碰撞和修复痕迹。

⑥ 车辆内饰状况差。

1.6 二手车技术状况鉴定与评估的主要流程和要求

二手车技术状况鉴定评估时要注意细节,通过现场查勘,确定车辆是否为事故车、车辆的使用状况、维修保养情况和各部件状态及可靠程度。

二手车技术状况鉴定评估的主要内容包括车辆基本信息核实和车况检查。二手车技术状况鉴定评估的主要流程包括车辆合法性审查、手续审验、静态检查、动态检查等步骤,通过专业人员使用专业设备和专业流程,检查确定车辆技术状况,综合评估出车辆的真实车况和价格。

二手车技术状况鉴定评估流程如图1-26所示。

二手车技术状况鉴定操作的主要内容如下。

① 车辆整体:总体目视判断。

② 驾驶席及室内:驾驶席周围、内饰、配置、变速箱。

③ 车辆前端:车头周围、前挡风玻璃。

④ 发动机舱:总成及零部件、车头下方。

⑤ 车辆左前方:整个左侧面。

1 二手车基础知识

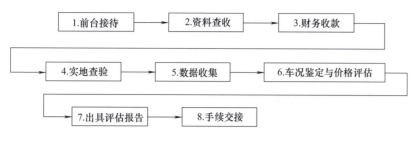

图 1-26　二手车技术状况鉴定评估流程

⑥ 车辆右前方：整个右侧面。
⑦ 右前车门：立柱、车顶盖、室内、底盘。
⑧ 右后车门：立柱、车顶盖、室内。
⑨ 车辆右后方及车辆后部底盘：整个右侧面及后部。
⑩ 车辆后方：后部。
⑪ 行李箱内：后围板、后侧板、备胎箱、行李箱底板、后部车架。
⑫ 车辆左后方及车辆后部底盘：整个左侧面及底盘。
⑬ 左后车门：立柱、车顶盖、室内。
⑭ 左前车门：立柱、车顶盖、室内、底盘。
⑮ 底盘：前后纵梁、整个底盘。

二手车检查内容和标准如表 1-1 所示。

表 1-1　二手车检查内容和标准

项目	序号	具体内容	具体标准
车辆检修	1	发动机	发动机能正常启动、正常工作
	2	车辆底盘：行驶系、传动系、转向系、制动系	安全、有效、符合在用车要求
	3	车身：车身壳体、车门、车窗、车身内外装饰件、座椅	车身表面无严重的损伤；车身损伤面积小且未露出底漆；划痕面积小且未露出底漆；车窗损伤细小且不影响安全行驶。能提供给使用者安全的驾驶和乘坐环境
	4	电器设备：电源系统、启动系、点火系、照明、喇叭和信号装置	安全、工作有效
	5	四漏现象：润滑、燃油、配气、冷却、点火和启动系统	不得有影响车辆安全行驶的漏气、漏电、漏水、漏油现象
	6	润滑油	润滑油液面应在润滑油尺 Min 与 Max 之间，润滑油不应有乳化、混浊、变质、发黑、失效等现象
	7	随车工具：千斤顶、轮胎扳手、三角警示牌、备胎	齐全、有效、能使用
车辆清洁	8	车外：车门、发动机舱盖、行李箱盖、前后翼子板、前围、后围、车顶盖、车外附件、条条、密封条、玻璃、灯具、后视镜、轮胎、轮毂（饰盖）轮罩内部、挡泥板、排气管在车外的可见部分、门缝、门把手、喷水嘴、保险杠、车辆底盘	表面应洁净、无附着的污物（柏油、污垢等），各缝隙、接口处无灰尘、污垢、碾磨剂（蜡）等残留物

续表

项目	序号	具体内容	具体标准
车辆清洁	9	车内：座椅、仪表台、储物盒、烟灰缸、门内饰板、顶篷(饰)、遮阳板、地板(毯)(包括座椅底部)、各门框立柱内侧、仪表台下部(驾驶/副驾驶座)伸腿的空间、方向盘、脚踏板(油门、制动、离合器)、排挡杆、各种电器和内饰等	各部件表面、储物盒、储物袋、烟灰缸、各角落、缝隙中应洁净、无附着的污物(柏油、污垢、遗留的毛发、碎屑灰尘等残留物)；无异味(包括无残留的化学药剂味等)
车辆清洁	10	发动机舱：发动机舱盖内表面、发动机舱内壁、发动机舱中的部件(发动机、变速箱等)	表面应洁净、无附着的污垢等残留物
车辆清洁	11	行李箱：行李箱内壁、地板(地毯)、行李箱内部、备胎、随车工具等	表面应洁净、无附着的污垢、碎屑、垃圾等残留物，无异味(包括无残留的化学药剂味等)
车辆清洁	12	其他任何部位	整备产品，不得对车辆有腐蚀性损害，尤其是对发动机舱中的电子元器件等部件
车辆特殊处理	13	车身表面：车门、发动机舱盖、行李箱盖、前后翼子板、前围、后围、车顶、玻璃	车辆漆面应抛光、打蜡，使漆面如镜面般光滑、明亮；车辆玻璃应用玻璃专用清洁养护剂处理，使玻璃清洁、明亮
车辆特殊处理	14	轮胎	车辆用轮胎专用养护剂处理，轮胎无油腻感、应反映出轮胎的自然本色
车辆特殊处理	15	皮座椅及皮内饰	车辆用皮饰用品专用养护剂处理，皮面无油腻感、应泛着自然的光泽
车辆特殊处理	16	整车灭菌、消毒	无异味(包括无残留的化学药剂味等)

课后练习

1. 车身框架的主要作用是什么？如何运用车身框架的结构特点分析车身损伤？
2. 车身主要构件的作用是什么？如何运用车身主要构件分析车身损伤？
3. 内饰的损坏主要形式有哪些？内饰损坏对车辆有什么影响？如何从内饰损坏情况分析判断隐性故障和损伤？
4. 影响二手车价格的因素有哪些？
5. 二手车技术状况鉴定的主要流程是什么？

2 二手车基本情况核实

学习目标

掌握二手车有关证件和车主身份的核实方法，能够按要求熟练地进行核实操作。
掌握二手车基本情况表格的填写要求，能够熟练地填写相关表格。

学习方法

结合实车学习二手车有关证件和车主身份信息核实的方法。
利用教学软件练习相关表格的填写。

二手车属特殊商品，它的价值包括车辆本身的有形价值和各种手续构成的无形价值。只有这些手续齐全，车辆才能上路行驶，才能构成车辆的全部价值。

2.1 核实二手车的证件

在二手车交易时，所有的过户手续都必须齐备，以免产生纠纷。因此，必须坚持先验证后交易的原则。如果证照不全或有一些不良记录，买车后在办理相关手续时则会有许多不便。注意检查车辆的证件是否齐全、是否有欠费（包括购置税和车船使用税完税证明）或未处理的违章行为记录。

二手车检查核对的主要证件和信息如下。

① 核对《机动车登记证书》。《机动车登记证书》是车辆的身份证，是由公安车辆管理机关依法对机动车辆进行注册登记核发的证件，它是机动车取得合法上路行驶权的凭证，每一辆在道路上行驶的车都会在当地车管所进行登记注册。《机动车登记证书》也是二手车过户、转籍必不可少的证件。核实时主要看有无涂改痕迹，检查核实登记信息的真伪，必要时可以到车管所核实《机动车登记证书》的真伪。

《机动车登记证书》上会详细记载车主信息，通过此信息可以了解车主是个人还是组织机构。如果是组织机构的，要注意该车是否是新车销售企业的试乘试驾的车辆，应该避免购买试乘试驾车辆。

《机动车登记证书》信息栏要清楚显示车辆类型、品牌、型号、车架号码、发动机号、进口或国产、燃油类型、排量、制造厂商、轴距、轮距、轮胎规格、车辆获得方式、使用性质、出厂日期和发证日期，并且要有发证机关盖章，如图2-1所示。

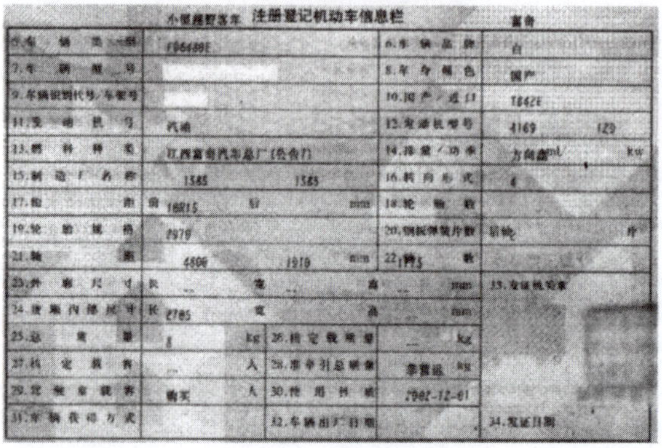

图2-1 机动车登记证书显示的信息

《机动车登记证书》副页显示是否有过抵押、抵押次数，是否有过过户以及过户次数等信息。

② 核对《机动车行驶证》。《机动车行驶证》是由公安车辆管理机关依法对机动车辆进行注册登记核发的证件，它是机动车取得合法上路行驶权的凭证。《机动车行驶证》是机动车行驶必须携带的证件，也是二手车过户、转籍必不可少的证件。

《机动车行驶证》核实时主要看有无涂改痕迹，检查核实登记信息的真伪，必要的时候可以通过车管所核实。

通过查验《机动车行驶证》上的车辆照片和车辆相关信息，如车辆识别代码、发动机号和车架号与车辆实物是否一致，可以初步判断二手车是否合法。

《机动车行驶证》由证夹、主页、副页三部分组成，如图2-2所示。其中主页正面是已签注的证芯，背面是机动车照片，并用塑封套塑封。副页是已签注的证芯。

③ 核对机动车牌号。检查有无涂抹更改的痕迹，应与行驶证上登记的号牌一致。

④ 核对车辆发动机号和车架号。发动机号和车架号不能涂改，并且要与有关证件上登记信息相符。

首先要仔细查看发动机号有无改动的痕迹，如果是套牌车，车辆的发动机号有可能会出现被修改、打磨过的痕迹。

仔细观察车牌外形，正规车牌做工精细、表面光滑。伪造的车牌的表面数字没有错，但是在阳光下则存在颜色偏黄或偏红的情况，而且字体往往较瘦。

其次检查车架号是否有改动的痕迹。

最后可以去交管部门查询车牌号码。如果能查到那就是正规车，另外，还需要对车辆行驶证等随车证照进行检查，看看随车证照上登记的发动机号、车架号等是否与车辆上的相同。

⑤ 核对机动车来历凭证。

机动车来历凭证分为新车来历凭证和二手车来历凭证。要认真查看机动车来历证明，以防买到不正当来历的车辆。

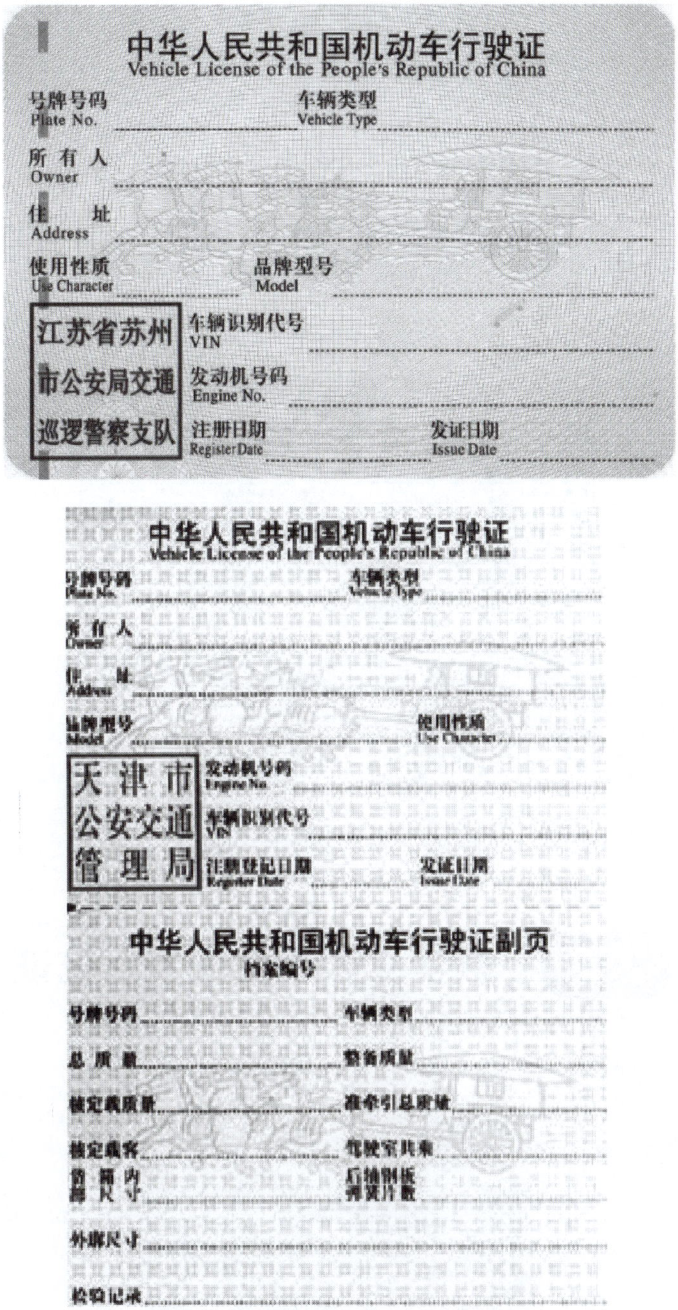
中华人民共和国机动车行驶证
Vehicle License of the People's Republic of China
号牌号码 Plate No.　车辆类型 Vehicle Type
所有人 Owner
住址 Address
使用性质 Use Character　品牌型号 Model
江苏省苏州市公安局交通巡逻警察支队
车辆识别代号 VIN
发动机号码 Engine No.
注册日期 Register Date　发证日期 Issue Date

中华人民共和国机动车行驶证
Vehicle License of the People's Republic of China
号牌号码 Plate No.　车辆类型 Vehicle Type
所有人 Owner
住址 Address
品牌型号 Model　使用性质 Use Character
天津市公安交通管理局
发动机号码 Engine No.
车辆识别代号 VIN
注册登记日期 Register Date　发证日期 Issue Date

中华人民共和国机动车行驶证副页
档案编号
号牌号码　车辆类型
总质量　整备质量
核定载质量　准牵引总质量
核定载客　驾驶室共乘
货厢内部尺寸　后轴钢板弹簧片数
外廓尺寸
检验记录

图 2-2　机动车行驶证

在国内购买的机动车，其来历证明是全国统一的机动车销售发票或者二手车交易发票。

如图 2-3 所示，新车来历凭证是指经国家工商行政管理机关验证盖章的机动车销售发票。其中有的销售发票是国家指定的机动车销售单位的发票。

二手车来历凭证是指经国家工商行政管理机关盖章的二手车交易发票，或由人民法院出具的发生法律效应的判决书、裁定书和调解书等文件。

在国外购买的机动车，其来历证明是该车销售单位开具的销售发票及其翻译文本，海关监管的机动车不需提供来历证明。

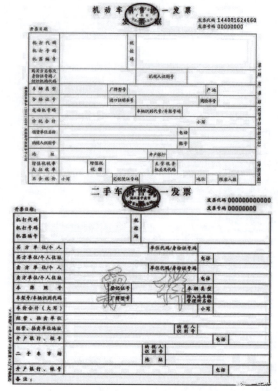

图 2-3　购车发票

2.2　核实二手车的税费缴讫证

注意税费的缴费证明,包括购置税和车船使用税(车船使用税现在合并在机动车保险单

图 2-4　车辆购置税完税证明

中）等完税证明，如图 2-4 所示。

如果为免税车，应查实其是否符合免税的有关规定。

2.3 核实车辆保险

只有买了保险的车辆才有可能在车辆发生交通事故的时候将车主的损失降到最低。购买二手车时，要进行保险变更，使保险继续有效。

核查是否投保了交强险和商业险，并确认其保险单的真实性。因车船税合并至保险内，所以在核查机动车保险单时，除核查交强险与商业险外，还需核查车船税是否存在漏税情况。若存在，则需由原车主补齐。

另外可以通过保险公司查询车辆在保险期间内的出险情况，对车辆的事故历史详细了解。机动车保险单如图 2-5 所示。

中国保险监督管理委员会监制　　　　限在X X省(市、自治区)销售

机动车交通事故责任强制保险单（正本）

LOGO　　X X X X保险公司

(地区简称)：

保险单号：

被保险人						
被保险人身份证号码(组织机构代码)						
地址					联系电话	
被保险机动车	号牌号码		机动车种类		使用性质	
	发动机号码		识别代码(车架号)			
	厂牌型号		核定载客	人	核定载质量	千克
	排量		功率		登记日期	
责任限额	死亡伤残赔偿限额	50000元	无责任死亡伤残赔偿限额	10000元		
	医疗费用赔偿限额	8000元	无责任医疗费用赔偿限额	1600元		
	财产损失赔偿限额	2000元	无责任财产损失赔偿限额	400元		
与道路交通安全违法行为和道路交通事故相联系的浮动比率　%						
保险费合计(人民币大写)：　(¥：　元) 其中救助基金(　%) ¥：　元						
保险期间自　年　月　日零时起至　年　月　日二十四时止						
保险合同争议解决方式						
代收车船税	整备质量		纳税人识别号			
	当年应缴	¥　元	往年补缴	¥　元	滞纳金	¥　元
	合计(人民币大写)：　(¥：　元)					
	完税凭证号(减免税证明号)		开具税务机关			
特别约定						
重要提示	1. 请详细阅读保险条款，特别是责任免除和投保人、被保险人义务。 2. 收到本保险单后，请立即核对，如有不符或疏漏，请及时通知保险人并办理变更或补充手续。 3. 保险费应一次性交清，请您及时核对保险单和发票(收据)，如有不符，请及时与保险人联系。 4. 投保人应如实告知对保险费计算有影响的或被保险机动车因改装、加装、改变使用性质等导致危险程度增加的重要事项，并及时通知保险人办理批改手续。 5. 被保险人应当在交通事故发生后及时通知保险人。					
保险人	公司名称： 公司地址： 邮政编码：　服务电话：　签单日期：　(保险人签章)					

第四联　交投保人

核保：　　制单：　　经办：

图 2-5　机动车保险单

2.4 核实卖主的身份

主要核对《机动车登记证书》上的信息是否与卖主一致。了解机动车行驶证登记所有人与委托人的身份证是否一致，因为只有原车主才有车辆处置权，同时将卖主的身份证登记在案。

如果是单位车辆，应了解单位名称及隶属关系，核查单位组织机构代码证和经办人身份证复印件（必须在有效期内）。

2.5 核实其他证件

如果是带有营运性质的车辆，还要检查是否有道路运输证，如图2-6所示。

图2-6 道路运输证

如果是公车则要检查定编证。

核查机动车安全技术检验合格标志，如图2-7所示。如果机动车无安全技术检验合格标

图2-7 机动车安全技术检验合格标志

志或者标志过期,则无法交易。

课后练习

1. 二手车车辆证件有哪些?如何理解关键信息的重要性?
2. 车主的身份信息有哪些?

二手车技术状况鉴定

> **学习目标** >>>

掌握车辆零部件的数字信息的读取方法，能够运用数字信息确定车辆的状态。

掌握车辆外观检查、发动机机舱检查、车身检查、内饰检查、车辆底盘检查和二手车动态检查的方法和要求。

掌握事故车鉴定的方法和要求。

> **学习方法** >>>

运用实车和教学软件学习二手车技术状况鉴定的操作方法和表格填写。

由于现在二手车翻新和修复技术水平很高，使得事故车的鉴定越来越困难，如果存在重大安全隐患的二手车上路行驶，随时会引发重大的交通安全事故。

通过车辆技术状况鉴定，可以判断二手车的技术状况和价值。检查时，一是通过检查人员的经验判断，二是使用仪器设备进行检查，特别是对高难度的事故车要运用仪器设备进行辅助检查，提高检查的准确性。

二手车技术状况的鉴定方法主要有静态检查、动态检查和仪器检查三种。其中，静态检查和动态检查是依据鉴定评估人员的技能和经验对被鉴定评估车辆进行直观、定性判断，即初步判断鉴定评估车辆的运行情况是否正常、车辆各部分有无故障及故障的可能原因、车辆各总成及部件的新旧程度等。而仪器检查是对鉴定评估车辆的各项技术性能及各总成部件技术状况进行定量、客观的评价，是进行二手车技术等级划分的依据，在实际工作中往往根据评估目的和实际情况而定。

为了改变二手车行业长期以来鉴定评估工作主要依靠评估师"看""摸"和"嗅"的经验判断方法，现在的车辆评估普遍采用现代化检测设备和仪器，主要配备有举升机、车身检测仪、四轮定位仪、电脑解码器、超声波测厚仪、内窥镜、气缸压力表和电瓶检测仪等。

通过检测设备和仪器的检测，可以得到详细的检测数据，评估师根据各种检测数据判断车辆综合性能，使鉴定评估结果摆脱了人为因素的影响。

二手车技术状况仪器检测的主要内容如下。

① 整车性能中的动力性、燃料经济性、制动性、转向操作性、前照灯、排放污染物、喇叭声级、车辆防雨密封性和车辆表示值误差等检测。

② 发动机部分的发动机功率、气缸密封性、启动系、点火系、燃油系、润滑系和异响等指标的检测。

③ 底盘部分的离合器打滑和传动系游动角度等检测。

④ 行驶系的车轮定位和车轮动平衡检测。

⑤ 空调系统的系统压力和空调密封性检测。

⑥ 电子电器设备性能检测。

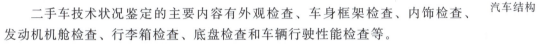
汽车结构

二手车技术状况鉴定的主要内容有外观检查、车身框架检查、内饰检查、发动机机舱检查、行李箱检查、底盘检查和车辆行驶性能检查等。

① 外观检查：车辆的外观一般不会影响车辆的性能，但是通过车辆外观的损伤，可以知道车主对车辆的保养和使用情况。同时可以从外观损伤联想到结构件和加强件损伤，避免漏检。如图3-1所示。

图3-1 外观检查

② 车身框架（车架）检查：承载式车身（车架）变形会影响车辆的行驶性和安全性，因此要检查承载式车身（车架）结构件有无修复痕迹，检查车身主要尺寸，判断是否发生过事故。

③ 内饰检查：可以确定车辆的状况和车辆的使用情况，同时可以帮助判断是否是火烧车和泡水车。

④ 发动机机舱检查：确定发动机状况和是否发生过事故，或者发动机机舱布置是否改动过。

⑤ 行李箱检查：主要检查是否有过追尾事故。

⑥ 底盘检查：重点检查纵梁和横梁等结构件是否受损和存在修复痕迹。仔细观察轮胎的磨损程度和刹车盘的磨损情况。

⑦ 车辆行驶性能检查：通过试驾的方式，检查发动机工作是否正常，检查车辆的行驶性、安全性和操纵性等性能是否下降。

应用二手车技术状况鉴定的经验检查方法时要注意以下几项。

"望"而初断异常。所谓"望"就是指查看车辆的外观是否有异常。主要看车漆以及边缝是否完好，如果车辆的车漆色差变化较大，该车不是重新刷过漆就是该车曾经被撞过而进行了修复。而边缘接缝也能体现出车辆是否碰撞过，因为车辆外观一般都是由13块板拼接而成的，每辆车出厂时各个板块之间的缝隙是均匀一致的，看起来很美观。而一旦车辆受过撞击，边缝会出现褶皱断裂等情况。

"闻"过方知异常。通过"闻"其味是最快速检查某些缺陷的有效方法。如果车辆进行过翻新，那么打开车门，在车内就会闻到油漆的味道或其他异味。如果能够闻到油漆味，那就说明该车肯定做过油漆。如果内饰进行过翻新，说明内饰磨损肯定非常严重，可以说明该车的使用频率很高，或者该车出现过事故而进行了内饰翻修。

"查"细节而知异常。如果车辆使用时间较短（车辆本身较新，行驶里程较少），一般是很难一眼辨别车辆的技术状况的。那么就应该通过专用电脑设备，查看车辆内置实际里程数字，确定该车是否为"调表车"。另外可以通过查看车辆保险单，通过保费可以判断是否出过事故。有条件的话可去4S店、车管所或保险公司查看有无维修、出险记录等。

"切"身体会。所谓"切"是指自己动手检查车辆的各个部分，如拆下车门密封胶条检查，门框及门柱应该平直，特别注意A柱、B柱、C柱与车体结合处的焊点是否为原厂焊点。由车顶延伸至门槛的线条应该是平直且呈自然弧线。如果发现车门开关异常、密封胶条松动、焊点异常等情况时，即可初步判定该车有事故维修的嫌疑。打开发动机机舱盖，用手指触摸发动机机舱盖边缘是否自然平直、滑顺和一体成型。观察车辆底盘，前纵梁（大梁）不应有褶皱、变形修复的痕迹，整个底盘脏污程度大致相同，一般不应有特别干净或者特别脏的部分。

车辆数字信息

3.1　车辆有关数字信息

每辆汽车上都有很多的数字，通过这些数字可以从中解读出车辆的一些信息，帮助确定二手车的情况。

3.1.1　汽车牌照

通过检查汽车牌照的新旧程度和磨损情况，可以帮助判断原车主对车辆的使用保养情况。如果发现汽车牌照有很明显的皱褶，那么这辆车的车头或车尾可能受到过撞击，因为汽车牌照一旦弯曲变形，是很难恢复平整的。

3.1.2　车辆生产日期

如果车龄太长，即使没有发生过重大事故的二手车，也是存在着安全隐患的。因此，二手车的行驶里程和车龄是评价二手车的技术状况的主要指标之一，是判断车况的一种参考。

车辆的生命周期分为磨合期、成熟期和衰退期（"衰退"是指汽车核心部件发生衰老），如果按正确的方式驾驶和按要求进行保养，车辆的衰退期会延迟到来。

二手车的价格是根据车辆的品牌、配置、车龄、保养程度、性能和是否是事故车等因数进行综合评价得出的，所以，二手车的技术状况鉴定时要特别注意以下几个方面。

① 车架号（VIN码）。从车架号可以知道汽车的生产日期等信息，帮助了解车辆的一些基本信息。车架号一般在前挡风玻璃的左下角（或在其他位置或用其他方式获得），车架号是由17个字母和数字组成的。

② 汽车铭牌。通过车辆铭牌可以获得车架号、发动机排量、生产日期和载客人数等重要信息，汽车铭牌如图 3-2 所示。

该车生产日期是2009年3月

该车生产日期是2014年6月

图 3-2　汽车铭牌

车辆的铭牌一般位于 B 柱下端（打开车门就能看见），或发动机机舱内（一般在发动机机舱内不容易碰撞到的位置）。

车辆的铭牌上可以看到车辆的生产日期，如果生产日期和机动车登记证上的初始登记日期相差较远，则这辆车可能是库存车。

3.1.3　发动机号

在车辆上查找或在汽车相关文件（行驶证、购车发票、车辆购置税完税证明、机动车登记证和车辆保险卡等）可以看到发动机号。

每款发动机的发动机号位置都不太一样，一般在发动机机舱左右侧壁或发动机上。

3.1.4　汽车玻璃标识

汽车玻璃的左下角或右下角上有玻璃标识，通过汽车玻璃标识能看出这块玻璃的相关信息，如汽车玻璃的产地和生产日期等，如图 3-3 所示。

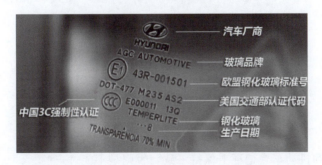

图 3-3　汽车玻璃编号（一）

通过玻璃上的标识,可以计算出玻璃的生产时间。计算方法是中间的数字表示这块玻璃的生产年份,在此数字前面或后面有黑点表示生产月份,黑点在前面说明是上半年生产的,黑点在后说明是下半年生产的。生产月份的计算方法是,黑点在前用 7 去减黑点数量,黑点在后面用 13 去减黑点数量,得出的数值就是生产月份。

如图 3-4 所示,玻璃的时间标识为"9·",数字"9"代表玻璃是 2009 年生产的,通过黑点的位置和数量,知道生产月份是 12 月,即为 2009 年 12 月生产。"···4"表示 2014 年(或 2004 年,具体参考车辆生产日期)4 月生产。

表示生产日期为2009年12月

表示生产日期为2014年(或2004年)4月

图 3-4 汽车玻璃标识(二)

在检查玻璃时要注意观察这些玻璃标识,主要是要确定每一块玻璃是否为同一品牌,生产日期是否相差太远等,如果玻璃生产日期不一致或品牌不一致,则说明更换过玻璃。

一般玻璃的生产年份要比这辆车的出厂日期早一些,如果玻璃的生产时间要比车辆的出厂日期晚很多,则说明这块玻璃是后换的,这时就要考虑为什么要换玻璃。

3.1.5 轮胎上的数字

轮胎的生产日期用四位数字表示,后两位是代表生产年份,前两位是代表第几周生产,如图 3-5 所示,该轮胎的生产日期为 2010 年第 42 周。

图 3-5 轮胎的生产日期

轮胎尺寸必须和机动车登记证上保持一致,否则是不能过户的。

通过轮胎磨损程度和生产日期,可以判断车辆里程表显示的行驶里程是否属实,还可以知道车辆的使用情况。

如图 3-2 上图的汽车铭牌所示，该车 2009 年 3 月出厂，轮胎为 2010 年第 42 周生产（如图 3-5 所示），说明该车约一年半的时间就更换了轮胎，应该考虑轮胎的使用情况；如果是一条轮胎更换，其他轮胎磨损正常，说明该条轮胎破损后更换；如果是四条轮胎全部更换，说明轮胎磨损严重，可能该车行驶里程过多或行驶的路况太差。

3.1.6 大灯生产日期

汽车的大灯一般都有生产日期标签（如图 3-6 所示），大灯的生产日期一般会比车辆的出厂日期要早，否则说明大灯是在车辆使用过程中更换的。通常情况下，大灯只有发生过碰撞损坏之后才会更换总成。

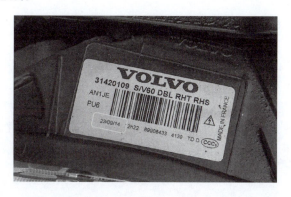

图 3-6　大灯生产日期标签

如图 3-6 所示，大灯生产日期是 2014 年 9 月 23 日，若该车 2009 年 3 月出厂（如图 3-2 汽车铭牌所示），说明大灯更换过，因此要考虑更换原因，要仔细检查大灯周围的钣金件和结构件，确认是否发生过碰撞事故。

3.2　维修痕迹的查找

在判断车辆是否经过维修时，要从细微处查找维修痕迹。如果发现了维修痕迹，就可从外部构件的损伤情况去寻找内部构件，特别是关键部件的损伤。

3.2.1 螺栓的拆卸痕迹

不要小看车辆上一颗小小的螺栓，通过判断车辆关键部位固定螺栓的情况，可以帮助判断车辆是否发生过事故。

固定螺栓一旦被拆卸过或是更换过，基本上都会留下痕迹。如果发现螺栓被拧动过，就需要结合车漆、边缝以及车身骨架和车辆的实际行驶状况，综合判断是否为事故车。

确定螺栓是否被拆卸过的方法一般有以下几种。

① 检查螺栓表面的情况。如图 3-7 所示，紧固螺栓上面画有油漆标记，包括发动机螺栓、底盘螺栓等。

图 3-7　螺栓上的油漆标记

主要检查螺栓上的油漆标记是否损坏、标记是否错位和检查螺栓表面是否有扳手拧动过的痕迹。

从图 3-8 中可以看到，翼子板的螺母有明显的拧动痕迹，由于使用套筒或者是扳手进行螺栓拆卸，在拆卸的过程中由于拧动力矩不均等原因，必然导致螺栓头部的棱角磨损。

② 检查螺栓表面是否重新油漆。螺栓表面重新油漆，表示此螺栓附近的钣金件被重新油漆过，应该检查这些钣金件是否进行过修复。如图 3-9 所示，发动机机舱盖的螺栓有被拧动的痕迹，并且被喷漆。但发动机机舱盖没有钣金修复痕迹，可以判断是整体更换了发动机机舱盖。

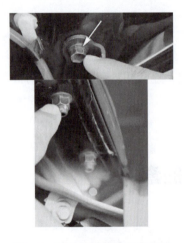

图 3-8　螺母有明显的拧动痕迹

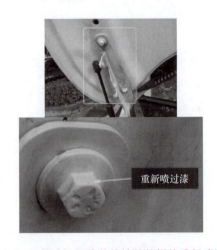

图 3-9　发动机机舱盖铰链处的螺栓重新喷漆

③ 判断螺栓是否移位。螺栓下面一般都会有垫片，在螺栓拆卸后重新拧紧时，垫片一般会与螺栓不同心，即螺栓拧动后，螺栓与垫片之间、垫片与车体之间都会发生位置改变，会出现明显的痕迹。

④ 检查漆层是否断裂。可以通过观察螺栓与被紧固件之间的漆层是否脱落或裂开来证明螺栓被拧动过。如图 3-10 所示，右前翼子板的固定螺栓有明显被拧动的痕迹，而且翼子板有明显的修复痕迹。此螺栓被拧动并且被做过油漆，但是没有发现发动机机舱盖有钣金油漆的痕迹，说明此发动机机舱盖可能是后期整体更换的。

⑤ 如果螺栓被更换过，螺栓的油漆颜色及喷涂形状也会和原厂配件产生明显的差异。

右前翼子板螺栓油漆脱落，有被拧动的痕迹

散热器框架(右端)下的防撞梁固定螺栓油漆脱落，有被拧动的痕迹

右侧防撞梁固定螺栓有被拧动的痕迹

图 3-10　螺栓与被紧固件之间漆层脱落或裂开

案例 3-1

由表及里找隐患

检查发现前防撞梁（右端）的螺栓有明显被拧动过的痕迹。

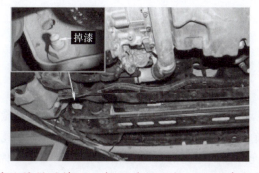

为了更方便地观察前防撞梁的情况，拆下前保险杠，可以清晰地看到右前翼子板经过钣

金修复之后，残留下一层厚厚的腻子。

右侧防撞梁的固定螺栓明显被拆卸过（螺栓油漆脱落）。

防撞梁的上方也有重新喷漆后留下来的漆雾，但是整个防撞梁并没有变形、修复的痕迹，因此可以判定，这根防撞梁是经过碰撞后更换过的。

结论：检查发现前纵梁没有明显的变形和钣金修复痕迹，说明前纵梁没有受到损伤。后期使用中，对车辆的安全性没有太大的影响。

说明：通过螺栓被拧动的痕迹，按其装配关系，逐渐找出相关现象，直至找到"根源"，确定真实情况。这就是我们要通过学习而获得的能力。

3.2.2 维修焊接痕迹

原厂焊点是有规则、平整、圆滑和排列均匀的，并且略微带凹陷的圆形焊点（如图3-11所示）。如果发现焊点呈凸出状、失圆或大小不一，焊点粗糙不光滑，焊点排列不规则，则是维修焊接的痕迹，说明车辆有较为严重的碰撞而进行了修复。

如图3-12所示为激光焊接，激光焊接是连续的条形，也有一种是不连续的（一段一段的）。形状有向内凹的，也有向外凸的。

图 3-11　原厂焊点

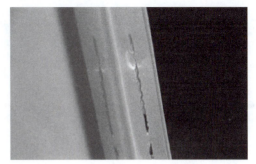
图 3-12　激光焊接的焊点

3.2.3　钣金胶

钣金胶具有固化快、弹性好、附着牢固且固化后可以上漆的特点，被广泛地运用于车门内外、车体结构的密封及粘接，使得汽车在生产和交通事故碰撞修复后的性能得以充分保障。

钣金胶在搭接缝均匀灌注，不仅美观，还能够防腐、抗震、防锈和减少噪声等。原厂钣金胶涂抹状态如图 3-13 所示。

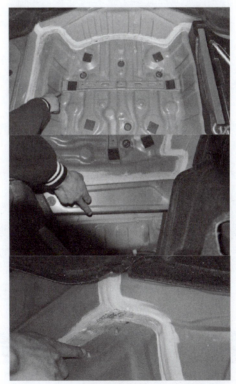

行李箱底盘钣金胶

图 3-13　原厂钣金胶涂抹状态

如图 3-14 所示，检查后翼子板板角和行李箱围板钣金胶的颜色和涂抹质量。检查发现钣金胶明显是维修时人工涂抹的，因为钣金胶涂抹比较粗糙、质地比较柔软（用指甲戳感觉较软，有戳痕），与原厂钣金胶有明显的差别。

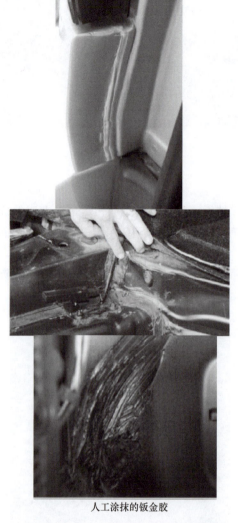

人工涂抹的钣金胶

图3-14 钣金胶质量检查

通过发现重新涂抹钣金胶的位置，可以帮助判断出钣金修补的位置，并进一步判断是否有"深层次"的损伤。

车辆外观检查1

3.3 车辆外观检查方法和技巧

车辆外观检查2

车辆外观检查3

从车辆的外观检查（这里说的外观检查，不单纯是车辆的外部，车辆的底盘等暴露在视线中的部位均属于外观），可以判断车辆的新旧程度以及是否维修过。

车辆剐蹭或者轻微撞击是不可避免的，剐蹭或者轻微撞击通常会造成车辆的前后保险杠、翼子板、发动机机舱盖、车门、行李箱盖等处的边缝褶皱和断裂，或者是两侧腰线出现明显的剐蹭和修复痕迹，即便进行钣金油漆修复，也很难恢复到车辆出厂时的效果。

通过车辆外观的细节检查，特别是检查车身的边缘接缝处、密封件、装饰条及橡胶条等细节部位，可以帮助判断车辆的使用情况和维修情况。

如果汽车的结构件和钣金件受损，在修复后，相关部分的油漆和钣金件之间的缝隙一般会有修复的痕迹，钣金件的边缝就会有褶皱、断裂等变化，这个时候想要恢复到车辆出厂时的状态是很难的。

车辆外观检查 4

所以通过查看钣金件边缝的平整度和漆面质量，可以判断此车是否有过撞击。

3.3.1 观察车身的平整度

将车辆放置在水平地面上，如图 3-15 所示，站在距车辆 3～5m 的正前方，观察车辆的肩部是否一样高，如果不一样高，就说明车身框架变形或变形后没有修复正常，或者是悬挂、减震器损坏或没有修复好。

图 3-15 观察车的肩部是否一样高

3.3.2 观察车身腰线

分别站在车辆的四个角，观察腰线是否齐平、流畅，高度是否一致。通过观察车辆的腰线，可以看出有没有钣金修复和重新做过油漆。因为腰线在出厂时是很规则的，从车身前部一直贯穿到车尾，如果中间有"断线"，即腰线没有贯穿而是上下有差别，则表明此处修复过；二来可以看出车门是否更换过，如果同侧前后的车门腰线"断线"，表明其中一个车门可能更换过。

在观察漆面时要从整体出发，即站在车头、车尾的左右两边 4 个方位，离车 1～2m 远的位置，让视线与车辆腰线齐平，顺着翼子板到门板一条线看过去，以 45°角去观察车辆车身线条是否流畅整齐（因为车辆一旦发生擦碰，车身线条是不易修复匀称的，如图 3-16 所示的三条线，要求线条流畅，否则可能发生过严重撞击），检查有无明显的划痕或者修复痕

图 3-16 车身腰线检查

迹，观察漆面的光洁度和平整度，观察油漆表面的反射光线和不同的颜色板块。

3.3.3 观察钣金、漆面

车辆外观检查5

重新涂装油漆是为了掩盖不愿意让人知道的车身缺陷。因此，漆面检查是二手车评估中非常重要的一个内容。重新涂装油漆的原因一般有两种：一是由于原车油漆的损伤而重新做油漆；二是被擦碰过而进行的修复。

车辆在日常使用或停放的过程中，车漆表面难免会受到损伤。对于由此而产生的漆面缺陷，在进行二手车的鉴定评估时要结合其他相关部件的检查区别对待。

第一种情况是漆面有密集的小凹坑，且多处位于前保险杠及发动机机舱盖等部件上，这种现象多是由于高速行驶时细小石屑和砂砾飞溅撞击所造成的。这种情况只是影响美观，并不影响车辆的正常使用。

第二种情况是重新涂装油漆。这种现象要结合具体情况分析重新喷漆修复的原因：一是由于该处曾经有过划痕；二是该处有过轻微的剐蹭；三是该处有过撞击。对于前两种状况，一般也不会影响车辆的正常使用，但是对于后一种情况就要继续进行检查，确定是否由于撞击而引起相关的结构件损伤。

发现重新喷漆的地方，如果漆面出现橘皮等缺陷或光泽明显与相邻的其他表面不一致，则表明维修工艺水平不达标，可能会影响油漆的防腐能力，并且也影响车身整体的美观。

如果车身全部重新喷漆（这种现象多发生在使用时间较长的车辆上），只要油漆喷涂均匀，各密封条上无过多的残留漆，则并不影响车辆总体的评价，而且还会延长车漆的有效寿命。

如果发现车辆重新涂装油漆，则要注意检查是否进行过钣金作业，结合相关部件的检查，确定该车是属于剐蹭，还是属于事故车。

因受设备和维修技师的水平制约，人工喷涂时会产生一些漆面缺陷，如漆面色彩不同于原车漆色，丰满度不如原车的油漆；油漆表面有橘皮、垂流、针孔、气泡、龟裂、泛色、腻子印、噪点和漆面厚度数值不正常等缺陷，这些漆面缺陷就是判断车辆是否重新涂装油漆的依据。

检查车身整体漆面的光洁度、是否存在细微色差、有无砂纸打磨痕迹，用手触摸感受漆面顺滑性，以及敲打车身听声音厚重程度来判断是否做过漆。

因为如果有大面积撞伤的部位，补腻子的面积比较大或使用的腻子过多，在工人打磨腻子时不可能打磨得很平整，因而补过漆后，车身表面会凹凸不平，油漆颜色和光泽不均匀，甚至会出现鼓包、龟裂，表面敲打时声音较沉闷等现象。

检查时，一般在离车辆1m左右的侧前方，用半蹲姿势，以45°角看全车车漆的光泽度和反光线是否一致，看有无漆面缺陷，如图3-17所示。

图3-17 漆面光泽度和反光线检查方位

具体检查内容如下。

① 找色差。假如是由于剐蹭事故造成的小块车身漆面损坏,一般都采用局部做漆的办法修复,漆面的颜色多少会有点色差。重点要检查的部位是车门、腰线和前后翼子板外表面的车漆情况,主要检查油漆表面有无起伏痕迹,油漆表面光泽度是否均匀一致,车门周边胶条是否粘有油漆痕迹等现象。

② 看弧度。如果看不出色差,那就换个角度看看两侧表面弧度是否平滑。以 30°~45° 的方位观察漆面反光是否合理。原厂车漆表面的反光是整体而自然的,受过伤害的车漆表面无论如何修补总会留下修复痕迹。

③ 听声音。如果车辆经过钣金修复,一般会填充腻子,使得修复处的"油漆"厚度就和原厂车漆的厚度不一样了,敲击时会发出比较沉闷的声音。

④ 看光泽。很多车辆的漆面没有光泽,看上去很粗糙。因为在车辆喷漆的时候会打磨掉以前的油漆,所以会造成很多细小的砂纹痕迹,虽然不是很明显,但仔细查看还是能发现。另外如果没有使用烤漆房进行油漆作业,在喷漆过程中洒落在车辆上的灰尘会导致车辆漆面不光滑。

⑤ 检测漆面厚度。检测漆面厚度是确定车辆是否重新油漆的一个关键手段,一般用"漆面厚度检测仪"检测漆面厚度。

使用漆面厚度检测仪可以测量出车辆的漆面厚度,然后与原厂油漆厚度数据进行对比,可以判断出车身哪些部位补过油漆,可以帮助筛查确定车辆被碰撞的地方。发现某处进行过油漆修复,则还要进一步检查该处是否存在事故修复的痕迹,判定是否为事故车。

检测车漆厚度时应该注意,首先应该找到车漆厚度取样点,并对取样点进行清理,排除污物对数据的影响。可以选取车辆的不同部件(如车门、发动机机舱盖等)进行采样,如图 3-18 所示,并且每个部件有多个取样点,另外每个取样点采用多次取样求平均值的方法来减小测量误差。

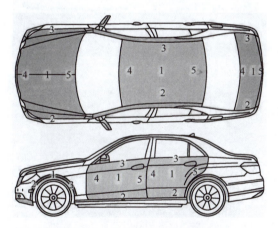

图 3-18 车漆厚度检测取样点

例如,发动机机舱盖、车顶盖、行李箱盖以及前后门各取五个点,前翼子板取三个点。检测方法是每个点测量三次取平均值得到平均厚度,然后将每个部位的多个平均值相加,除以每个部位的点数,获得每个部位的平均厚度。

链接——油漆知识

新车的油漆都是由生产线自动喷涂的,而且是在无尘车间里进行的,因此漆面与车体金属之间的厚度会很均匀，不会出现较大的差别。而维修时人工喷涂油漆的漆面厚度要比原厂的漆面厚。如果存在钣金修复，漆面和金属之间还要涂抹腻子等，漆面和金属之间的厚度会更大。

链接——车身修复时油漆作业的过程和缺陷

油漆作业时，先要将原车油漆打磨毛糙，如果需要进行钣金修复，先将钣金修复处的原车油漆打磨掉后进行钣金修复操作。

钣金修复后，用涂刮腻子的方法将一些坑洼不平的地方填平，用细砂纸将腻子打磨平整之后进行喷漆作业。

油漆作业的缺陷一般有漆面色差，丰满度差；油漆表面有橘皮、腻子印、噪点和漆面厚度数值不正常、补漆后产生的裂痕和暴皮、油漆脱落、漆面呈向下滴流状、新旧漆面结合处缺陷（发生软化、收缩、龟裂等现象）、漆面产生孔穴、研磨腻子的划痕太深而导致漆面不平整和呈现非镜面状态，并且反光不一致。

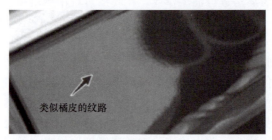

橘皮

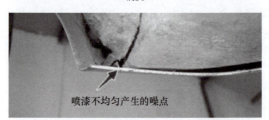

噪点

漆面数值不正常

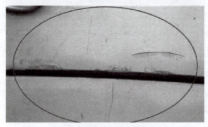

补漆后产生的裂痕和暴皮

3 二手车技术状况鉴定

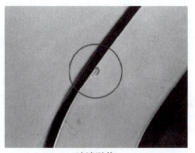
油漆脱落

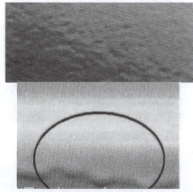
漆面呈向下滴流状

链接——关于漆面

在汽车制造厂，车架、车壳焊接完成后，下一道工序就是上漆。一般来说，首先（高档车先是采用磷化防腐技术）是涂底漆并烘干；然后送入无尘车间，用静电喷漆工艺喷上面漆。然后用200℃左右的温度烘干。

面漆一般有普通漆、金属漆和珠光漆。

普通漆主要是树脂、颜料和添加剂。金属漆是在普通漆的基础上加入了铝粉，所以漆面看上去更光亮。珠光漆是加入了云母粒，因此，反光有方向性，有了色彩斑斓的效果。

所有颜色的面漆以白色最便宜。

在车辆的某一部分喷涂油漆时，需要用纸胶带和报纸等对不进行喷漆的部分进行遮挡，喷漆完成后将这些遮挡物取下。所以会在喷漆与不喷漆的交界处留下一些遮掩不到的喷漆痕迹（一般称为"飞漆"），这些痕迹在喷漆后如果处理不好就会成为判断是否进行过油漆修复的有力证据，如图3-19所示。

只要仔细观察车身的边缘接缝处、车门的内侧、门把手的角落、密封件、装饰条及橡胶条等细节部位，就会发现残留的油漆痕迹，要特别注意查看发动机机舱盖处的车漆，车辆的有些标识也会在喷漆后消失。

注：有些高端车辆，它们重新喷漆时，可能会把整个需要喷涂的部件拆下来单独喷漆，待喷涂完毕再重新组装，这样的话，这种方法就不能确定是否重新喷漆。

右前翼子板螺栓有明显的被拧动过的痕迹，而且发现翼子板有钣金油漆的痕迹，如图3-20所示。

新车在制造厂的涂装，采用的是全车沉浸及静电涂装，因此在钣金的折角处用手触摸也能感觉到光滑。维修喷漆时是人工喷涂，而且一般要进行腻子修补，对边角无法抛光或不进

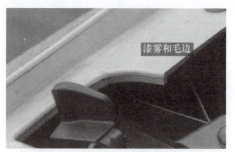

保险杠上有漆雾和毛边

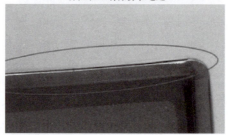

在玻璃密封胶上留有喷漆的痕迹

图 3-19　喷漆修复后的痕迹

图 3-20　翼子板有钣金油漆的痕迹

行抛光，容易产生粗糙的手感，如图 3-21 所示。

图 3-21　翼子板的折边留有厚厚的腻子

另外，由于碰刮伤导致漆面脱落，可借漆面脱落程度判断是否有过喷漆的现象，如图 3-22 所示，该车尾部喷过漆。

图 3-22　借助漆面脱落程度判断是否重新喷漆

3.3.4　车辆缝隙（边缝）检查

如果钣金件的对称部位缝隙有明显差别或腰线明显不协调，则可判定该车有过碰撞或剐蹭，需要进一步检查相关部位，判断是不是事故车。

事故车排查时，主要检查车体各部件之间的相对连接是否紧密、缝隙是否均匀、边角处理是否平滑，要特别注意边角检查，因为尖锐的部分最容易受到损伤。如检查发动机机舱盖相对于前端的左、右翼子板位置有无偏移，是否出现相对的高低错位；车门边缘与门框处的缝隙大小是否适中，车门与相邻的部件是否在同一平面或过渡圆润，车门与门框之间的连接部件位置是否对称，车门在开关时是否与周边部件发生擦碰。

① 检查曲线部分的结合部线条是否流畅，大面是否凹凸不平，间隙是否均匀，间隙是否过大或过小，观察车辆发动机机舱盖两边以及前后的缝隙是否匀称，观察车辆前灯和后灯的结合缝隙是否匀称一致。

② 检查车门是否整体平整、有无变形。周边的门缝线条是否变形、间隙是否符合要求。装饰条是否发生变形、老化等损伤。

③ 检查车辆的 A 柱、B 柱、C 柱是否平顺，有无变形。

④ 检查车辆玻璃密封胶条与车身之间间隙是否整齐，密封胶条有无损坏。

⑤ 检查发动机机舱盖和两侧翼子板之间的接缝是否整齐，间隙是否大小合适、对称。

⑥ 检查翼子板和保险杠的缝隙。如果前后保险杠发生过剐蹭或者撞击等情况，保险杠杠体会受力变形，并且不容易修复到原来的水平。

⑦ 检查翼子板与前门之间、前后门之间和翼子板与后车门之间的缝隙是否均匀、对称。

⑧ 检查后备箱盖缝隙或后掀门缝隙是否整齐，左右是否对称。

3.3.5　车灯和大灯玻璃的检查

车灯总成的检查内容主要有以下几项。

① 车辆前后车灯总成的色泽或新旧程度是否一致。一般情况下，经过几年时间的使用，灯具表面有一定程度的磨损或者老化属于正常的，但整车所有外部灯具特别是塑料表面的老化程度大致都应差不多。如果发现某一个灯具特别新，或者塑料泛黄特别严重的话就需要格外留意，要怀疑这个部位是否发生过碰撞而进行了更换。如果某个大灯偏黄、老化特别严重，就要怀疑是不是副厂配件了。

如果发现大灯更换过，则要重点注意前保险杠、翼子板和散热器框架是否进行过修复。

② 检查车灯与钣金件之间的缝隙是否均匀整齐、左右对称。

③ 要注意大灯进水与进气的区别，通常进水的车灯影响范围大，甚至会有流痕。而湿气影响的范围小，车辆大灯打开一段时间后，温度升高，湿气自然散去，这种现象不算是"故障"。

④ 检查车灯总成固定螺栓是否拆卸过。

如果发现更换过车灯，那就应该仔细检查与车灯相邻的部件是否损伤。打开发动机机舱盖，如果发现车灯周围的构件的固定螺栓没有拆装过的痕迹，尤其是固定散热器的框架螺栓没有拆装过，散热器框架没有敲击和焊接等修复痕迹，则可以肯定车灯周围的构件没有受过损伤。

虽然大灯使用时间过长会影响车灯的亮度及照射距离，但是一般车主是不会轻易更换大灯的。

3.3.6　前后挡风玻璃及车窗玻璃检查

汽车挡风玻璃和车窗玻璃容易受到损伤，在车辆检查时如果发现更换过玻璃，则要注意区分是单纯的玻璃损坏还是由于事故使玻璃损坏而更换的。

因此在检查车辆挡风玻璃和车窗玻璃时要注意以下方面。

① 玻璃损伤。仔细查看玻璃表面是否有缺损、划伤或裂纹。特别注意检查后挡风玻璃的电加热线是否完好。

② 是否为原车玻璃。每一块玻璃上的编号、品牌和生产日期应该是相同的，如果发现玻璃品牌不一致或生产日期与车辆的出厂日期相差较远，则不一致的玻璃就是更换了的，那就要注意找出更换玻璃的原因。

查看汽车玻璃拼接处的胶体痕迹，原厂汽车玻璃的密封胶规整，不会出现任何凹凸不平的情况。如果汽车玻璃在后期更换过，不可能完全和原厂相同，仔细观察，一定会发现问题。例如，在胶条处发现有明显的凹陷，那么说明此处玻璃在后期更换过，如图3-23所示。

图 3-23　玻璃胶条连接处出现凹陷

原厂的前挡风玻璃会使车架号标牌刚好从玻璃的透明处露出，而更换过的玻璃，车架号标牌一般难以正好出现在透明位置。

如果发现玻璃异常，就要通过检查相关部位是否有钣金油漆修复的痕迹，观察车门螺栓是否有过拧动痕迹，帮助判断是否是事故车。

链接——前挡风玻璃

前挡风玻璃一般是由两种钢化玻璃与夹层玻璃材料构成的。

钢化玻璃是在玻璃处于炽热状态下使之迅速冷却而产生预应力的强度较高的玻璃,钢化玻璃破碎时分裂成许多无锐边的小块,不易伤人。

夹层玻璃共有3层,中间层韧性强并有粘合作用,被撞击破坏时内层和外层仍黏附在中间层上,不易伤人。

前挡风玻璃是汽车被动安全设施之一,必须满足以下安全要求:

良好的视线、足够的强度、意外事故时对乘员起到保护作用。

玻璃破裂时中间夹层薄膜可以防止石块或其他物件穿透,亦能防止碎玻璃飞溅。

保证驾驶所需的最小能见度,具有缓冲速度的效果。

3.3.7 翼子板检查

翼子板(也叫挡泥板)是遮盖车轮的车身外板,翼子板的作用是在汽车行驶过程中,防止被车轮卷起的砂石、泥浆溅到车厢的底部。按翼子板的安装位置又分为前翼子板和后翼子板。

因为车辆发生碰撞时翼子板损伤的概率较大(尤其是前翼子板),所以在检查时要认真地查看翼子板,观察翼子板线条是否自然流畅,是否有褶皱,是否有修复喷漆的痕迹。

检查密封胶是否老化,螺栓是否拆装过。

3.4 发动机机舱检查

发动机机舱检查

发动机检查

日常用车擦碰在所难免,如果只是车辆的覆盖件受到损伤,对车辆的正常使用是没有什么影响的。但是如果碰撞比较严重,涉及结构件损伤,则会影响车辆的安全性能和使用性能,主要原因有以下几个。

① 车辆车头部位的关键部件很多,包括发动机、转向助力泵、散热器等部件,其中任何一个部件有故障都会影响车辆的正常使用。另外,车辆头部有车身重要的骨架构件,如果其中的构件损坏或变形也会影响车辆的性能,在行驶时会发生异常抖动或行驶跑偏的情况,影响驾驶安全。

车辆的尾部主要是行李箱,即便是被碰撞,对车辆使用性能的影响没有车辆头部被碰撞的影响大。

② 车辆的前脸损伤会影响销售和销售价格。因为车辆前面结构复杂,如果车辆前面发生碰撞事故,即便是进行了精心的修复,也不会恢复到原厂车的效果。通过仔细检查发动机机舱及机舱盖,发动机机舱盖与翼子板和挡风玻璃之间的配合质量,可以判断车辆头部是否出过事故。

如果车辆头部碰撞严重,结构件损伤,则存在两种修复方法,一是进行拉伸修复,二是整体更换。不管使用哪种方法修复,都会留有修复痕迹,例如,修复后会留有修复焊点,会有拉伸的痕迹,表面会不平整,重新做的钣金胶和防锈漆与原车的不同,这些都是很容易发现的修复痕迹。

检查发动机机舱时，主要检查散热器框架、翼子板、发动机机舱盖、减震器安装座、前纵梁和前防撞梁等。

3.4.1 发动机机舱盖检查

发动机机舱盖检查主要是检查其外观、内衬板和发动机机舱盖与其相邻部件的间隙。

（1）发动机机舱盖外观检查

发动机机舱盖外观检查内容主要有发动机机舱盖与翼子板之间的缝隙大小是否符合要求，间隙是否平整对称；发动机机舱盖与前挡风玻璃之间的间隙是否一致，是否是原车的密封胶，否则就很可能是修复过或更换过发动机机舱盖和翼子板，说明车辆前部发生过事故。

（2）发动机机舱盖内衬板检查

打开发动机机舱盖，用手指触摸发动机机舱盖边缘，检查发动机机舱盖的边缘线条是否自然平直、顺畅不粗糙和变形；检查发动机机舱盖边框的密封胶条是否完好、整齐，是否为原厂密封胶条。

观察发动机机舱盖内衬板上面的开孔是否均匀、有无变形；检查发动机机舱盖是否变形错位。检查发动机机舱盖锁止机构和液压撑杆是否变形错位、工作是否正常。如果上述检查有问题则表明曾经发生过碰撞。

检查焊接点是否完整，若发现焊点呈凸出状，有失圆或大小不一的点焊，焊点粗糙不光滑，排列不规则、不均匀，则表明是重新烧焊的痕迹，说明进行过事故维修。

通过检查发动机机舱盖铰链螺栓有无拆装过的痕迹，判断发动机机舱盖是否拆装过。

检查发动机机舱盖内衬板上面粘贴的原厂不干胶，如果经过维修，该不干胶一般会损坏或不会存在了。

> **链接——更换副厂的发动机机舱盖**
>
> 原厂的发动机机舱盖价位比较贵，一般要比副厂件贵好几倍。
>
> 原厂的发动机机舱盖质量较好，变形之后可以修复。而副厂的发动机机舱盖不容易修复只能再次更换。
>
> 副厂的发动机机舱盖做工粗糙，密封胶不均匀，构造很单薄。

3.4.2 发动机机舱舱内检查

发动机机舱内主要检查车头部位的结构件是否受损，机舱布置是否凌乱，发动机等主要部件状况是否完好。如图3-24所示。

通过检查是否有焊接和重新喷漆等修复痕迹，检查发动机机舱覆盖件的质量，检查翼子板内侧和散热器框架等地方是否有修复痕迹，可以判断车头是否受损。

（1）检查发动机机舱整体清洁程度

打开发动机机舱盖，检查发动机机舱的整体清洁程度。经过长时间的使用，发动机机舱内都会有不少灰尘，这属于正常的现象。但如果发现某一部位明显比其他地方更干净则要留心，可以怀疑这个地方是不是进行过修理或更换。

（2）检查发动机机舱主要部件情况

检查机件是否有油污、锈蚀、破损和松动。

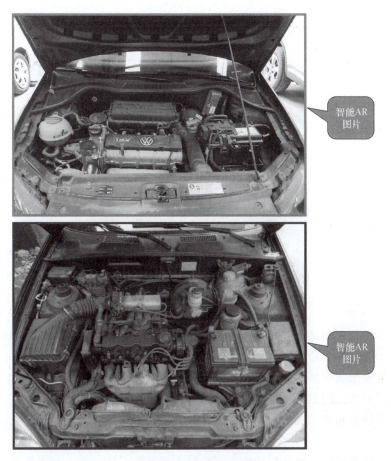

图 3-24 发动机机舱

检查软管（进气管、暖风管、水泵管等）有无老化、变硬、破裂等迹象。检查时用手挤压，看是否富有弹性。

检查各传动带（如凸轮轴、水泵、动力转向泵、发电机、空调压缩机、风扇等传动带）是否有皮带层脱落、严重开裂等迹象。还要检查皮带轮是否被磨得光亮，这会引起皮带打滑（表现为启动、急速时有刺耳的响声）。

检查电缆线、导线是否老化、外皮剥落。

检查润滑油、冷却液等油液的数量和质量。

检查发动机的固定螺栓，如果发现发动机固定螺栓有拆装过的痕迹，就能证明发动机可能拆下来过，那么就应该检查确定为什么发动机会拆下来。

（3）检查前防撞梁和前纵梁

观察前防撞梁、吸能盒以及前纵梁有无钣金、修复的焊接、褶皱、补漆（若是铝合金的一般没有油漆）等修复痕迹，判断车辆头部是否受损和受损的程度。

判断紧固螺栓是否拆卸过，检查钣金胶涂抹是否平滑也是判断是否进行过修复的依据。

通过检查散热器框架和翼子板内缘的情况，可以帮助判断头部是否受过比较严重的撞击。如果发现散热器框架维修过或更换过，左右翼子板内缘也有维修痕迹，那么很有可能发生过比较严重的事故。

(4) 检查发动机前面的端框

发动机前面的端框是非常重要的,该框架不仅固定散热器和冷凝器,同时还是前大灯定位和调整的基准。

通过检查散热器框架是否完好,有无切割、焊接等修理痕迹,判断其受损程度。如果有轻微钣金痕迹则无大碍。

检查框架正面是否有原厂标签(如果车辆发生过碰撞事故并经过修复,零件表面这种原厂的不干胶标签一般是不会存在的),标签的生产日期和车辆的出厂日期是否一致。标签如图 3-25 所示。

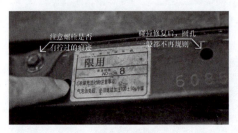

图 3-25 零部件表面的标签

检查散热器框架表面是否有修复痕迹,是否整体平整,有无褶皱、变形和喷漆等修复痕迹。框架圆孔是否对称分布。

观察散热器框架固定螺栓的新旧程度是否一致,有无拆卸痕迹、是否松动或者缺失。

检查散热器框架上的小圆孔是否对称分布,是否是原装密封胶条。

观察散热器框架和翼子板上纵梁结合部分的焊接点,判断是否为原厂焊点,确定是否进行过修复。

如果散热器框架弯曲变形,但是检查确定没有伤及前纵梁,那么就不算事故车。因为散热器框架是属于加强件(但是塑料的散热器框架不是),不能作为判断车辆是否有重大事故的依据。散热器框架损伤,只能说明发生过正面撞击,只要前纵梁没有损伤,就不算是事故车。

(5) 进气格栅

汽车前部的进气格栅,除起到通风整流的作用外,它还是一个汽车的标志性设计,是代表某一款型汽车的家族式脸谱。

如果汽车头部发生比较严重的碰撞尤其是正面的撞击,一般会伤及进气格栅。

检查时主要是看固定进气格栅的螺栓有没有拆卸过的痕迹,查看进气格栅是否变形和破裂。

另外,因为进气格栅多数是硬质塑料构件,车辆使用几年后,进气格栅必然会发生色差或是表面污损,如果发现进气格栅很干净,那么就要怀疑是否重新换过。虽然进气格栅的更换不会影响车辆的使用,但要考虑是否是因为事故而更换。

(6) 检查前围板

检查前围板是否有变形、褶皱或切割痕迹。如有上述问题,则可判断发生过重大事故。

(7) 检查翼子板内侧

从前围板开始,分别检查两边翼子板内侧情况,可以用手抻着,分别检查左右翼子板内缘是否规整,是否有褶皱、修复和重新喷漆等痕迹,翼子板的螺栓是否有位移、是否有拧动痕迹或重新喷过漆。

检查是否为原厂密封胶条，胶条的纹理是否左右对称；检查翼子板内衬有无变形。

（8）检查减震器及减震器安装座

检查减震器是否碰撞变形，减震器是否漏油；检查减震器安装座是否有褶皱，是否有修复痕迹；检查减震器安装座钣金胶涂抹纹理是否整齐一致。否则说明有修复嫌疑，如图3-26所示。

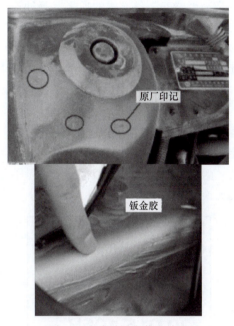

图3-26　减震器安装座检查

（9）测量发动机机舱

通过测量发动机机舱尺寸，可以确定发动机机舱是否变形。

案例 3-2

这是一辆头部有撞伤的车辆，打开发动机机舱盖，从散热器框架处就可看出，框架重新做了黑色油漆，并且框架的敲击修复的痕迹明显，固定螺栓都有拧动过的痕迹，散热器也是新换的部件。所以这辆车有明显的撞伤修复痕迹。

因此，就要继续检查，确定其结构件是否损伤。

3.4.3　发动机静态检查

发动机静态检查主要查看发动机机舱内线束是否整齐，有无漏油、漏水迹象，皮带的磨损是否均匀。

（1）检查发动机是否油水泄漏

查看发动机外观，检查是否有润滑油泄漏的痕迹；检查冷却液管管夹处、水泵和散热器等接合处是否有泄漏的痕迹；检查制动液管、制动总泵下部是否有制动液泄漏的痕迹。

检查发动机润滑油是否处于正常状态。判断润滑油存量和油质是否正常。

检查橡胶件是否老化；查看各部件的连接是否干净，涂有密封胶的接合处是否有密封胶溢出。

检查冷却液。从冷却液罐观察，如果液面低于下限时则说明冷却液有损耗，要查明损耗原因。例如，车辆在放置一段时间后，如果地面上有油水泄漏的痕迹，说明车辆存在泄漏。

打开储液罐盖，检查冷却液液面上是否有粉屑、油污等杂物飘浮。如果有油污漂浮则可能是润滑油渗入冷却液内，如果有锈蚀的粉屑说明散热器内的锈蚀情况很严重。这就表明发动机保养不好。

（2）检查发动机机舱布置是否凌乱

检查发动机机舱里的线路是否整齐、各导线的插接器等处连接是否正常；管路等装置布置是否有条理，发动机及其他零部件是否有拆装过的痕迹，是否有无用的零部件等。

（3）检查零部件的状况

检查各部件的新旧程度是否一致，如果发现有些零部件比较干净、成色较新，就应怀疑是否更换过。

（4）检查蓄电池

检查蓄电池的状况，蓄电池上是否连接有凌乱的导线。

如图 3-27 所示，通过检查蓄电池检视孔所显示的颜色来判断蓄电池的技术状态。颜色为绿色表示蓄电池电量充足；颜色显示为黑色表示蓄电池电量不足，需要充电；颜色显示为无色或黄色表示蓄电池需要更换。

图 3-27　蓄电池检查

（5）检查螺栓是否有拆卸痕迹

仔细检查发动机机舱构件的主要连接螺栓和发动机的螺栓是否有拆卸的痕迹。如果某处的螺栓有拧动的痕迹，则要检查该处以及相关的构件是否修复或更换，是否有结构件损伤。

3.4.4　发动机动态检查

通过发动机动态检查，可以了解发动机的运行状况。如果发动机性能下降，会出现动力下降、加速无力和噪声增大等症状。如果出现烧机油现象，也是发动机衰退的表现。

① 检查发动机的启动情况。如果多次仍不能启动发动机，可能是蓄电池电力不足、启动系统有故障、点火系统和燃油系统有故障。

车辆放置较长的时间后（如停车一个晚上），若出现不易启动的现象，说明电气系统或油液系统出现问题，因此，车辆在早上最能体现出其基本性能，尤其是在冬季。

② 发动机启动后运行。通过声音可以鉴别发动机状态，一般声音清脆且节奏感强则表明发动机状况良好。踩下加速踏板让发动机转速提高，若发动机有异响，特别注意是否有细微而短促的碰击声或低沉的轰鸣声，如果有则说明发动机有故障。踩下加速踏板时发动机的响应慢，说明发动机加速性能不好。

通过观察发动机排气，检查排气颜色是否正常，排气是否有异味，可以了解发动机工作是否正常。

3.5 车身检查

车身检查1

汽车车身包括车身前部、车身侧部、车身后部和车身底部（车身底部在车身侧部和车身后部的下部）。

车身检查主要是通过观察车辆外观质量、缝隙质量和A柱、B柱、C柱质量，判断该车是否有过修复。

车身检查2

比较严重的侧面撞击，对车辆两侧A柱、B柱、C柱的损伤是较大的，即便修复后也不会像原厂漆面那么光滑平整，仔细检查就可以发现修复的痕迹。

如果条件允许，应该把车门密封条拉下来检查门框与门柱处。如果在上述部分有钣金、切割和焊接痕迹，或者是有不良焊接工艺导致的锈迹，或者发现A柱、B柱、C柱的两侧油漆存在色差，则说明进行过修复。这时应该怀疑这辆车是否发生过严重的事故，需要认真地检查。

汽车车身金属组件都是通过焊接固定在一起的，常见的焊接工艺有点焊和激光焊接，但这两种焊接方式在4S店和修理厂一般都不会进行，所以维修后的焊接痕迹一目了然。

3.5.1 车身主要尺寸的检查

通过测量车辆主要结构件之间的间距及差异，对比原厂数据确定车辆结构件是否存在错位。

如果存在差异，则可判定该车的结构件进行过修复或更换。

（1）测量发动机机舱

车身前部一般为厢式结构，具有较强的刚性，用来布置发动机、前悬架、转向装置等部件。

车身前部由刚性较高的骨架部分构成长方形的发动机机舱，主要有发动机机舱盖、挡泥板、前侧梁、前横梁和散热器上支撑、平衡板和散热器隔栅等构件，如图3-28所示。

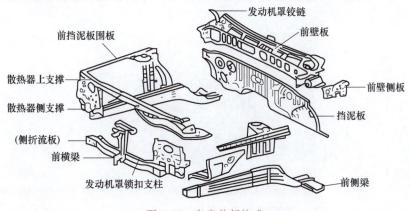

图3-28 车身前部构成

通过测量发动机机舱尺寸，可以确定发动机机舱是否变形。

用卷尺分别测量左前减震器安装座到右前大灯的距离和右前减震器安装座到左前大灯的距离，对比两者的差值，如果误差在 5mm 之内为正常，误差超过 5mm 则说明变形严重。

注意：一旦有过外力撞击，就会出现褶皱、变形甚至断裂，即使是最好的钣金师傅配备最好的钣金工具，想要恢复成出厂时的外形也是非常困难的。

（2）测量轴距

用卷尺分别测量左右两侧的轴距，确定测量数据是否合格。

（3）测量底盘数据

利用车身结构检测仪，测量车辆底盘的定位孔的数据，利用这些数据和车辆的原厂数据进行比对，可以准确地判断出车身是否变形。

3.5.2 检查车门和门框

门框和门柱（A 柱、B 柱、C 柱与车体结合处）应平直，由车顶延伸至门槛的线条平直且呈自然弧度。

打开四个车门，针对 A 柱、B 柱、C 柱以及三个立柱之间的连接部分进行检查，最后把橡胶密封条拆开，检查焊点的清晰程度、焊点的一致性和颜色的一致性等，如果这三个关键部分存在损伤和修复，尤其是有明显的"粗糙感"，那么车辆极有可能存在重大事故的修复。

（1）外观检查

在未打开车门时，检查车门和 A 柱、B 柱、C 柱外观。主要检查表面是否平整无变形，是否有补漆的痕迹，线条是否整齐平滑，检查门缝是否平整、左右缝隙是否对称，缝隙大小是否一致，有无钣金油漆修复痕迹等内容。

当车辆发生碰撞时，随着碰撞力的不断传递，会导致门柱的某一段变形。当变形程度不大时，容易在检查中忽视。

（2）检查车门的开关状态是否正常

如果没有拆卸过的车门，其开关应该非常顺畅。而一般拆装多次的车门，不仅开关困难，密封条肯定也有破损的情况，严重时车门要用力才能关严。

开关车门检查。将车门开启到 45°～60°，并以正常力道关门，观察车门开关是否顺畅、声音大小是否相同、有无异响、关闭是否严密。

（3）车门铰链、门锁检查

拉开车门，观察门内侧螺栓是否有拆卸过的痕迹，车门的锁柱是否有移位的迹象，如图 3-29 所示。

图 3-29　检查车门的锁柱是否拆卸过

打开车门检查车门与车体连接处的车门铰链是否变形、是否有修复痕迹，螺栓是否紧固，铰链位置是否平整，铰链位置处是否有螺栓拆装痕迹、钣金修复痕迹和喷漆痕迹。

（4）检查车门密封胶条、焊点

检查车门密封胶条关键是要检查是否为原厂密封胶条，检查密封胶条是否平整、老化和变形。

如果是没有大修过的车门和门框，门框与门柱是处于平行状态的，有焊点的地方应该是呈真圆并且略有凹陷的状态，焊点平滑、整齐、间隔均匀，如果焊点粗糙且排列不均，且A柱、B柱、C柱的两侧油漆存在色差，可以肯定这些位置进行过修复。

车门和门框上的密封胶条应该是纹理左右对称、整体平整，无变形或老化。

在检查车门密封胶条的同时，还要注意检查车门焊点。

拉下车门密封胶条，检查是否有维修痕迹，重点检查橡胶条里面的门框焊点是否为原厂焊点，检查门框和门柱是否变形或修复过。

注意：车辆上的密封胶条是易损件，随着时间的延续，密封胶条会发生老化，所以在扒开车辆密封胶条时应该注意不要把密封胶条损坏。

（5）检查玻璃是否更换

如果A柱、B柱、C柱受过比较严重的撞击，临近的玻璃一般会破裂，因此如果发现玻璃换过，就要注意检查相邻的构件是否存在损伤和修复的痕迹。

（6）车门变形检查

车门的面积较大，很容易由于剐擦而产生漆面损伤和变形。车门钣金件在碰撞修复后会有钣金修复痕迹和不规则的焊点，而且容易生锈。如果碰撞严重，车门变形较大，就会感觉到车门开关不顺畅。同时检查玻璃升降是否顺畅，关闭后玻璃是否严密。

检查车门底部时，除了检查车门的损伤外还要结合车底板梁的检查，判断事故的损伤程度。揭开地毯（地板胶）检查底板有无事故痕迹和修复痕迹，检查车门下部有无皱褶和修复痕迹。

检查车门油漆质量时，特别要注意检查车门内外侧漆面的质量和差异，如果发现漆面有色差，则要注意检查是否是重新油漆而引起。

3.5.3 A柱、B柱、C柱及门框检查

A柱、B柱、C柱不仅仅是撑起车顶的金属柱子，而且对车内的乘员有重要的保护作用，在车辆发生翻滚或倾覆的时候，A柱、B柱、C柱能够有效避免车身挤压变形。所以，A柱、B柱、C柱的强度和刚度对车辆的安全有着重要意义。

一些高档车的A柱、B柱、C柱是和车身一体化的，因而安全性大大提高。另一方面，A柱、B柱、C柱也是一些装置的安装基础，如部分电器线路、安全带（B柱）、照明音响装置，甚至安全气囊都可以安置在上面。除此之外，有的两厢车长厢版都会存在D柱，也要按检查A柱、B柱、C柱的要求进行检查。

A柱、B柱、C柱检查时应该注意查找事故修复的痕迹，这样可以帮助判断车辆事故的大小和对车辆的影响。A柱、B柱、C柱检查的主要方法是：

检查车辆A柱、B柱、C柱线条是否顺畅、是否有变形，车门开关是否顺畅。

检查是否有过钣金修复痕迹和重新油漆作业的痕迹。

检查门铰链是否有拆装、焊接痕迹。

检查是否是原装密封胶条，密封胶条是否整体平整、不松动和不老化。

① 打开车门，检查 A 柱、B 柱、C 柱有没有变形、凹陷和修复的痕迹。

检查 A 柱内侧扣板安装是否规整，缝隙是否合适。

检查 B 柱内侧扣板安装是否规整，缝隙是否合适。

如图 3-30 所示，B 柱上有修复的痕迹，可能是侧面撞击导致 B 柱变形，通过拉直和焊接修复之后刮上了腻子，而且做工比较粗糙，有些地方的油漆已经脱落了。

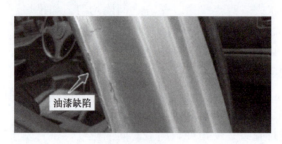

图 3-30　修复痕迹

检查车辆底边和门框是否平整，密封胶条是否老化，是否有钣金修复和喷漆的痕迹。

检查 C 柱，是否自然平顺，是否有变形，是否有钣金修复和喷漆痕迹，内侧扣板安装是否规整，缝隙是否合适。

② 检查门框有无变形，门框上的焊接点是否为原厂焊点；裙边是否有碰撞痕迹。

检查原厂的底边胶（底边胶的主要作用是保护底盘）是否为原厂底边胶，底边胶是否破损等。

案例 3-3

车门检查

从 45°角观察车门，发现左边两扇车门有重新喷漆的痕迹。

用漆面厚度检测仪测量，发现左边两扇门外板漆面厚度达 600μm 以上，确认重新做过油漆。

测量重新做过油漆车门的内侧油漆厚度，判断车门内侧是否损伤。车门内侧油漆厚度测量结果正常，说明碰撞并没有损伤车门内侧。

测量 A 柱、B 柱、C 柱及其他部位的漆面厚度均属正常。

另外，检查发生过撞击的车门的密封胶条，发现密封胶条完好，说明事故并不严重。

检查发现车门锁未拆卸，车门铰链也没有修复及拆装的痕迹。

结论：说明车辆的左边两扇车门发生过轻微擦碰，事故不严重，只是伤及车门外板。

3.5.4　车辆尾部检查

车辆尾部检查的主要目的是检查行李箱是否有过事故修复的痕迹、是否有锈蚀及破损，检查是否为原装的密封胶条。同时检查后翼子板、尾灯、后尾板、备胎箱是否有事故或修复痕迹，检查随车工具是否齐全，查看备胎成色。

(1) 外观检查

检查行李箱盖与尾灯和两侧后翼子板之间的缝隙是否均匀，左右是否对称。检查尾灯的新旧程度是否一致，灯位缝隙是否整齐，左右是否对称。打开行李箱盖，检查箱盖内侧有无变形和修复痕迹，检查行李箱盖线条是否顺畅，密封胶条是否平整、顺畅。

（2）焊点检查

打开行李箱，拆下密封胶条，查看焊接原点和行李箱上的焊点，查看两侧后翼子板上的焊接原点是否存在（如图3-31所示）。

行李箱上的焊点

翼子板上的焊接原点

图3-31　行李箱检查内容

检查后尾板以及行李箱中的备胎箱两侧的底板是否完好，有无明显的钣金或者切割焊接的痕迹。如果有轻微钣金痕迹则无大碍，如果有切割或者焊接过的痕迹，则说明这是一台事故车。

（3）内部检查

① 检查行李箱的钣金件有无修复或锈蚀的痕迹。

检查备胎箱底板接缝线条是否平整、顺滑，是否有钣金或者切割焊接的痕迹，是否有锈蚀。检查是否为原装密封胶条。

掀开行李箱地毯，检查行李箱开口处左右两边的钣金件的接合处弧线是否平滑自然，是否有修复痕迹或锈蚀，检查是否为原装密封胶条。

检查备胎箱底板、后翼子板和后悬架安装座、内衬板和内部接缝线条是否平整、顺滑，有无焊接和锈蚀痕迹。检查后尾板以及备胎箱两侧的底板是否完好，有无明显的钣金或者切割焊接的痕迹。检查密封胶条是否为原装。

掀开隔板，查看钣金胶与漆面的结合处是否完好，两侧的隔音板内侧是否有维修痕迹。

② 检查后翼子板内侧的钣金胶条是否是原厂胶条，触摸的感觉是否平整、柔软，是否条纹一致，是否破损。

③ 检查随车工具及备胎。

检查随车工具是否齐全,是否损坏。查看备胎成色。

④ 检查行李箱内尾灯灯位,查看螺栓新旧程度是否一致和是否有拆卸痕迹;边框有无变形和修复的痕迹。

⑤ 检查减震器安装座。

检查减震器安装座是否有褶皱和修复痕迹,原厂印迹是否明显。减震器安装座钣金胶涂抹纹理是否整齐一致,如果不整齐则说明有修复嫌疑。

案例 3-4

行李箱事故

打开行李箱,很容易看出行李箱盖左边的密封胶条有损坏,再结合观察到的修复敲打痕迹,可判断此车行李箱左后部被碰撞后修复过。

进行查找,发现行李箱底板有褶皱和修复痕迹,但是范围不大。

3.5.5 车轮与轮胎检查

轮胎影响车辆行驶安全,也反映了车辆的使用情况,所以在二手车技术状况鉴定时要对轮胎进行检查,结合轮胎的状况对车辆进行评估。车轮与轮胎如图 3-32 所示。

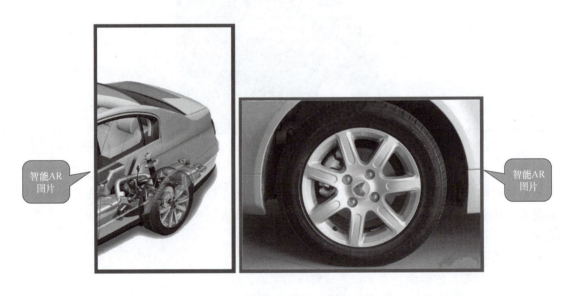

图 3-32 车轮与轮胎

轮胎的磨损程度可以反映汽车的使用频率,特别是前轮,如果花纹扁平,边缘无棱角,说明这辆车的使用频率较高。

具体检查内容如下。

① 检查四条轮胎的品牌和参数是否一致,可以知道该车更换轮胎是否规范。

② 检查轮胎磨损。主要检查轮胎磨损程度、磨损是否匀称、是否已经达到磨损极限,四条轮胎的胎纹磨损程度是否基本一致。

a. 检查轮胎磨损是否已经达到磨损极限。检查方法是查看轮胎磨损标记或测量轮胎花纹深度,如图 3-33 所示。

b. 检查轮胎磨损规律。由轮胎的磨损规律,可以反映出车辆的使用状况和存在的问题。

3 二手车技术状况鉴定

方法1 查看轮胎磨损标记

方法2 测量轮胎花纹深度

图 3-33 轮胎的磨损检查

若轮胎的外侧边缘有较大磨损，说明轮胎经常处于充气不足的状态，即压力不够；如果轮胎着地部分的中心面积磨损较为严重，表明轮胎经常处于充气过满的状态。

若轮胎内侧磨损，且外层边缘呈毛刺状，这表明轮胎变形、两个轮胎的对称性已经受到影响。

如果轮胎着地部分的两侧呈现出凸状磨损，而且周边磨损呈波纹状，则说明减震器、轴承及球形联轴器等部件的磨损程度较为严重。

c. 检查前轮胎。如果前轮胎花纹扁平，边缘已全无棱角，说明原车主驾驶习惯粗野，应该注意检查。

d. 车身（车架）变形或四轮定位不准会导致轮胎偏磨，而且行驶时会引起车轮震动，不但容易加剧其他轮胎的磨损，还会导致车辆其他部件的早期损坏，随时都有可能发生意外。

③ 检查备胎。首先要看备胎的胎压是否正常，再看有没有使用过。一般备胎的使用时间不会很长，如果磨损严重，表明这条胎使用时间过长，不是备胎。

④ 检查轮毂。主要是看轮毂的表面有没有磨损或撞击的痕迹。如果有，那么表明原车主在用车的时候不是很小心，经常剐蹭马路牙子，造成轮毂的损伤。

3.6 车内检查

汽车内饰检查

车辆内饰的成色在一定程度上反映车主对车辆使用保养的态度和该车的车况。

车辆内饰检查的主要方法是检查内饰和其他的容易磨损部位的情况，判断车辆的使用状态，帮助确定车辆存在的问题。如检查仪表台、控制开关、方向盘、变速器手柄和手柄下方的防尘套、安全带以及主驾驶座椅、加速踏板、离合器踏板、制动踏板、车门内饰板和门把手等处的整洁和磨损情况，判断车辆的使用和保养情况。其中方向盘、变速器手柄和安全带等部件是驾驶者每次驾驶车辆都需要接触的东西，它们的磨损程度能有效地反映车辆实际使用状况和使用频率。

如果车辆的行驶里程较长，一般在内饰上会有明显的磨损痕迹。如果几乎没有磨损，而且与周边区域的新旧程度反差太大，就说明该处被翻新了或被更换了，就应该注意检查是否发生过事故而损伤。

汽车内饰主要包括以下子系统：仪表系统、副仪表系统、车门内护板系统、顶棚系统、座椅系统、立柱护板系统、其余驾驶室内装件系统、驾驶室空气循环系统、行李箱内装件系统、发动机舱内装件系统、地毯、安全带、安全气囊、方向盘，以及车内照明、车内声学系统等，如1.3.1的图1-25"汽车内饰示意图"所示。

内饰检查的主要方法如下。

① 闻气味。刚进入车内，如果闻到一股很浓的油漆味或内饰材料发出的味道；或发现内饰拆装过或更换过，那就要判定是否是刚做过油漆或更换了内饰，弄清楚为什么要重新油漆或翻新内饰。

如果车辆内饰被翻新过，就无法由内饰断定车辆原来的使用情况。一般来说，内饰进行过翻新的车辆很有可能出现过重大问题。

② 观察内饰整体情况。内饰是否有明显的松垮、新旧不一、过度磨损。内饰使用的真皮、桃木和金属装饰条是否完好无损，是否得到了有效的保养，软化内饰板是否装卡到位。

③ 看细节。例如可以从离合器踏板、制动踏板和加速踏板的磨损程度判断车辆的使用情况。踏板磨损越多则表明车辆使用时间越长，由此可以避免被"调表车"蒙骗。

3.6.1 方向盘检查

（1）方向盘静态检查

将车辆停放在平坦路面上，方向盘上下不应有间隙，自由行程不应过大（不应该超过15°），如果是方向盘助力的车辆，最好在启动发动机后做检查。方向盘如图3-34所示。

图3-34 方向盘

如果转动方向盘时比较松旷，说明转向轴承、横拉杆和直拉杆等处的间隙过大。

如果方向盘表面变得光滑发亮、表面的磨损印迹较深或开始脱落，这也说明该车使用年限长或者使用者不爱惜车辆。注意，如果安装有方向盘套，那就要通过观察座椅、踏板等部位的磨损情况来判断车辆的使用情况。

（2）方向盘的路试检查

路试时做几次转弯测试，检查在转动方向盘时是否沉重。如果转向沉重，则可能是横拉杆、前车轴、车架等弯曲变形，或转向系统润滑不好或助力转向有故障。

路试时如果发现前轮摆动、方向盘抖动，有可能是转向系的轴承过松、横拉杆球头磨损松旷、轮毂轴承松旷、车架变形或者是前束过大造成的。

检查方向盘的功能键操作灵敏性和功能是否正常。

3.6.2 仪表板检查

（1）仪表板

如图 3-35 所示，观察前围板，看发动机机舱与驾驶室间隔板的前围板上缘是否平直。如前围板上缘有明显修复痕迹，则可判断有重大事故。

图 3-35　仪表板

检查仪表板，看各接缝处的缝隙是否均匀，有无拆装的痕迹，底部电线有无改动。

如果车辆的行驶里程较长，一般在中控台的各种功能键容易出现不同程度的磨损或油光。

（2）仪表、指示灯及开关

逐一检查仪表板、转向盘上及转向柱等处的各个开关及显示灯是否完好，检查主电源线是否完好，线束里面的导线有无老化，尤其要注意有无自行搭线（即"飞线"），如有搭线很可能是线束里面的原有导线断路或短路故障。

转动点火开关到点火挡让车辆自检，观察仪表灯的显示是否正常，有无缺少的显示项，如发动机转速表、车速表、里程表、燃油表、水温表、百公里油耗，以及安全气囊灯、车门灯、充电指示灯、ABS 灯、安全带指示灯和各种故障指示等。

如果有的指示灯没亮，很有可能是该指示灯反映的故障没有排除，故意拆掉仪表灯的灯泡，以混淆视听。

在看到所有的灯都亮了以后，启动发动机，指示灯应该熄灭。

检查所有的开关，包括前后灯总成、车内照明灯、空调、音响和车门开关等。

（3）安全气囊

检查安全气囊指示灯指示是否正常，安全气囊是否起爆过。一般来说，如果安全气囊没有起爆过，其颜色、新旧程度是和方向盘（仪表台）成色一致的，否则就是更换过气囊的。如果安全气囊起爆过则说明发生过严重的撞击事故。

如果安全气囊灯一直亮着,说明安全气囊有故障。

> **链接——仪表指示灯说明**

仪表指示灯反映车辆的工作情况,如果发现某一个仪表指示灯异常,那就意味着这个指示灯所代表的功能可能已经出现问题。

发动机自检指示灯:点火开关接通点火挡后,发动机自检指示灯点亮,若约3~4s后熄灭,则说明发动机正常。不亮或长亮则表示发动机故障,需及时进行检修。

安全气囊检测指示灯:点火开关接通点火挡后,安全气囊检测指示灯亮,约3~4s后熄灭,则说明系统正常,不亮或常亮表示系统存在故障。

如果安全气囊检测指示灯不亮或常亮,应该联想并核实该车是否发生过严重的交通事故。由于修复安全气囊价格比较高,很多中低端车在发生严重事故后,在对车辆车身进行修复后,安全气囊就不修复了,所以安全气囊检测指示灯会一直亮着。

ABS系统检测指示灯:点火开关接通点火挡后,ABS系统检测指示灯亮,约3~4s后熄灭,表示系统正常。如果不亮或长亮则表示系统故障,此时可以继续低速行驶,但应避免急刹车。

当进行路试时冷却液温度过高,说明发动机冷却系统有故障。

3.6.3 座椅检查

座椅(见图3-36)表面应整洁、完好,无破损、划伤。前排座椅能够正常调整,可以前后自由移动,并有多个位置可固定。

如果座椅脏污、破损,意味着汽车已驶过了相当长的里程,或车主不爱惜车辆。

图3-36 座椅

长时间乘坐的座椅,一般会在它的边缘部分出现一定程度的磨损。如果装有座套,也可以从座椅的塌陷程度来判断车辆的使用时间。如果坐上去感觉座椅塌陷比较严重,则该车有可能行驶里程较长。如果座椅与该车的车龄不相符(座椅状态明显好于其他部位的状态),则要注意是否更换过座椅。

扶手箱的磨损程度,并不能完全反映车辆的行驶里程和车龄。因为扶手箱的磨损主要看车主的使用习惯。

还应该观察车辆"卫生死角",判断车主用车情况。由于很多车主都喜欢给座椅包座套,因此从座椅表面磨损程度来判断车辆使用状况未必可靠,因此可以通过观察座椅下方地毯的整洁程度印证该车的保养情况。原因很简单,座椅下方属于低关注区,平时洗车几乎会忽略该处。

3.6.4 车门内饰检查

如图 3-37 所示,检查车门的软化内饰板是否装卡到位,手推下去不应松脱。

图 3-37 车门内饰

如果车辆的行驶里程较长,一般在门板及扶手处容易出现不同程度的磨损或油光。

车门内侧、门把手等角落地方的颜色,如果与其他地方有比较明显的色差,说明有可能修复或更换过。

检查电动车窗控制开关及其边缘的磨损程度。如果磨损很严重(如掉字、出现油光等),说明该车行驶里程比较长。一般行驶几年的车辆是不会出现这样的情况的。

3.6.5 变速器手柄检查

长期使用的车辆,一般在变速器手柄和下方的防尘套都会出现不同程度的磨损或油光。

3.6.6 踏板检查

按驾驶时的姿势坐好,手扶方向盘上,左脚踩离合器踏板,应感觉轻松自如,并有合适的自由行程;右脚踩下制动踏板不放,其应保持一定高度,若其缓慢下移,则表示制动系统有泄漏现象;踩动加速踏板不应有卡滞和不回位的现象。

可以通过离合器踏板的磨损程度断定车辆的使用情况(加速踏板和制动踏板也可以按照此方法检查),磨损的越多,表明行驶使用的越久。

3.7 车辆底盘检查

汽车底盘是整个汽车的基础,支撑和安装着发动机、悬架及其车轮,同时承受发动机的动力,使汽车行驶。汽车底盘的损伤会使车辆的性能下降和寿命减短,因此是除发动机外的第二检查重点。汽车底盘如图 3-38 所示。

智能AR
图片

智能AR
图片

图 3-38 底盘

由于底盘有不易更换的特点,一般是损伤后进行修复。所以只要用心,就能找出修复的痕迹。因此,要着重检查刮碰痕迹、修复痕迹和轮胎的不正常磨损。

有条件的话应该将车辆举升起来进行检查。

3.7.1 底盘损伤检查

车辆底盘检查

举升车辆,主要检查纵梁、横梁、副车架、悬架系统和防撞钢梁等部件是否有修理、锈蚀、托底等迹象。具体检查表面是否平整,纹理是否统一;是否有钣金和焊接痕迹;是否有褶皱变形和断裂等现象;不正常的锈迹和新旧程度不同的螺栓等现象也需要特别注意。

检查发动机底部(油底壳)、变速器和散热器等是否有漏油和渗水迹象。

检查减震器是否漏油,转向拉杆和下支臂是否有撞击痕迹或更换过。

检查底盘的构件是否平整,是否有托底现象,是否有严重的剐碰痕迹和锈蚀。

如图 3-39 所示,这辆车的后部悬架有过修复的痕迹,焊点很明显。

注意,如果底盘有的部分特别干净或者特别脏,某些部件特别新,与其他部分不协调,或者螺栓有拆卸痕迹,那就要仔细检查是不是事故车。

为了防锈,底盘一般涂有防水密封胶,如图 3-40 所示,可以通过有没有密封胶、是否为原厂密封胶等检查,判断该处是否进行过修复。

图 3-39 后部悬架修复的焊点

图 3-40 防水密封胶及其涂抹位置

3.7.2 渗漏检查

举升车辆,检查是否有泄漏。如果有漏油则会在渗漏处沾着一些泥沙杂物等而有污渍,很容易看出来。

具体检查发动机、变速器、分动器、差速器有没有漏油、漏水的痕迹；检查制动系统、减震器等是否漏油；检查排气管是否锈蚀。

3.7.3 悬架与减震检查

车辆减震系统的好坏，对该车在行驶中的舒适性有很大影响，因此检查车辆减震系统的性能也是非常必要的。如果悬架系统严重受损，修复后会影响行驶的安全性以及驾驶感受。所以说悬架系统有比较严重的碰撞也属于事故车的一类。

检查减震器及悬架的好坏。可用手将汽车前后左右四个角分别用力下压，观察反应力大小是否相似，放松后汽车车身应该能够回弹，并能自动跳动2～3次，说明该系统正常。如出现异响或不能自动跳动，则说明该减震器或悬架系统的弹簧等部件工作不良，舒适性自然就会变差。

检查悬架是否擦碰及变形。

检查轮胎是否有不正常磨损，有则要注意检查是否有碰撞事故使车轮定位不准。检查车轮定位及转向系统和悬架部分中各球头的好坏。

① 检查悬架系统支撑部位。这是车上最硬的几个地方之一，如果这里发生变形和修复，说明事故比较严重。

② 检查悬架是否松旷。如果松旷会造成车辆跑偏、油耗高，而且操控困难。主要的检测方法是用脚向里踩踏轮胎，看车轮的反应。如果车轮晃动大则表明车轮轴承或车辆悬架松旷。

③ 检查底盘部件是否擦碰。

3.7.4 车轮检查

车轮检查

（1）检查刹车盘

一般情况下，正常使用的刹车盘寿命可以达到10万公里甚至更多，因此可以通过刹车盘的磨损程度判断车辆的行驶里程。

用手指触摸刹车盘，感觉是否有沟槽。如果有较深的沟槽，说明车辆刹车系统存在安全隐患，需要更换。如果刹车盘磨损严重，说明该车的行驶里程比较长。

（2）检查轮胎

轮胎在使用中会正常磨损，如果发现轮胎不正常磨损，则要找出原因。

> **链接——汽车噪声**

汽车噪声的大小是衡量汽车质量水平高低的重要指标。

一般而言，轿车的噪声主要有三个来源，即汽车机械件运动产生的噪声（如发动机和驱动桥）、轮胎噪声和气流噪声（风噪）。

发动机噪声主要由燃烧噪声和机械噪声构成。

轮胎噪声主要来自泵气效应和轮胎振动。所谓泵气效应是指，轮胎高速滚动时引起轮胎变形，使得轮胎花纹与路面之间的空气受压挤，随着轮胎滚动，空气又在轮胎离开接触面时被释放，这样连续的"压挤—释放"，空气就迸发出噪声，而且车速越快噪声越大，车辆越重噪声越大。轮胎振动与轮胎的刚度和阻尼有关，刚度增大（例如轮胎帘布层数目增加），阻尼减少，轮胎的振动就会增大，噪声也就大了。要降低轮胎的噪声，胎面可采用多种花纹节距，采用高阻尼橡胶材料，调整好轮胎的负载平衡以减少自激振动等。

气流噪声主要是汽车高速行驶时，由车辆外观所引起的空气扰动噪声。

3.8 二手车技术状况动态检查

车内动态检查

在二手车技术状况静态检查完成后,还要进行动态检查,即路试。二手车技术状况鉴定时,路试是一个必须要经历的环节。因为只有通过整个路试过程,才能检查出包括发动机、变速器、底盘、悬架、制动和四轮定位等是否有问题,甚至车辆内饰在行驶时有无异响等状况。

通过路试,在发动机启动和车辆行驶过程中,可以直观地、全面地检查判断发动机的工作性能和车辆的相关性能,评价车辆的整体技术状况。

动态检查主要检查车辆的动力性、操控性、制动性、滑行性、舒适性、安全性、经济性、噪声及排放情况等内容。通过对发动机启动、怠速、起步、加速、匀速、滑行、强制减速、紧急制动、弯道行驶和上下坡行驶等工况的检查,判断车辆的油门、挡位、制动、发动机、离合器和方向盘等是否有问题。

路试时,还要评估车辆的密封性和隔音效果;评价车辆噪声,找出原因并确定对车辆影响的大小。

轿车基本采用承载式车身,如果车辆撞击变形,在行驶中会出现一些不良反应,如果动态检查不合格的车辆应该放弃。

为安全起见,动态检查前要确定汽车的制动有效性和转向操纵有效性。

3.8.1 启动性能检查

启动时,注意发动机启动是否正常。

如果发动机启动的声音很沉重,这就说明发动机的启动机、电瓶或相关机械有问题。

除低温因素外,发动机启动性能反映了车辆的磨损和老化。启动困难说明车辆出现故障或磨损严重。

3.8.2 怠速检查

启动后,检查发动机怠速是否抖动、异响,加速响应性、窜油窜气、排气是否正常。观察各仪表显示是否正常。

检查加速踏板和制动踏板是否有卡滞或松动;加速和制动响应是否迅速。

踩下离合器踏板,检查手动变速器各挡换挡平顺性、准确性。

3.8.3 功能键检查

正常行驶时,故障指示灯熄灭。检查前照灯、制动灯、转向灯、小灯、雾灯、倒车灯、喇叭等工作是否正常,功能键工作是否正常。

3.8.4 方向检查

在宽敞的路面行驶,左右转动方向盘,检查转动是否灵活,左右转动时所用的力度是否一致,方向盘自由间隙是否正常,转向灯自动回位是否正常。

汽车行驶时转向是否均匀、稳定，方向是否跑偏，有无回正力矩。转向时是否有异响。

若有上述问题，则说明转向系统存在故障，如车身变形、前轮定位不准（结合轮胎磨损情况判断）、转向系统和悬架部分故障。

3.8.5 起步检查

检查车辆起步是否平稳，离合器、变速器工作状况是否正常。

起步时发动机应该反应灵敏、运转平稳、强劲有力、行驶顺畅且无异响。

发动机温度上升到正常温度后，继续倾听发动机的声音，确定是否有异响。

3.8.6 行驶中的检查

底盘动态检测，主要是检测车辆行驶的平顺性、操控性等性能，如是否存在方向跑偏，方向盘响应是否快速、精准，刹车是否灵敏，悬挂有无异响等。

在路试时，对于自动变速器车辆，可以在车辆怠速的状态下，踩住制动踏板，从 P 挡挂到 R 挡，再从 R 挡挂到 D 挡，检查变速器是否存在"闯挡"现象。如果在换挡的过程中，车辆发生了明显的窜动，那就说明变速器存在"闯挡"现象，可能是变速器存在故障。

通常情况下，经历过碰撞事故的车辆开起来会明显感觉非常松散，在路试时，可以将车辆行驶至有减速带的地方，在经过减速带的时候感受驾驶体验。同时，注意车辆是否存在异响。

（1）减震器检查

在颠簸路、弯道和上下坡等道路行驶，体验车辆舒适性。

如果乘坐舒适性差，则坐在车内会有强烈的颠簸感，则说明减震器性能变差或损坏，或悬架系统弹性元件有故障，或有车轮动不平衡等。

另外，还要注意行驶在这种路面时，悬架及其他结构件是否有异响，并确定是从何处发出来的，以此来判断故障及故障隐患。

（2）制动性能检查

制动距离应该符合车辆检验要求，且确保没有制动跑偏和制动侧滑现象发生。紧急制动时，若 ABS 起作用，会感觉到制动踏板上下振动。

检查驻车制动的效果和手柄行程，要选择在坡道上进行，并且车头向上和车头向下分别测试。

（3）离合器检查

离合器常见的故障是离合器打滑。检查方法是拉紧驻车制动，挂入 1 挡，缓慢抬起离合器踏板使离合器逐渐接合，若发动机不熄火则说明离合器打滑；如果离合器工作正常则会使车辆产生较大的抖动，甚至熄火。

检查手动变速器车辆的离合器接合是否平稳，分离是否彻底，有无抖动和异响。

如果离合器有问题则会出现起步困难、行驶无力、爬坡无力、变速器齿轮有撞击声和起步抖动等现象。

同时也可以通过行驶里程和离合器踏板的高低程度来判断离合器片是否需要更换。

（4）手动变速器检查

通过行驶里程和离合器踏板的高低程度来判断离合器片是否需要更换，同时结合行驶换挡是否平顺来确定离合器的工作情况。

每次换挡时，一般会感觉到汽车有轻微错动，这是正常的。但是如果换挡的时候，某个挡位的错动较大，则说明变速器有故障。

常见的手动变速器故障有跳挡、异响和换挡困难等。

常用突然加减速、使用较大的交变负荷等方法，检查手动变速器是否跳挡及振动是否异常。

检查行驶时换挡是否平顺，如果换挡困难，则有可能是同步器磨损严重。

(5) 自动变速器检查

自动变速器换挡时会有轻微冲击，若冲击过大，说明有故障。当发动机转速在非换挡转速区间时，如果有转速突然升高的现象，则说明换挡执行元件有故障。

(6) 动力性检查

原地起步加速行驶，猛踩加速踏板检查提速是否灵敏。

通过起步加速和上坡加速，检查动力性，鉴定各挡位加速响应性、依次加挡是否顺畅。在坡道上检查提速是否有劲，若发动机加速时声音沉闷、加速迟缓无力，则说明发动机功率不足。

使用空调系统能够增加发动机负荷，故开启空调可以辅助对发动机动力进行检查。

注意观察仪表显示是否正常。

(7) 滑行性能检查

鉴定行驶系各部件总成和传动系各部件总成的匹配、装配状况；鉴定车辆在滑行状况维持直线行驶的能力。

在平直良好路面上以 30km/h 速度行驶，对于手动变速器的车辆置于空挡滑行，对于自动变速器的车辆置于 D 挡滑行，滑行距离越远越好。一般轿车的滑行距离应不少于 150m。

(8) 匀速行驶检查

鉴定车内外噪声、行驶平顺性、行驶稳定性和乘坐舒适性。

行驶时注意控制好油门，高、中、低速都要鉴定；鉴定车内噪声时，关闭车窗；鉴定车外噪声时，开启车窗。

在确保安全的条件下，松开方向盘鉴定车辆匀速时是否维持直线行驶的能力。

(9) 减速行驶检查

鉴定变速器各挡位依次减挡是否顺畅，鉴定减速过程中车辆维持直线行驶的能力和鉴定减挡过程中发动机的制动性能。

鉴定时找一段平直良好路面，每一个挡位都要检查，查听有无异响，若有异响则改变车速再听。

在确保安全的条件下，松开方向盘鉴定车辆减速时是否有维持直线行驶的能力。

(10) 转向性能检查

鉴定转向机构和传动机构有无卡滞和异响。

检查时要注意安全，控制车速，检查时要改变转弯半径。

(11) 制动性能检查

鉴定常规制动性能和紧急制动性能，检测制动时的方向稳定性、转向能力和制动距离。

点刹制动检查。以 20km/h 车速行驶，急踩制动踏板然后松开，车辆不应出现跑偏的现象。

紧急制动检查。以 50km/h 车速紧急制动时，车辆应能立即减速，不应有跑偏现象。

注意制动时是否有金属尖叫声，如果有，就要考虑刹车盘和摩擦片是否有不正常磨损。

(12) 悬架系统检查

悬架系统的好坏直接影响到车辆的行车安全。通过坑洼路面、减速带时，观察底盘、悬架、内饰是否有明显的抖动和异响。

在不平整路面或多弯的路面行驶时，不应有强烈的颠簸感觉。如果出现严重颠簸，说明减震系统不好。

弯道行驶时不出现侧滑现象，车辆行驶稳定。

(13) 震动及噪声

在行驶时，要注意车辆的震动及噪声的发生处和大小，如果出现震动和噪声，要找出原因并确定对车辆的影响大小。

同时检查确定车辆的密封性和隔音效果。

(14) 电器

检查灯光、信号工作是否正常。

检查空调系统、音响系统等工作是否正常。

检查雨刷片有无磨损，擦拭角度是否正常。

座椅调整装置是否正常。

3.9 如何鉴别事故车

如果车辆发生过较为严重的交通事故，则其安全性能和使用性能会受到极大的损害。但是只是轻微的撞击，没有"伤筋动骨"，稍作修复即可正常使用。汽车碰撞如图 3-41 所示。

汽车损伤波及

3.9.1 事故车知识

(1) 事故车的定义

事故车是指包括经严重撞击、泡水、火烧等即使修复但仍存在安全隐患的车辆总称。

车辆严重撞击后会存在结构性损伤，需要经过切割、焊接等手段才能进行修复，但是虽经修复仍存在较大的安全隐患。

事故车检查

所谓结构性损伤是指在当车辆发生碰撞或者损坏之后，会伤及结构件，导致结构件形变、断裂。一旦结构部件部分受损，就算通过拉伸、敲打或者其他方式修复了，其强度和刚度也会下降，如果再次发生碰撞很可能就会"散架"了。

车辆的结构部件（纵梁、悬架系统、前后防撞钢梁、吸能盒等核心框架）和车架（车身骨架、结构部件，不含外观覆盖件）如果因为碰撞导致拉伸、形变、损坏（在受到冲击时，结构部件表面也许看不出明显损伤，但是很可能冲击造成的伤害已经分散到车架的其他部位了），就可以算是事故车了。

(2) 汽车结构件、加强件和覆盖件

汽车的三大构件是指结构件、加强件和覆盖件，其重要性也按照由高到低的顺序排列。

① 汽车结构件　汽车结构件是指车体框架，是支撑车体的基础构件，一般包括前后纵

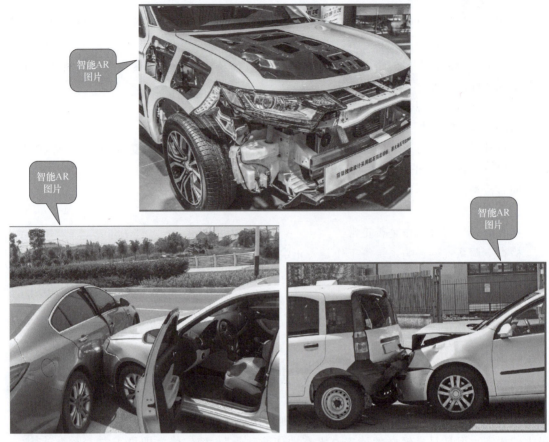

图 3-41 汽车碰撞

梁、前后减震器安装座（轮旋）和 A 柱、B 柱、C 柱，如图 3-42 所示。结构件是汽车承载重量的重要零部件，关系到汽车的主动安全和被动安全。

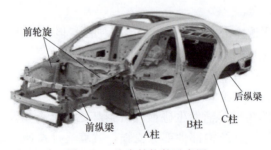

图 3-42 汽车结构件示意图

汽车结构件一般是整体结构，只要车辆的结构件受到损伤，一般要通过拉伸、敲打或者经过切割、焊接等方法进行修复，但是无法恢复其刚性，使得安全性下降，存在严重安全隐患，定性为事故车。

② 汽车加强件　汽车加强件是指汽车结构件的一系列强化保护结构，车辆碰撞时一般是由加强件先对碰撞力量进行缓冲吸能。

汽车加强件的损伤程度是判断事故车的依据之一。如果发现加强件损伤，有修复或更换的痕迹，特别是加强件损伤严重，就要通过对汽车结构件的检查，确定是否是事故车。

汽车加强件主要包括：前后防撞梁、散热器框架（散热器框架如果是塑料构成的就不属于加强件）和翼子板内缘，如图3-43所示。

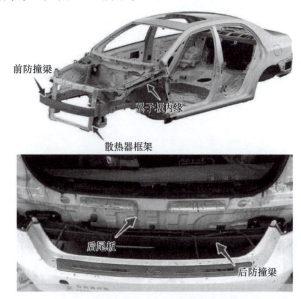

图3-43 汽车加强件

③ 汽车覆盖件　汽车覆盖件是指汽车表面的蒙皮，比如车门、翼子板、发动机机舱盖、行李箱盖和前后保险杠等。

汽车在驾驶过程中，难免会有些刮蹭或者轻微碰撞等事故，造成汽车覆盖件损伤，只要没有伤及到结构件，通过钣金油漆修复即可，对车辆的使用安全性能和整体价值影响不大，一般不属于事故车。

但是，如果在进行二手车技术状况鉴定时，发现覆盖件有过修复和更换时，则应该怀疑该处是否发生过严重的碰撞，就需要进一步检查覆盖件内部的结构件，确定是否发生过严重碰撞。例如：车门更换，就需要检查车门安装螺栓是否拆卸过，车门对应框架是否修复过等，从而确定是否是事故车。

3.9.2　事故车的检查流程

参照图3-44所示车体部位，按照表3-1的要求检查车辆，判别车辆是否发生过碰撞、火烧和水泡，确定车辆结构是否完好或者有事故痕迹，判断是否属于事故车。

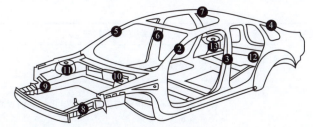

图3-44　车体结构示意

1—车体左右对称性（图中未标注）；2—左A柱；3—左B柱；4—左C柱；5—右A柱；6—右B柱；
7—右C柱；8—左前纵梁；9—右前纵梁；10—左前减震器安装座；11—右前减震器安装座；
12—左后减震器安装座；13—右后减震器安装座

事故车判断可参考表3-1，表中的任何一个检查项目存在变形、扭曲、更换、烧焊或褶皱等缺陷时，则该车为事故车。

表3-1　事故车判断标准

序号	部位	故障描述
1	左A柱	发生变形、扭曲、更换、烧焊或褶皱
2	左B柱	
3	左C柱	
4	右A柱	
5	右B柱	
6	右C柱	
7	左前纵梁	
8	右前纵梁	
9	左前减震器支撑顶	
10	右前减震器支撑顶	
11	左后减震器支撑顶	
12	右后减震器支撑顶	
13	左前翼子板内板（内缘）	
14	左后翼子板内板（内缘）	
15	右前翼子板内板（内缘）	
16	右后翼子板内板（内缘）	
17	后底板左纵梁	
18	后底板右纵梁	
19	后地板横梁	
20	前围板（发动机机舱隔板）、后围板	
21	中底板	有破损（超过直径5cm）、出现严重变形（凹陷直径大于20cm）或有更换
22	后底板	

车辆检查时应该遵循由外到内、由表及里的原则，通过车身各个部分的异常情况去查找发现骨架部分的损伤，根据损伤情况评价整车状况和估算价值。

具体检查鉴定方法见表3-2，在实际工作中，一般建议遵循以下的检查流程。

表3-2　事故车鉴定方法

检查部位	检查目的	检查重点及技巧	事故车认定
发动机机舱盖	检查是否曾钣金或更换	检查边缘线条是否平直	
翼子板与散热器连接处	检查翼子板及散热器支架是否曾修复或更换	1. 检查前翼子板内缘与散热器支架连接处的焊点是否有重新烧焊现象 2. 连接处是否平整 翼子板与散热器支架连接处应平整，焊点应呈真圆及略微凹陷，若焊点凸出则可能重新烧焊，若钣金胶不平整则可能更换过支架	散热器支架是否曾修复或更换过

续表

检查部位	检查目的	检查重点及技巧	事故车认定
发动机机舱隔板	检查隔板是否完整	隔板上缘是否平整,有无断裂或烧焊痕迹 若隔板有修复痕迹,或中间断裂,或有烧焊痕迹,则该车发生过事故的可能性极大	隔板是否曾钣金或更换
底盘	检查纵梁、横梁是否有烧焊痕迹	1. 检查油底壳是否有变形 2. 检查纵梁、横梁是否有变形开裂,或烧焊痕迹	纵梁、横梁是否变形或曾烧焊拉直
车门	检查是否更换车门或车门总成	1. 检查车门内侧的原厂封条是否完整且平直 2. 检查车门门框的铰链是否完整未拆卸 车门框条若有异常则要特别注意门框及门柱	
行李箱盖	检查行李箱盖是否曾钣金或更换	行李箱盖边缘是否平直	
行李箱内部与后翼子板上缘	检查行李箱是否受损及后翼子板是否曾钣金或切割更换	1. 后翼子板上缘与车身接合处的焊点,是否有重新烧焊的痕迹 2. 行李箱后侧的牌照架和行李箱底板接合处线条是否平整,是否有烧焊痕迹 后翼子板与车厢及车体的连接处应平整,焊点是否正常	后翼子板是否曾切割更换
行李箱底板及备胎箱	检查行李箱是否曾受追尾撞击	1. 行李箱底板是否平整,有无烧焊痕迹 2. 行李箱内部接缝线条是否平顺 行李箱底板应平整,不应有点焊痕迹,各接缝线条应平直、自然	行李箱底板是否曾烧焊及备胎箱是否完整
A柱、B柱、C柱、D柱	检查A柱、B柱、C柱、D柱是否受损	1. A柱、B柱、C柱、D柱及由车顶延伸至门槛的线条是否平直且呈自然之弧线 2. A柱、B柱、C柱、D柱与车体接合处是否有焊点 3. 检查车侧烤漆是否有不同之色差	A柱、B柱、C柱、D柱是否曾钣金或切割更换
车门侧面	检查车门侧面是否受过碰撞	1. 车门侧面及边缘是否平整及平直 2. 原厂封条是否完整	
全车内外	检查是否泡水车	1. 打开发动机机舱盖查看散热器及其支架是否留有污泥 2. 查看发动机旁边小零件、发电机、启动机、电线插座、左右轮轨接缝处是否留有污泥 3. 查看前后座椅(倒翻)弹簧及内套绒布是否残留污泥 4. 查看行李箱(备胎箱)接缝处是否残留污泥 5. 仪表板座内的构件、电线、插座接头是否残留污泥 6. 如是泡水车,车辆B柱的塑料饰板内能显示泡水高度 7. 拉开前后挡风玻璃橡胶圈,有污泥则是泡水车	

(1) 检查车体左右对称

检查要点:将汽车停置于水平地面上,检查车体外缘左右对称部位,其高度差不得大于40mm。检查方法是首先目测检查,如发现有严重的横向或纵向歪斜等现象,再用高度尺(或钢卷尺)检查是否超过规定值。

汽车车体倾斜会引起安全性下降、操作稳定性下降、行驶跑偏、轮胎磨损加剧等危害。

(2) 检查车辆左A柱、左B柱

检查要点:有无变形、切割更换、钣金修复及喷涂现象。车门铰链螺栓有无拆卸痕迹;

检查密封胶条状况，是否有焊接痕迹；检查漆面质量。同时检查与之相连的底板、横梁有无钣金修复和焊接痕迹。

（3）车头部分检查

检查要点：前纵梁、前减震器及悬架。

检查纵梁有无变形、切割，吸能盒是否变形。减震器及悬架螺栓有无拆卸痕迹。散热器和散热器框架是否有钣金修复或更换过的痕迹。

散热器框架碰撞损坏后，有可能殃及发动机或前纵梁等结构件，要注意有关零部件的检查。

（4）检查右A柱、右B柱

检查要点：同"（2）检查车辆左A柱、左B柱"的检查要点。

（5）检查右B柱、右C柱

检查要点：若车后部被严重碰撞，则后翼子板肯定会损坏，要检查后翼子板是否被切割更换过。后翼子板与车厢及车体的连接处应平整，其上的焊点应略呈圆形及微凹陷，若焊点是凸出状，则为重新烧焊的痕迹。

（6）车辆后部检查

检查要点：除上述检查要点外，可打开行李箱盖，查看其内板是否有钣金修复和焊接的痕迹。

（7）检查左C柱、左B柱

检查要点：同"（5）检查右B柱、右C柱"的检查要点。

（8）检查汽车底盘

检查要点：检查底盘的脏污程度是否大致相同，若发现有的部分特别干净，该处有可能被修理过或更换过。

检查底盘是否受损。其中主要观察纵梁、横梁是否受损。若发现有敲打或焊接的痕迹，则可以确定纵梁、横梁发生过弯曲变形，甚至断裂。

（9）路试

目前大部分轿车采用"承载式车身"结构，车架受到撞击变形时在行驶中会出现一些不良反应，可以通过路试来判断。如转向不均与不稳定；车轮异响，轮胎有偏磨痕迹；制动时跑偏等现象。

经过上述检查，通过车身各个部分的异常情况可以发现骨架部分的损伤，对骨架部分做出全面评价，确认是否为事故车。

3.9.3 车辆碰撞事故的判断

事故车无论修复得多么完美，在修复的部位还是会有一些痕迹，只要从细节检查着手，是会发现这些修复痕迹的。通过观察车辆的修复痕迹，可以分析得到车辆的撞击部位、撞击程度和造成的损伤。

事故车的判断，主要运用静态检查（外观检查）和动态检查的方法，遵循从外到内、从前到后的顺序进行检查。

事故车的鉴定，主要是通过专业的设备检测和目测的方法检查，主要以车体左右对称性、底盘、前后防撞梁、车体结构等项目的综合检测结果为判定依据。

(1) 检查车身

主要检查车身是否平正，左右两侧的前后车轮是否成直线，每个车轮与轮罩的间隙是否大致相同，否则就说明车身变形。

如果发现覆盖件有更换或修复嫌疑时，就需要进一步确定覆盖件内部的情况，确认是否发生过碰撞事故，并确定事故损伤程度。

① 检查车身外观。观察车辆整体感，特别要留意各种接缝是否匀称对称。

事故车受损的车身结构件、加强件和覆盖件会进行修复或者更换，那么就会留下修复和更换的痕迹，通过检查可以发现这些痕迹，特别是漆面质量和钣金修复的痕迹更容易发现。

首先检查漆面质量。在适当的角度观察车辆漆面状况，一般可以站在车辆四个角外约1m 的地方，让视线与车辆腰线齐平且与车身表面约成 45°，观察车身油漆颜色和光泽是否均匀，检查漆面是否有色差，光泽度是否一致。检查车门、翼子板、进气格栅和密封胶条等部件的结合处是否有漆雾（"飞漆"）。

如果发现上述状况，则可以判定车身进行过油漆修复。

也可以使用漆面厚度检测仪对漆面厚度进行检查，确定是否重新做过油漆。

其次检查钣金件安装质量。检查车身各钣金部件是否对称、是否过渡圆润；衔接是否紧密、缝隙是否均匀、顺滑（如检查发动机机舱盖与左右翼子板位置有无偏移，是否有错位；车门与相邻的部件能否在同一平面或过渡圆润，车门与门框之间的衔接部件位置是否对称等）；是否运动自如（如车门在开关时不与周边部件发生接触）。

② 检查腰线部位是否正常。

腰线要连续、顺畅。

如果以上检查结果正常，则可判定此车的车身外部结构无碰撞，或者经过修复后可以正常使用。

(2) 检查车辆头部

车辆头部是容易发生碰撞的部位，而且结构复杂，修复困难。所以检查时要注意以下方面。

① 车辆头部的外部检查。具体见"3.3 车辆外观检查方法和技巧"。

② 发动机机舱内部检查。主要检查散热器框架是否有修复痕迹或螺栓被拆卸的痕迹；检查前纵梁是否有修复的痕迹；检查翼子板内侧和减震器安装座是否有修复的痕迹。检查防火墙是否有修复痕迹。检查前围板上缘是否平直，是否有修复痕迹。

③ 检查发动机机舱盖。以手指触摸发动机机舱盖边缘，应该是平直、滑顺、不粗糙，一体成形。检查发动机机舱盖边缘胶条是否平整、有弹性。检查发动机机舱盖锁止机构是否变形错位，液压撑杆工作是否正常。

④ 检查发动机机舱内的各种固定螺栓是否有位移、拆卸和更换等痕迹；检查钣金胶是否涂抹均匀。

⑤ 检查散热器框架是否损伤。

⑥ 检查前围板上缘是否平直，是否有修复痕迹。

案例 3-5

车头结构部件受损

某车检查发现连接螺栓发生了轻微的"位移"，但是螺栓却没有拆卸过的痕迹，说明这部分结构件没有进行过拆卸。那么只有另一种可能了，即这辆车的前部发生过严重的碰撞，这些螺栓是因为受到碰撞的冲击力而产生的位移。如果不是严重的碰撞，像这样的结构件固定螺栓是不会轻易发生位移的。

在减震器安装座，同样发现了螺栓位移情况，而且情况比上面的还要严重，这就更加证明了上面的车辆前部发生强烈碰撞的判断。

车辆发生碰撞时，首先变形的是覆盖件和加强件，只有当撞击达到一定的程度时才会影响到结构件部分。

由于碰撞的力度非常大，覆盖件（如发动机舱盖、保险杠、翼子板等）损伤后，波及发动机舱内的各种结构部件，使发动机机舱内各种连接部位的固定件产生位移。

如果结构件损伤程度较轻，一般不会对其修复。如果结构件损伤程度较重，则会进行更换。通过观察固定螺栓附近的漆面，可以判断该位置是否承受过较大的冲击而产生位移。

另外，如果螺栓被更换过，螺栓的油漆颜色及喷涂形状也会和原厂配件产生明显的差异。但没有发现发动机机舱盖有钣金油漆的痕迹，说明此发动机机舱盖可能是后期整体更换的。

右前翼子板螺栓有明显的被拧动过的痕迹，而且发现翼子板有钣金油漆的痕迹。

因为前面检查发现，在减震器安装座的螺栓发生位移，所以应该通过检查A柱的漆面和焊接点，判断车辆的A柱结构是否有受损和修复。

如果车头损坏严重，需要整体更换车头。更换时从A柱中部和前座椅中部切割更换，如下图所示。

结论：

汽车头部（发动机机舱）是最容易发生碰撞的位置之一，大部分车辆是前置发动机，如果发动机机舱发生碰撞，很多重要部件容易受损。因此，检查二手车时对车辆头部的发动机机舱的检查就显得格外重要了。检查时要注意发动机机舱的微小变化。

案例3-6

从细节知整体

某车检查发现：

发动机机舱盖的固定螺栓明显有过拧动的痕迹。

前保险杠和左翼子板的边缝明显不合,另外接缝处有着明显的后喷漆留下的漆雾痕迹。

左侧的翼子板固定螺栓有着明显的拧动痕迹,并且螺栓不在原来的固定位置上。

发动机各部件都十分完整。

推断:

车头左侧有过一次小的剐蹭事故,左侧的翼子板拆除后重新喷漆,发动机机舱盖做过调整,其他无损伤。所以对于车价也不会产生损失。就是原车的原厂漆变为局部后喷漆,在评估上面会产生级别的变动。

(3)检查车辆的前纵梁

汽车容易发生碰撞的部位是发动机机舱(即常说的车头),发动机机舱一般由左右纵梁、左右前轮罩、大灯支架、散热器框架、前围板、前减震器安装座等组成,如图3-45所示。

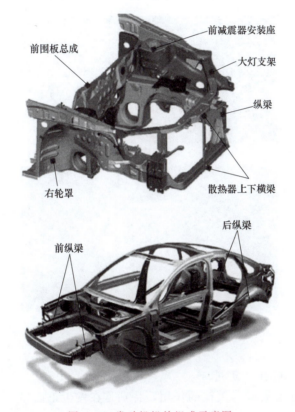

图3-45 发动机机舱组成示意图

检查前纵梁最好是举升车辆,如果没有条件举升车辆,可以打开发动机机舱盖,向下方观察,可以看到前纵梁的一部分(后纵梁在车辆的行李箱下面)。

车头如果受过严重撞击,使得前纵梁变形,那么发动机肯定会产生位移,车辆的定位参数也会发生变化,而且安全气囊一般会弹出。

前纵梁(如图3-46所示)主要检查是否规整、有没有褶皱(车辆前纵梁有褶皱只是证明了车辆发生过碰撞,并不能直接分辨出事故的严重程度)、有没有变形痕迹、有没有修复痕迹,检查漆面有没有脱落或者漆面状况是否一致。

前纵梁由两根位于两边的纵梁组合而成,前纵梁前方属于吸能区(设计有吸能盒或溃缩引导槽,如图3-46和图3-47所示),一旦发生碰撞就会产生溃缩,即使修复后也很容易看出来。

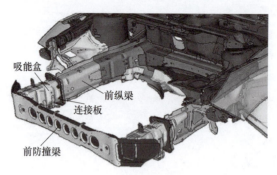

图 3-46　前纵梁

前纵梁如果碰撞变形，那么车辆的散热器等部件会发生损坏。

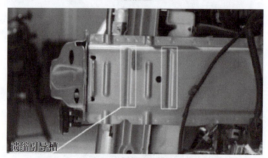

图 3-47　前纵梁上的吸能盒

(4) A 柱、B 柱、C 柱修复判断

A 柱对于汽车安全起着极为关键的作用，特别是在发生正面碰撞时，强度足够高的 A 柱能够有效地避免车身变形，保证乘员的人身安全。另外，拥有较高抗剪强度 A 柱的轿车，在追尾大货车时能有效地避免 A 柱被货车尾部切断，从而最大限度保护乘员安全。

在侧面碰撞中，B 柱的强度能保证乘员的人身安全。

C 柱主要是加强车身顶部以及整车的刚度。

由于 A 柱、B 柱、C 柱对于车身安全以及提高车辆的强度和刚性起到至关重要的作用，如果 A 柱、B 柱、C 柱受损严重，即使经过再好的修复，也不可能恢复到原厂的状态，会严重影响行车安全。

A 柱、B 柱、C 柱在修复完成之后，由于车身表面处理和内饰板的遮挡，一般较难发现修复痕迹，因此在检查的时候一定要仔细。

可以通过检查是否有油漆缺陷、是否有钣金修复痕迹、车门以及发动机机舱盖和行李箱盖等是否异常、螺栓是否被拆装过、玻璃生产日期是否相差太大和密封胶条是否异常等情况，考虑A柱、B柱、C柱是否受过损伤。如果有上述情况，就要在这些部位附近查找是否有修复痕迹，根据修复的部位和程度，判断是否属于事故车。

如果发现车门有修复和更换痕迹，就要注意检查与车门相邻的A柱、B柱、C柱，判断是否属于事故车。

在检查这些部位时，要注意在车身外部的修复可以方便地处理修复痕迹，使得修复痕迹不是很明显。但是在车辆内部，特别是在空间狭小、不方便操作和有表面覆盖件及装饰件覆盖的地方，修复痕迹是不容易被发现的，所以维修技师往往对这一部分的修复痕迹处理会比较马虎，这也为我们提供了找到修复痕迹的机会。

如果用整体更换部件的方式进行修复，就不可能大面积地观察到钣金和油漆修复痕迹。因为整体更换时只有少量的焊接点和螺栓紧固作业，而焊接点一般是在比较隐蔽的地方（如在密封胶条的包裹中），不容易被发现。

① A柱修复痕迹的查找　由于A柱比较靠前，当车辆受到前方或者侧前方严重撞击时，A柱很有可能发生变形，同时与A柱相邻的构件也会发生损伤。

如果A柱损伤较大，在修理时会对其进行切割和焊接修理，这时可以从焊点位置来判断损伤和修复的范围（以上介绍方法也同样适用于B柱与C柱的修复范围判断）。

在车辆技术状况评估时，一般通过检查A柱的漆面和焊接点，判断车辆的A柱是否有受损后修复的痕迹。首先看A柱外表面是否有明显的凹凸不平现象或者涂抹腻子的痕迹，其次就是要拆下A柱上的密封条，检查外观质量和焊点是否规整。如果发现有钣金修复的迹象，焊点也不平整，那么这辆车的A柱有可能是碰撞变形后进行了修复。

通过检查车门铰链的情况，可以判断A柱是否受到过损伤。如果A柱损伤严重，造成A柱变形，那么车门铰链也一定会发生损伤，要对其进行修复甚至更换。检查时，如果发现铰链有明显变形，或者铰链上的螺栓有被拧动过的痕迹，就应该注意检查A柱是否受过损伤。

由于A柱上的铰链位置比较隐蔽，车辆使用时间较长后铰链上会有积尘，如果在检查时发现铰链十分新，漆面也十分光亮，那么这个铰链也有可能是新换的。

② A柱更换修复方法　车辆A柱断裂的维修方法一般是切割掉已经损伤的A柱，换上同一型号A柱的相同部分，经过焊接、打磨和油漆作业，完成损伤部位的修复。

A柱严重受损时，会波及相邻的翼子板、翼子板内衬、前围板和车门，如果发现这些部位受到损伤，就要考虑A柱是否受到过损伤。

如图3-48所示，轿车受到侧面撞击，导致左侧A柱受损变形，另外，副车架、左前车门、左前轮毂、悬架、A柱的外衬板、上摆臂、发动机机舱盖等部位损伤，需要进行修复或更换。

A柱和门框（包括车顶盖）是一个整体，如果A柱损伤严重，则需要采用A柱部分或整体更换的维修方法，即把A柱损坏的部分切割掉，用焊接的方式换上新的相同部分。

如图3-49所示为准备用于更换修复的原厂A柱外壳。从图中可以看出A柱的切割位置，一处是在前风挡最上端附近，另一处是车辆的底大边。具体的切割位置根据车辆损伤程度确定。

A柱的切割更换修复，需要将新旧部分进行焊接，然后用砂轮机对焊缝进行打磨平整，再在其表面刮腻子，最后进行喷漆处理。

图 3-48　A 柱因撞击变形严重，需要切割修复

准备用于更换修复的原厂A柱外壳　　切割后准备更换的部分A柱

更换修复后的焊接处

图 3-49　A 柱更换

由于 A 柱损坏严重，必然会使发动机机舱盖的铰链损伤，因此也可以从铰链的损伤和修复痕迹联想到 A 柱是否损伤和更换。

另外，与 A 柱相邻的前翼子板也可以看出明显的钣金修复痕迹（如图 3-50 所示），前翼子板经过钣金修复后再也无法恢复到原来的平整度了。

③ B 柱修复痕迹查找　虽然 B 柱的检查和 A 柱差不多，但是还需要检查 B 柱上的门锁部分。如果撞击造成 B 柱变形，则门锁也有可能发生变形。检查时，如果发现门锁有明显变形或修复痕迹，或者门锁上的螺栓有拆卸的痕迹，就应该注意检查这辆车是否 B 柱受过损伤。

如图 3-51 所示，该车的 B 柱经过部分更换修复，经过处理，B 柱表面漆面光滑、平整。但是拆开内饰板和密封胶条，可以看到焊接的痕迹。

B 柱整体更换时，一般切割为类似一个工字型的结构，上端会在 A 柱和 C 柱的两端，中间在 B 柱偏上的位置，下端在两侧的底大边上。具体根据损伤程度的大小进行位置的选择。

3 二手车技术状况鉴定

图 3-50　前翼子板经钣金修复后的痕迹

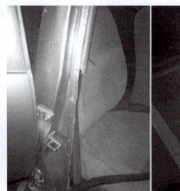

表面漆面光滑、平整　　　　　　　　折下密封胶条，看到焊接的痕迹

图 3-51　B 柱经过切割、重新焊接的痕迹

B 柱的变形是不允许修复的，因为 B 柱内部是加强件，加强件受力损伤变形时，只能进行更换，不能进行修复。

案例 3-7

由表及里

车辆检查发现左前轮轮眉处有钣金修复痕迹，并且发现有重新涂抹的钣金胶。

继续检查，确定是否还有更大的损伤。

发现轮罩后部（即靠近 A 柱下方的下边梁处）有钣金修复和重新涂抹钣金胶的痕迹，意味着该处进行过钣金修复。

那么就要考虑是否进行了 A 柱切割更换，因为 A 柱进行了切割更换就属于事故车了。

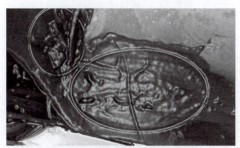

提示：从钣金修复后涂抹钣金胶的现象，可以说明该处确实有损伤，就要马上联想到继续检查确定该处的损伤程度，还要检查相关部位确定损伤的波及范围和损伤程度。

检查发现下边梁部位有些地方由于腻子涂抹得太厚，油漆和腻子已经有所开裂，下边梁也有些开裂了。

继续检查与之相邻的A柱。

扒开A柱与下边梁连接处的密封胶条，发现A柱下方的焊点与上方的焊点不同，为修复后的焊点。可见A柱下方与下边梁连接处有过切割更换痕迹，A柱进行了切割更换。

因为A柱进行了部分切割更换，说明左侧下方的碰撞比较严重，而车身受力是会在车架上进行传导的，有可能使得B柱损伤，因此要检查B柱是否有修复痕迹。

扒下B柱的密封胶条，可见油漆开裂，说明进行过油漆喷涂，可以判断B柱也受到冲击并使之变形。

继续检查C柱。

扒开胶条检查，C柱并没有损伤。

总结：事故损伤检查时要由事故点出发寻找事故殃及部位，确定事故损伤范围和损伤程度。一般是从车辆外部的覆盖件的损伤修复痕迹入手，根据力的传递原理，逐步向里检查相关部件。

此案例中，首先发现车辆的轮眉处有打胶的痕迹，自然需要向下检查底盘，向上检查A柱和B柱，确定损伤范围和损伤程度。

④ C柱修复痕迹查找　C柱位于车辆的后方，当车辆受到来自后方或者侧后方的撞击时，C柱极容易受到损伤变形。

C柱检查时，除了与A柱和B柱的检查内容相同的部分外，还要注意检查与C柱相邻的行李箱及其与行李箱相关联的部件。

因为后翼子板和C柱以及车门门框上沿是整体制成，一旦后翼子板受强烈撞击，钣金无法修复时，只有对翼子板进行整体切割更换，切割的部位一般在C柱靠近后车窗玻璃的上沿位置，下面一般会在后门门槛位置。

C柱更换修复时常见的切割位置有两种，其区别在于C柱下方的切割位置不同，如图3-52所示，在C柱和后门门槛以及行李箱的位置继续切割、焊接。

图3-52　C柱的切割、焊接位置

⑤ 车辆底大边修复痕迹查找　检查车辆时，除了注意检查车辆的车头和车尾之外，还要注意车辆侧面的检查。

车辆侧面撞击可能会对车辆产生重大的伤害，除了检查上面说到的部分外，还要检查底大边。底大边的检查主要是检查焊点，因为在进行钣金修复时肯定会触及这些焊点。如果焊点不是原厂焊点，或者底大边有明显的钣金修复痕迹，那么就说明这辆车的底大边肯定进行过钣金修复，甚至进行过切割更换。

案例 3-8

由表及里，找出事故

某车检查行李箱外观无修复痕迹，检查行李箱内衬钢板有修复痕迹。

普通的钣金修复不会涉及内衬钢板，根据行李箱的结构特点，判断这可能是切割拼装后产生的痕迹，因为受伤的部分已经无法修复，而且行李箱根本无法拆装更换，只有进行整体切割更换并焊接上去。

如图所示，对行李箱后立面进行反向观察（即在行李箱的箱内观察），可以看到明显的

修复痕迹。箭头所指的涂胶是后立面与左后翼子板的接缝。原厂的钣金胶已经全部刮除而焊接后重新涂抹的钣金胶出现了不规则的印迹。

观察行李箱后立面、底板和左后翼子板的结合夹角部位，可以看到，修复的痕迹非常明显，做工质量明显不好。行李箱后立面、底板和翼子板的结合部位特别容易显示出问题，因为处于车辆的边角位置，尤其容易受到损伤。

由于行李箱左边进行过修复，应该检查左C柱。

检查左后门框，发现整个门框的上沿和后沿都有重新焊接的痕迹。门框的下沿，一直延伸到门槛处位置，也有焊接痕迹。但是沿着门槛向B柱方向检查，就没有修复痕迹了。

结合行李箱的问题，可以判断这不是普通的钣金焊接，而是部件切割更换后留下的焊接痕迹，因为整个门框其他的部位没有褶皱和钣金修复痕迹，而只有在内外钢板结合处有焊接痕迹，说明这是整体更换后的焊接痕迹。

由此可见，该车整个左后翼子板，包括C柱及左后底边，由于强烈的撞击造成了无法修复的损伤，进行了整体切割更换修复，这样的碰撞伤已经算是大事故了。

总结：在判断二手车车况时，不能够被表面现象蒙蔽，一定要仔细检查一些比较隐蔽位置，如密封胶条下面、门框、内外钢板接缝、行李箱内部顶端、底板和后立面等部位。

（5）车门的检查

① 检查车门外观。检查车门是否变形和漆面是否有损伤。车门内外侧油漆新旧比较，外侧新则说明外侧重新油漆过。

检查车门是否平整，装饰饰条是否变形、老化和损坏。

检查车门与门框之间缝隙是否整齐、宽窄是否合适、均匀，左右缝隙是否对称。

② 车门内侧的软化饰板应该装卡到位，不松脱。扣板安装平整，缝隙整齐、宽窄合适、均匀，左右缝隙对称。

③ 检查车门的密封条是否平整、老化和变形。如果密封条破损或松动则说明拆卸过多次。

检查车门附近的原车铆栓，如果铆钉上有油漆，说明进行过油漆作业。

检查车门铰链处的螺栓是否拆过，铰链是否变形。

检查玻璃升降是否顺畅，玻璃关闭是否严密。

④ 检查A柱、B柱、C柱是否自然平顺，是否有变形，漆面是否有损伤，内外侧面漆面是否存在色差。

⑤ 检查车门开关是否顺畅。正常的车门开关应该顺畅、无杂音，而拆装多次的车门，不仅开关困难，密封条肯定也有破损。

⑥ 检查车门的焊点。没有进行钣金修复的车门，拉下车门密封条，可以看到门框与门柱处于平行状态，焊点为原车焊点。

（6）车顶检查

检查车顶表面是否平整，漆面是否有损伤和补漆。

（7）车辆尾部检查

汽车尾部主要检查行李箱及其相关联的部件，如检查行李箱内的备胎箱底板、后翼子板和后减震器安装座内衬板和内部接缝线条是否平坦、顺滑，有无焊接痕迹。

检查行李箱箱盖锁是否拆卸过，检查行李箱开口处是否有明显的修复痕迹，检查与行李箱相关联的部件是否损伤和检查随车工具和物品是否齐全。

具体检查内容和要求如下。

① 检查行李箱箱盖锁是否拆装过　如果行李箱箱盖锁螺栓有明显拧动过的痕迹，而且已经锈蚀，可以判断行李箱箱盖锁拆卸过。出现了这种情况就应该考虑该车是否发生过追尾事故。通过车尾其他钣金件的检查，判断是否发生过追尾，并判断追尾事故是否严重。

② 检查行李箱开口处　打开行李箱盖，查看行李箱两侧上的金属框架是否有变形或者有钣金修复的迹象。如果发现框架有钣金修复和焊接的迹象，那么很有可能是该车受到过来自于后方的撞击，也有可能伤及C柱。

③ 检查行李箱箱盖铰链　如果有明显的拆装痕迹，重新做过油漆，应该考虑该车是否发生过追尾事故，是否更换过行李箱箱盖。

④ 检查左右翼子板内衬板　检查左右翼子板内衬板是否经过钣金修复，具体观察表面是否平整，密封胶涂抹是否均匀完整，有无龟裂。如果发现密封胶质量不好或者有重新涂抹的痕迹，那么就要检查行李箱具体的损伤，同时也要检查C柱是否损伤。

⑤ 检查行李箱底板和后尾板　检查行李箱底板和后尾板是否有切割、焊接的痕迹。

检查后翼子板和后减震器安装座的内衬板是否有焊接的痕迹。

检查备胎箱是否变形或有修复痕迹。

⑥ 检查尾灯　如果两个尾灯外观上有差异（新旧、色差），则说明更换了尾灯。如果更换了尾灯，就要根据这个异常情况进一步检查相关部件，判断是否是由于碰撞事故而引起的尾灯更换。

⑦ 检查随车工具和物品　检查随车工具和物品放置布局是否规范，工具和物品的质量是否有差异。如果有则应该怀疑该车发生过追尾事故，造成随车工具和物品受损和遗失较多，在维修后补齐的工具和物品与原车所配的不相符。

（8）底盘检查

汽车底盘包括传动系统、行驶系统、转向系统和制动系统，同时还布置有结构件和加强件（如图 3-53 所示）。

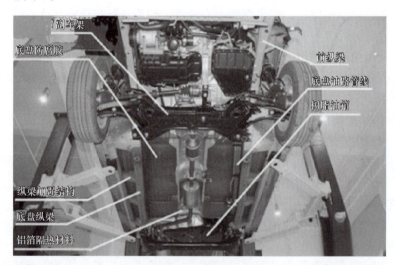

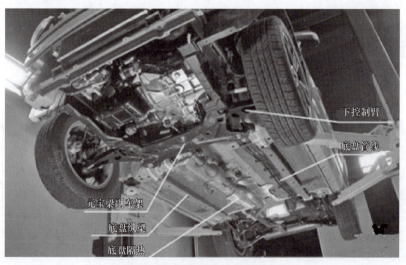

图 3-53　底盘的主要检查部位

车辆的鉴定评估过程中，车辆底盘的检测和评估是非常重要的，底盘的好坏直接影响车辆的行驶安全性。

由于底盘长期暴露在外,并且直接受到路面情况影响,容易被撞击和锈蚀,所以更需要认真仔细检测底盘。车辆经过路况较差的路段时底盘容易损伤,如三元催化器外壳破碎、发动机油底壳破裂、变速箱壳体破裂和悬架系统变形等情况。另外,雨水、污水和融雪剂等会造成底盘腐蚀。

从车辆维修角度看,底盘的修复更多考虑结实耐用,在外观的完整美观方面则不是那么重要。因此,比较容易地观察到底盘的损伤和修复痕迹。

为了方便和全面地检查底盘,需要举升车辆或利用地沟进行检查。主要检查纵梁、横梁、前副车架、前后防撞梁、底板和其他构件的情况。检查时要注意整个底盘的脏污程度应该大致相同,一般不应有特别干净或者特别脏的部分。

底盘检测分为静态检测和动态检测两种。

静态检查主要检查车辆的纵梁等结构件是否有焊接或开裂、变形等痕迹;检查底盘各处是否有漏油;检查发动机、变速器、制动系统、减震器和排气管等部位。

动态检查主要检查车辆驾驶的平顺性、操控性等方面,如车辆是否跑偏、悬挂有无异响、方向盘的反应情况等,由此评价车辆的实际使用情况。

车辆底盘检查的方法有感官判断和设备检测两种。使用设备检测可以更全面、更客观地得到检测数据,为二手车评估的规范化操作以及数据的可比性提供重要的保证。

① 发动机底部检查 主要检查发动机是否有漏油、漏水现象,是否有磕碰,检查排气总成是否有锈蚀、破损和修复的情况。

如果安装有发动机护板则要拆除护板进行检查。根据护板上的磕碰痕迹,去检查发动机相应的部分是否有损伤。

② 传动系统检查 主要检查变速器、传动轴等部位是否漏油、是否有变形、连接处是否松旷等。检查传动系统部件是否有维修、拆装的痕迹。

③ 转向系统检查 主要检查转向机和转向传动部件是否漏油、是否受到撞击变形,部件是否有维修、拆装的痕迹。

④ 行驶系统检查 悬架的部分构件距离地面较近,容易被碰撞,所以应该着重检查悬架(减震器、支臂、拉杆、橡胶衬套等)部件是否损伤、更换以及磨损情况。

拉杆衬套及支臂衬套如果老化,磨损严重,会导致配合松旷,影响行驶稳定性及操控质量。

如果减震器漏油,会导致车辆行驶稳定性下降。

⑤ 轮胎检查 举升车辆,检查轮胎的磨损情况,从轮胎的磨损情况判断车辆存在的故障。特别要注意检查轮胎内侧的磨损情况。

⑥ 制动系统检查 检查制动系统是否漏油、是否变形等。检查制动盘和制动片的磨损情况。

⑦ 防尘套检查 检查防尘套是否损坏。

⑧ 纵梁检查 纵梁可以分为前纵梁、底盘纵梁以及后纵梁,一般为贯穿式设计,纵梁两侧分别设计有横向加强筋,如图3-54所示。

纵梁构件的设计思路是尽可能地沿着轴向压溃变形,控制弯曲变形量,从而获得满意的能量吸收效果。

后纵梁虽然比前纵梁细小,但仍然是在追尾事故中吸收能量的主力。

车辆前部的车身构件主要有前防撞梁、吸能盒、前纵梁,如图3-55所示。

图 3-54　底盘纵梁及其加强结构

图 3-55　底盘前部的重点检查内容

主要检查前纵梁是否有褶皱、变形痕迹，如果前纵梁表面处理较粗糙，且有焊接或拉直痕迹，油漆颜色很鲜艳，则说明受过严重撞击。

副车架如果有变形和焊接的痕迹则说明车辆发生过严重撞击。

如图 3-56 所示，后纵梁分别设计两个溃缩引导槽，当车辆发生碰撞后，纵梁可以根据引导槽的角度，进行有规律的变形。

检查后保险杠、防撞钢梁、后纵梁和行李箱底板的损伤情况，如图 3-57 所示。

图 3-56　后纵梁及溃缩引导槽

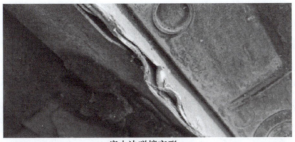
底大边碰撞变形

严重托底变形

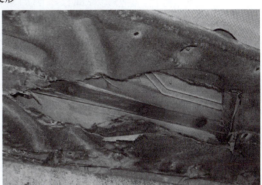
底盘护板破损

图 3-57　底盘损伤

3.9.4　如何鉴别水泡车

二手车市场上，水泡车所占的比例远远大于火烧车。每次暴雨过后，二手车市场都会涌入大量水泡车，所以掌握鉴别水泡车的方法是非常重要的。

水泡车是指那些被水淹没，浸水深度超过车轮的 1/3，车身底部部件与水长时间接触的机动车。

水泡车分为微泡（即刚淹到地毯及座椅底部）、半泡（即水位超过机油尺）和全泡（即水位超过发动机机舱盖、仪表盘）。

水泡车一般指后两种情况，这两种情况，其实就算修复，发动机这块原来整体的密闭性都被破坏了，装配精度比原厂要相差非常多，因此车辆的性能要下降很多，以后发动机出故障的概率也要高得多。如果车辆的泡水深度超过了仪表盘，车身部件会严重腐蚀，电路和线缆也遭受较大损害，即使修复之后也是隐患重重。

水泡车又分为淡水泡和海水泡。由于海水的腐蚀性大，对车辆的破坏性更大。

水泡车也属于事故车。

水泡车翻新会暴露一些维修细节，另外泡水后会残留一些泥沙、产生霉渍和锈蚀，依此现象可以判断是否是水泡车。

判断是否是水泡车一般用目测检查，同时符合以下任意两条或两条以上描述的车辆即为水泡车。

① 座椅底部的金属支架和滑轨有非自然锈蚀；座椅底座的弹簧及内套海绵内有泥污和霉味。

② 安全带抽到底，有水迹或霉斑。
③ 车底板地胶或地毯有拆卸痕迹并有水迹、污渍、霉点或泥沙。
④ 内饰件变色、变形或较脏。
⑤ 散热器散热片上、发动机机舱各个角落残留有污泥。
⑥ 备胎箱里有水渍或污泥。
⑦ 悬架组件的固定螺栓、副车架、排气管等部位有明显的大面积泥沙和非自然锈蚀。
⑧ 仪表台内部铁架、接头插座处有污泥。
如果能够通过保险公司查询该车的理赔信息，可以很方便地知道该车是不是水泡车。

(1) 检查灯具

如果灯具生产时间与车辆年限不符合且全部更换，就应该仔细检查是否是水泡车。

因为大部分水泡车都是淹没到轮毂上方靠近大灯这个位置，所以要检查大灯是否发黄，或大灯特别新，如果是则有可能就是因为泡水而全部更换了。

(2) 检查发动机机舱

① 检查散热器、空调冷凝器、线束结合部位、各设备接缝处是否有污泥、锈蚀、水垢痕迹，防火墙隔热棉是否有水泡痕迹。

② 检查发动机机舱的电线和电线插接器是否沾着污泥。这些是鉴别是否是水泡车最为有效的方法之一。

检查电子元件是不是有更换，特别注意的是查看发动机电脑板是不是有更换（适用于半泡车与全泡车）。

检查发动机机舱保险丝盒里有没有泥或锈迹之类的，因为正常的就是有点灰尘，也不可能会有泥。

③ 检查发动机机舱盖的隔音棉是否有水泡过的痕迹。

④ 发动机的金属部件和其他金属部件如果有较多的霉点，则可能是水泡车。但是如果只是部分金属出现这样的问题，也有可能是车辆长期放置在潮湿的地方导致产生霉点。

(3) 车辆内部检查

① 闻气味。汽车长时间经过水泡，车内会有一股水腥味，短时间的晾晒也无法完全清除这些水腥味。线路遇水浸泡会发出异味，闻到汽车有异味时就要注意了。

打开车门，闻闻内部是否有浓烈的香水味，如果车内闻到浓烈的香水味或霉味就得小心，因为香水味经常被用来掩盖发霉的气味。

② 仔细检查空调出风口。空调出风口是难以清洗干净的地方，仔细检查边角的缝隙有没有泥垢残留，而且由于内部管线容易发霉，闻闻有无霉味吹出。

③ 仔细检查内饰和地板。如果有不匹配或松动，很可能是被更换掉的。变色、染色或褪色材料通常会有水损坏的痕迹。

扒开地毯检查地毯下面是不是有泥沙、淤泥、底板是否生锈。

地毯、坐垫以及内饰布料，水泡后会显得较为粗糙。

真皮座椅水泡晒干后皮质及座椅柔软程度都会偏硬（海水泡的会更加硬）。

④ 检查仪表板、操控面板是不是有拆装痕迹。查看各项操控按钮是不是正常，翻开工具箱查看仪表板固定支架是不是有拆装及生锈痕迹（适用于半泡与全泡）。

查看仪表板下边的电线是否有龟裂。经水泡过数日的电线一旦干燥后，表层的塑料皮会比较脆，同时有稍许变色。

⑤ 水浸泡过后，音响液晶面板字体会出现断字情形。如果车内音响是全新的或改装品，尤其是新装产品比出厂所标配的等级还低，有可能是水泡车，因为音响通常只会升级很少会降级。

反复试验几次电源和电子设备，例如灯光、车窗玻璃、车门锁、收音机、点烟器、加热器和空调等是否正常工作。

⑥ 检查座椅底部是否有拆装和生锈的痕迹。

在正常使用过程中，座椅固定支架部分很难生锈，如果座椅固定支架有明显的锈迹，应该怀疑是否是水泡车。

⑦ 检查安全带。安全带拉到头，闻闻有没有霉味，仔细查看是否有水渍、泥污和霉斑。检查安全带的插孔与关节处是否有水浸过的痕迹。

⑧ 前后挡风玻璃胶皮缝隙（由车内）如果有污泥就是全泡车。

⑨ 制动踏板、加速踏板的连接处是否有锈蚀或水淹痕迹。

（4）底盘检查

车辆底盘一般都有防锈涂层，可以防止锈蚀，水泡车底盘部件一般不会出现问题，所以大多不会特别修复。正常车辆除了排气管会容易出现锈迹之外，其余底盘部件不应该有明显的锈迹。如果发现底盘螺栓和制动盘挡板等部分有严重锈蚀情况，发动机、变速箱底壳等部分有水渍或霉斑，则可以判断该车曾在水中浸泡过一段时间。

（5）检查行李箱

水泡车修复时，一般不会拆开行李箱内饰进行清洁，只是对其进行简单的清洗和祛除霉味。因此，拆开内饰就会发现泡水的痕迹。

行李箱是检查水泡车的一个重要内容，因为行李箱是修复水泡车时容易被忽略的部分，特别是备胎箱内的锈迹和泥沙等污物，以及行李箱盖上的水迹等说明可能是水泡车。

① 打开行李箱盖，闻闻内部是否有发霉味。

② 检查行李箱两侧缝隙是否有泥污，备胎轮毂是否有霉斑，随车工具（扳手、螺丝刀等）是否有锈蚀。

③ 掀开行李箱隔板，检查行李箱底板是否锈蚀。

依据上述辨别方法，经过细致认真的检查，大体上可以判断出是否是水泡车。

（6）发动机动态检查

汽车经过水泡后会有一些泥沙是不容易清理的，会有一些砂石留在一些齿轮或者皮带处，所以会造成某些部件容易损坏，而且也会有一些异响。

3.9.5 如何鉴别火烧车

火烧车就是因为车辆火灾，造成了一定的价值损耗的车辆。

车辆起火的原因分为外部环境因素和车辆内部因素。外部环境因素大致为人为纵火、自然火灾等引发车辆燃烧，底盘卷入易燃物和交通事故造成的火灾；车辆内部因素一般是由于故障导致线路短路和电器短路、车辆可燃油液泄漏和机械摩擦产生高温等问题导致车辆燃烧。

（1）火烧车的危害

火烧对汽车的伤害很大，各种线路的绝缘层损伤，使得电器短路发生自燃的可能性增大。金属构件的材料性质发生变化而产生变形和强度刚度下降，使车辆的结构性能变差。

火烧车的使用安全性变差，因此火烧车也属于事故车。

（2）火烧车的特点分析

汽车所用的原材料一般是钢铁、硬塑、树脂、棉麻和化纤织物等。车辆发生火灾后，金属材料会呈现被烟熏黑的痕迹；塑料、橡胶、棉麻和化纤材料被火烧后，表面会融化、发生褶皱变形，甚至燃烧成为灰烬。

根据物品被火烧后的特点，通过仔细观察，判断是否是火烧车。符合以下任意一条描述的车辆即为火烧车：

① 发动机线束和车身线束大量更换新件或局部有火烧痕迹；

② 车身各夹层内有火烧熏黑的痕迹；

③ 发动机机舱、乘员舱内或行李箱内有烧黑痕迹。

（3）火烧车的鉴定方法

市场在售的二手车都会经过翻新和修整，但是由于火焰灼烧的原因，车体上必然还会残留火焰灼烧的痕迹。因此，根据火烧车的特点和检查流程，重点检查几个关键的部位，就可以确定是否为火烧车。火烧车的检查项目主要有以下几项。

① 闻气味。即使对火烧车辆做一次大修，但是车内的气味一时半会是清除不掉的，所以闻气味是有效的方法。通过确定车内是否有刺鼻气味，是否有烧焦的味道，可以引导我们去查找火烧的痕迹。

② 检查内饰。查看乘员舱、行李箱内饰及车顶蓬是不是全部或部分更换。假如车辆内饰及车顶篷有更换和拆装的痕迹，则需要怀疑是否是火烧车。

③ 检查外观漆面是否完好。绕车一周检查车身油蓬是不是全车重新喷漆。如果是全车重新喷漆，那就要拆开地毯压条、备胎箱盖板、行李箱毛毡，检查是否有火烧的痕迹。

④ 检查发动机机舱、乘员舱和行李箱是否有火烧痕迹，检查发动机机舱内外是否有重新喷漆的痕迹。

⑤ 检查发动机电器件是否有大量更换迹象，如果大量更换就要注意是否为火烧车。检查保险盒、继电器盒和继电器是否大量更换或火烧痕迹。

⑥ 检查发动机机舱和车身线束。检查线束是否更换过，如果线束没有更换，检查局部地方是否有火烧痕迹，用手摸是否有被火烤过的瘤状痕迹。线束如有更换，检查线束接口是否与新线束一致，有无瘤状、熏黑痕迹。检查线束及电子元件新旧程度是否与车辆的年限相符。

⑦ 检查发动机舱盖。检查是否有大面积的烧蚀痕迹时，隔音棉是否有烧蚀痕迹或是否为新换。

⑧ 检查防火墙。检查防火墙是否有火烧痕迹，观察防火墙的隔火材料的新旧程度，然后拨开隔火材料看里面的金属有没有烧过的痕迹。如果有的话，基本就可以判断是一辆火烧车了。

⑨ 检查发动机排气歧管表面是否有烧蚀痕迹。

课后练习

1. 车辆部件的数字信息有哪些？如何运用数字信息确定车辆的状态？
2. 车辆外观检查的主要内容和要求是什么？
3. 发动机机舱检查的主要内容和要求是什么？

3 二手车技术状况鉴定

4. 车身检查的主要内容和要求是什么?
5. 内饰检查的主要内容和要求是什么?
6. 车辆底盘检查的主要内容和要求是什么?
7. 二手车动态检查的主要内容和要求是什么?
8. 事故车鉴定的主要内容和要求是什么?

4 二手车价值评估

学习目标

掌握鉴定二手车的确定方法。
掌握二手车常用的评估方法和各种方法的适用条件,能够计算二手车价格。

学习方法

运用实车和教学软件学习二手车评估的操作方法和表格填写。

二手车评估是指从事二手车技术状况鉴定和价值评估的人员,对二手车做出价格评估。

二手车评估的法律、法规依据有:《国有资产评估管理办法》《国有资产评估管理办法实施细则》《二手车流通管理办法》《二手车流通管理办法实施细则》《汽车报废标准》和其他相关的法律、法规等。

二手车评估时要严格遵循"客观性、独立性、公正性、科学性和中立第三方"的原则。

二手车评定及定价的依据有:技术标准参考《汽车标准汇编》、技术参数参考《随车说明书》、技术鉴定参考《汽车质检技术》和《汽车维修手册》等资料。

目前我国对二手车评估的标准还不是很统一,二手车估价主要参照资产评估的方法进行,主要有重置成本法、现行市价法、清算价格法和收益现值法。

对同一辆二手车,采用不同的价格计量标准估价,会产生不同的价格。因此,必须根据评估的目的,选择与二手车评估业务相匹配的价格计量标准。同时,二手车具有"一车一况、一况一价"的属性,也增加了二手车评估工作的难度。

二手车价格评估的程序一般是"接受委托、验证、现场查勘、上线检测(必要时)、评定估算和提交报告"等环节。

二手车的估价方法有收购估价和鉴定估价两种,虽然都是对二手车作现时价格评估,但是二者的估价目的和方法是有区别的。

(1) 二者估价的主体不同

二手车收购估价的主体是买卖双方,它是以购买者的身份与卖方进行价格谈判,根据供求规律和价格规律进行讨价还价和自由定价。

4 二手车价值评估

二手车的鉴定估价是公正性、服务性的第三方，遵循独立性的原则，通过对被评估车辆进行技术鉴定后确定二手车的客观价格，不可以随意变动。

（2）二者估价的目的不同

二手车收购估价是购买者以经营为目的估算车辆价格，通过进行车辆技术鉴定，做到心中有数地与卖主讨价还价。

二手车鉴定估价是以服务为目的的，是接受委托人的委托，为被评估车辆将要发生的经济行为提供价值依据。

（3）二者估价的思想和方法不同

二手车收购估价接受国家有关评估法规的指导，根据估价目的，参照评估的标准和方法进行，具有灵活性，可以讨价还价。

二手车鉴定估价，要求严格遵守国家颁布的有关评估法规，按特定的目的选择与之相匹配的评估标准和方法，具有约束性。

（4）二者估价的价值概念不同

虽然鉴定估价与收购估价其价值概念都具有交易价值和市场价值，但收购价格受快速变现原则的影响，其价格往往会低于"市场价格"。

二手车价格不像新车有个明确的定价，一辆汽车由成品出厂到使用报废的各个阶段，每一辆车的状况都是不同的，所以它们的评估价格也是不相同的。同时不同地区的二手车价格会略有差异。

同一种车型由于使用习惯、保养程度的不同，价格也有差异。

其中，使用年限（即车龄）对二手车的价格起决定作用，保养程度、车况优劣是附加分项。

随着使用时间和行驶里程的增加，车辆的维修保养等费用会增大，表现在评估价格上就会产生一定差距。但是，不能以年限为唯一标准而一刀切。

车辆的维修保养费用及配件的供应情况和配件的价格，对二手车价格影响也很大。一般情况下，对于一些维修保养费用高、配件难找和配件价格高的车辆，在二手车市场是比较难销售的，因此其价格也相对较低。

在购买二手车后，一般需要对一些易磨损部件进行更换，这也是一笔不小的费用支出，因此在评估时这些费用也要考虑进去。

这里要注意的是，二手车在交易过程中，所谓的"高配"并不能给二手车带来更高的溢价。高配和低配的新车价格可能会相差几万元，但是在二手车估价时相差并不大，价格会更倾向于"低配"车辆。

不同的二手车评估师评估的价格也会有差异，因为评估方法只能计算出车辆大概的价值，具体还是要根据实际车况检测来确定价格。

影响二手车价格的因素比较多，一般考虑以下影响因素：

① 品牌知名度、新车价格变动和油耗。
② 购买年限、使用年限和行驶里程。
③ 车辆保养情况、外观、内饰和主要部件的状况。
④ 有无事故或重大维修项目。

二手车价值评估定价的基础是现时市场新车的销售价格。通常来说二手车估价都要用同款新车的价格作为参考，根据二手车的使用年限和使用情况等因素进行折价。对已经停产的车辆，要找一个与该车同一档次车的新车作为参考。具体做法如下：

① 与欲评估二手车上牌时间和车型相同或相近车辆的市场均价作为评估基础。

在统计了大量同年份和同型号的二手车的销售价格的基础上，根据不同的情况而得出的当前市场对该年份和该型号二手车的加权平均价格。

② 同型号下不同款新车价的比例系数。

结合具体每项配置价格，以及新车价格与同型号下交易量最大的款型的新车价格的比较，得出该系数。

③ 里程车况系数。

里程车况系数是一辆二手车的行驶里程数和车况与所有同年上牌的同型号车的平均行驶里程数和总体车况量化比较后得出的系数。

对某一型号车辆统计出的市场均价只能代表该型号下面所有款型的总体平均价格，但对于款型不同和配置不同的同型号车，其价值在该型号的市场均价的基础上应该有所变动，结合具体配置的价格估算后，可以得出某一款车在正常的行驶里程数和车况下的合理价格。

对于保养较差、使用频繁和磨损严重的二手车，要具体量化分析。利用与该款车的行驶里程和车况相同或相近的车辆，与在正常行驶条件下的行驶里程和车况相比，得出比例系数，用此系数乘以同年上牌的同款车在正常的行驶情况下的市场均价，就可以得出具体某一辆二手车的合理价格。

目前，也有不少二手车企业采用网上评估的方法，一般是通过二手车交易平台中的在线二手车评估系统进行评估。

通过在线平台评估的二手车价格会和真实成交价有一定的差异。因为二手车的评估，除了要考虑二手车的品牌、型号和行驶里程等因素外，还应该结合使用保养状况和事故等因素，科学和准确地进行评估。

目前出现了许多品牌二手车商，这会对传统二手车市场带来一定冲击，逼迫传统二手车市场升级，进一步地做好服务。主要原因如下：

① 传统二手车市场名声不好，消费者购车时对车况总是有所顾虑，事故车坑害顾客的事件时有发生，出现纠纷后消费者往往维权困难。而品牌二手车有主机厂作保障，信誉较好。

② 传统二手车服务理念、服务态度和服务水平较差。

③ 传统二手车市场售后无保障。消费者在传统二手车市场购车，基本没有任何售后保障，而品牌认证二手车的售后质保策略则免去了众多消费者的忧虑。

④ 传统二手车市场的二手车收购价格较低。传统二手车市场的收车商户报价都是非常低的，使得售车人不满意。而品牌二手车的收车价格一般相对较高，并且品牌二手车经营店还有4S店置换车源保障，车辆来源基本不成问题。

可以预见，未来的二手车市场将出现传统二手车、品牌二手车以及电子商务二手车等三方共存的经营格局，二手车经营领域也必将细化，不同的经营模式满足不同的消费主体，不同的经营模式之间既有互相竞争，也有互相补充。

4.1 重置成本法评估二手车价值

4.1.1 重置成本法的估价计算

重置成本法是指按重新购置或建造一个全新状态的被评估资产所需要的全部成本，扣减其现时的实体性贬值（也称实体有形损耗）、功能性贬值和经济性贬值后得出的被评估资产价值的一种评估方法。

二手车价值评估的重置成本法是指在现时条件下重新购置一辆全新状态的被评估车辆所需的全部成本（即完全重置成本，简称重置全价），减去该被评估车辆的各种陈旧性贬值后的差额作为被评估车辆现时价格的一种评估方法。

4.1.1.1 重置成本法的基本要素

重置成本法的概念中涉及四个基本要素，即二手车的重置成本、二手车实体性贬值、二手车功能性贬值和二手车经济性贬值。

重置成本法最大限度地参考所要评估对象的新车价格，如果同款式新车停产，则要参考同品牌相近车型的新车价格，然后再结合使用年限、使用情况、车辆手续情况等因素应用折算公式折算出现时价格。

（1）二手车的重置成本

二手车重置成本是按在现行市场条件下重新购置一辆全新车辆所需支付的全部货币总额。简单地说，二手车重置成本就是当前再取得该车的成本。

重置成本又分为复原重置成本和更新重置成本两种。

① 复原重置成本是指用与被评估车辆相同的材料、制造标准、结构设计及技术水平要求，以现时市场价格重新购置与被评估车辆相同的全新车辆所发生的全部成本。汽车不同于一般机器设备，技术性很强，又有很强的法规限制，一般用户是很难复原一辆已经停产很久的汽车的。

② 更新重置成本是指利用新材料、新技术、新标准和新设计等，以现时市场价格购置具有相同或相似功能的全新车辆所支付的全部成本。

应该注意的是，无论是复原重置成本还是更新重置成本，车辆本身的功能应该不变。

一般情况下，在选择重置成本时，如果同时能够取得复原重置成本和更新重置成本，应该优先选择更新重置成本。在不存在更新重置成本时，再考虑采用复原重置成本。

重置成本法主要立足于车辆的现行市价，与二手车的原购置价并无多大的关系。现行市价越高，重置成本也越高。

（2）二手车实体性贬值

二手车实体性贬值是指二手车在存放和使用过程中，由于物理和化学原因（如机件磨损、锈蚀和老化等）而导致的车辆实体发生的价值损耗，即由于自然力的作用而发生的损耗。计量二手车实体性贬值时主要根据已使用年限进行分摊。

（3）二手车功能性贬值

二手车功能性贬值是由于技术进步引起的二手车功能相对落后而导致的贬值，属于无形损耗。

功能性贬值可分为一次性功能贬值和营运性功能贬值。

一次性功能贬值是由于技术进步引起劳动生产率的提高，现在再生产制造与原功能相同的车辆的社会必要劳动时间减少，成本降低而造成原车辆的价值贬值。

营运性功能贬值是由于技术进步，出现了性能更优的车辆，致使原有车辆的功能相对于新车型已经落后而引起的价值贬值。具体表现为原有车辆在完成相同工作任务的前提下，在燃料、人力、配件等方面的消耗增加，形成了一部分超额运营成本。

（4）二手车经济性贬值

二手车经济性贬值是指由于外部经济环境变化所造成的车辆贬值，属于无形损耗。外部经济环境包括宏观经济政策、市场需求、通货膨胀和环境保护等。如国家提高对汽车排放标准的要求，实施新的排放标准，执行原来排放标准的在用车辆就会因此而贬值。经济性贬值不是车辆本身或内部因素所引起的，而是由于外部环境所引起的车辆达不到原有设计的获利能力而造成的贬值。外界因素对车辆价值的影响不仅是客观存在的，而且对车辆价值的影响相当大，所以在二手车的评估中不可忽视。

4.1.1.2 重置成本法的计算公式

使用重置成本法对二手车进行估价时一般运用以下公式。

（1）基本计算公式

公式1：

被评估车辆的评估值＝更新重置成本－实体性贬值－功能性贬值－经济性贬值

即：
$$P=B-(D_S+D_G+D_J) \tag{4-1}$$

公式2：

被评估车辆的评估值＝更新重置成本×成新率

即：
$$P=BC \tag{4-2}$$

公式3：

被评估车辆的评估值＝更新重置成本×成新率×（1－折扣率） $\tag{4-3}$

式中　P——被评估车辆的评估值；

　　　B——重置成本；

　　　D_S——实体性贬值；

　　　D_G——功能性贬值；

　　　D_J——经济性贬值；

　　　C——成新率。

（2）公式说明

公式（4-1）是重置成本法评估二手车价格的最基本模型。它综合考虑了二手车的现行市场价格和各种影响二手车价值量变化（贬值）的因素，最让人信服和易于接受。

但造成这些贬值的影响因素较多且有一定的不确定性，使得难以准确地确定二手车的贬值，所以其可操作性较差，使用困难。

公式（4-2）适用于整车观测法和部件鉴定法来估算二手车价格。

它以成新率综合考虑了各种贬值对二手车价值的影响，是一种定性和定量相结合的评估方法，比较符合中国人评判二手物品的思维模式，是目前市场上应用最广的一种评估方法。

公式（4-3）适用于使用年限法和行驶里程法来估算二手车价格。

从理论上讲，公式（4-1）优于公式（4-2）和公式（4-3），这是因为公式（4-1）中不仅扣除了车辆的实体性贬值，而且扣除了车辆的功能性损耗和经济性损耗。

公式（4-2）和公式（4-3）中成新率的确定是综合了二手车的各项贬值的结果，具有收集便捷、操作简单易行和评估理论更贴近机动车实际工作状况的特点，容易被委托人接受，故公式（4-2）和公式（4-3）在二手车评估中被广泛采用。

公式（4-3）是在公式（4-2）的基础上再减去一定的折扣，估算出被估价二手车的价格。

公式（4-3）较公式（4-1）而言，较充分地考虑了影响汽车价值的各种因素，可操作性强。

> **链接——折扣率**

折扣是指销售企业让利给购货商。

在评估二手车时，成新率的计算更多的是应用公式"成新率＝1－折旧率"，而折旧率是需要通过加权计算年限折旧率、里程折旧率、故障折旧率、油耗及排污折旧率而得到的综合数值。

成新率的估算方法往往只是考虑了一种因素，如使用年限法计算的成新率仅仅考虑了使用年限因素对车辆的实体性损耗的影响。行驶里程法仅考虑了行驶里程因素所导致的损耗。部件鉴定法虽然考虑了各个部件的损耗情况，但却没有充分考虑到使用年限以及行驶里程对车辆价值的影响。

因此如果采用公式"评估值＝重置成本×成新率"，计算得到的数值作为被评估车辆的价值，显然是不准确的。为了避免单一因素成新率计算的误差，以一个折扣率（通常小于1）来衡量其他因素对车辆价值影响的大小。

折扣率的估算是根据市场同种车型的供求关系、宏观经济政策和对车价变化的未来预期以及市场实现的难易等因素，由二手车评估师依据评估经验进行判定的。

4.1.1.3 重置成本法的优缺点

用重置成本法评估二手车价格，一般只适用于保值率高的车辆，其他车型并不一定适合，计算出来的差价与现实中交易价格还是存在较大的差别。

（1）重置成本法的优点

① 对二手车价格估值较为准确，比较充分地考虑了车辆的各方面损耗，反映了车辆市场价格的变化，评估结果更趋于公平合理。在不易估算车辆未来收益，或难以在市场上找到可类比对象的情况下可广泛应用。

② 可采用综合分析法确定成新率，将车况和配置以及车辆使用情况用适当的调整系数表征出来，比较清晰地解析了车辆残值的构成，使整个评估过程显得有理有据，有助于增强交易双方对评估结果的信任，可广泛应用于价值较高的中高档车辆评估。

重置成本法既充分考虑了被评估二手车的重置全价，又考虑了该二手车已使用年限内的磨损以及功能性贬值和经济性贬值，因而是一种适应性较强，并在实践中被广泛采用的基本评估方法。

（2）重置成本法的缺点

① 评估工作量较大，计算较为复杂，确定成新率时主观因素影响较大。

② 对极少数的进口车辆和一些已停产或是国内自然淘汰的车型，由于不可能查询到相同车型新车的市场报价，因此难于准确地确定出它们的重置成本或重置成本全价。

> **链接——汽车残值**

残值的概念：在规定的机动车合理使用年限之内，所剩余的使用价值，被称为广义的汽车残值。即使机动车到了报废年限时，还有一定的价值，即残值。

汽车残值的估价有许多方法，按照国家规定有四种方法：收益现值法、重置成本法、现行市价法以及清算价格法等四种，其中最为基础、也最为简便易行的是重置成本法。

4.1.1.4 重置成本的估算方法

（1）重置成本的构成

重置成本是指最大限度地参考所要评估二手车的新车价格（如果同款式新车停产，则要参考同品牌相近车型的新车价格），然后再结合使用年限、使用情况等因素利用折算公式折算成现时价格。

$$更新重置成本＝直接成本＋间接成本$$

直接成本是指购置全新的同种车型时直接可以构成车辆成本的支出部分。它包括现行市场购置价格，加上运输费用和办理入户手续时所交纳的各种税费等。

间接成本是指购置车辆时所花费的不能直接计入购置成本中的那部分成本。如购置车辆发生的管理费、专项贷款发生的利息、洗车费、美容费和停车管理费等。

在实际的评估作业中，间接成本可忽略不计。

（2）重置成本的估算

重置成本的估算主要采用直接询价和账面成本调整法。

直接询价法是查询当地新车市场上，被评估车辆处于全新状态下的现行市场售价。

账面成本调整法是对于那些无法从现行市场上寻找到重置成本的车型，如淘汰产品或是进口车辆，根据汽车市场的物价变动指数调整得到二手车的重置成本。

重置成本＝账面原始成本×（车辆鉴定估价日的物价指数/车辆购买日的物价指数）

或 重置成本＝账面原始成本×（1＋车辆购买日到鉴定估价日的物价变动指数）

4.1.1.5 成新率的计算方法及其运用

二手车的成新率是反映二手车新旧程度的指标，表示二手车的功能或使用价值占全新机动车的功能或使用价值的比率。也可以理解为二手车的现时状态与机动车全新状态的比率。

机动车的有形损耗率与机动车的成新率一起反映了同一车辆的两方面，它们的关系是：

$$成新率＝1－有形损耗率 \tag{4-4}$$

贬值率与成新率的关系是：

$$C＝1－\lambda \tag{4-5}$$

式中　C——成新率；

λ——贬值率，包括实体性贬值率、功能性贬值率和经济性贬值率之和。

在二手车鉴定估价的实践中，重置成本法是二手车价值评估的常用办法，要想较为准确地评估车辆的价值，成新率的确定是关键。

成新率作为重置成本法的一项重要的指标，如何科学地和准确地确定该项指标，是二手车评估中的重点和难点。因为成新率的确定不仅需要根据一定的客观资料和检测手段，而且在很大程度上依靠评估人员的学识和评估经验来进行判断。

成新率估算方法的选择应该根据二手车的新旧程度、技术状况和价值高低等因素而定。

（1）使用年限法估算成新率

使用年限法确定成新率的方法有等速折旧法、年份数求和法和双倍余额递减法。其中年份数求和法和双倍余额递减法是加速折旧的方法。

成新率的计算方法中，使用年限法是比较简单的。

① 等速折旧法估算成新率　等速折旧法也称为年限平均折旧法，是指二手车的转移价值平均分摊于其使用年限中。

采用等速折旧法估算二手车成新率的计算公式为：

$$C_Y = \left(1 - \frac{Y}{G}\right) \times 100\% \quad (4\text{-}6)$$

式中　C_Y——等速折旧法成新率；

　　　G——规定使用年限，指由国家有关部委制定的《汽车报废标准》中规定的使用年限，即机动车的使用寿命，不考虑延期报废的延长使用年限（机动车使用年限起始日期按照注册登记日期计算，但自出厂之日起超过 2 年未办理注册登记手续的，则按照出厂日期计算），各类汽车规定使用年限见表 4-1；

　　　Y——已使用年限，指机动车从登记日期开始到评估基准日所经历的时间（进口车辆登记日为其出厂日）。

表 4-1　各类汽车规定使用年限

汽车类别	规定使用年限
小、微型出租客运汽车	8
中型出租客运汽车	10
大型出租客运汽车	12
租赁载客汽车	15
小、微型营运载客汽车	10
大、中型营运载客汽车	15
大、中型非营运载客汽车（大型轿车除外）	20
载货汽车（包括半挂牵引车和全挂牵引车）	15
小、微型非营运载客汽车、大型非营运轿车	无使用年限限制

等速折旧法估算成新率的特点是方法简单、容易操作。计算时通常将已使用年限和规定使用年限换算成月数。

等速折旧法无法反映汽车的使用强度（行驶里程、汽车技术状况等），故一般仅用于价值不高的二手车价格的评估。使用年限法计算成新率的前提条件是车辆在正常使用条件下，按正常使用强度（年平均行驶里程）使用。所得成新率实际上反映的是车辆的时间损耗及时间折旧率，与车辆的日常使用强度和车况无关。

在实际评估中，运用已使用年限指标时，应特别注意车辆的实际使用情况，而不是简单的日历天数。例如，对于某些以双班制运行的车辆，其实际使用时间为正常使用时间的两倍，因此该车辆的已使用年限，应是车辆从开始使用到评估基准日所经历时间的两倍。

机动车的规定使用年限，即机动车的使用寿命分为技术使用寿命、经济使用寿命和合理使用寿命，这里所指的机动车规定使用年限是指机动车的合理使用寿命。

计算举例：某款型车辆的新车现时价格为 8.8 万元，规定使用年限为 15 年（即 180 个月），使用了 3 年（即 36 个月）后进行估价，那么它的成新率＝(1－36÷180)×100％＝80％。重置成本是 8.8 万元，则计算出估价为 8.8×80％＝7.04（万元）。

② 加速折旧法估算成新率

a. 年份数求和法确定成新率的计算公式　年份数求和法是指每年的汽车折旧额（实体性贬值）可用车辆现值减去残值的差额，乘一个逐年变化的递减系数来确定的一种方法。

递减系数的分母是一个年数等差数列的求和，为车辆使用年限历年数字的累计之和（定值），即 $G(G+1)$；分子是一个递减的等差数列的求和，即到当年时已经使用的年数 $(G+1-n)$ 之和。

采用年份数求和法估算二手车成新率的计算公式为：

$$C_F = \left[1 - \frac{2}{G(G+1)} \sum_{n=1}^{Y} (G+1-n)\right] \times 100\% \qquad (4\text{-}7)$$

或

$$C_F = \frac{\sum_{n=1}^{G-Y} n}{\sum_{n=1}^{G} n} \times 100\%$$

式中　C_F——年份数求和法成新率；

　　　n——汽车在使用期限内某一确定年度；

　　　Y——汽车已使用年限；

　　　G——汽车规定使用年限。

可以看出，在汽车使用早期成新率下降较快，基本上与汽车的实际使用状况相适应。但它也照样无法反映汽车的使用强度对成新率的影响。

b. 双倍余额递减法确定成新率的计算公式　双倍余额递减法是在不考虑汽车残值的情况下，用直线法折旧率的两倍作为汽车的折旧率乘以逐年递减的汽车年初净值，得出各年应提折旧额的方法。

直线法折旧率是规定使用年限（总折旧年限）的倒数，即 1÷汽车规定使用年限，它反映了汽车在整个使用期内具有相同的折旧比率。

直线法折旧率的两倍，即 2×(1÷汽车规定使用年限)，充分体现了在汽车使用早期车辆贬值较多的趋势。

余额递减是指任何年的折旧额用现有车辆重置成本乘以在车辆整个寿命期内恒定的折旧率，接着用车辆重置成本减去该年折旧额作新的重置成本，下一年重复这一做法，直到折旧总额分摊完毕。

双倍余额递减法计算二手车成新率的计算公式如下：

$$C_S = \left[1 - \frac{2}{G} \sum_{n=1}^{Y} \left(1 - \frac{2}{G}\right)^{n-1}\right] \times 100\% \qquad (4\text{-}8)$$

或

$$C_S = \left(1 - \frac{2}{G}\right)^Y \times 100\%$$

式中　C_S——双倍余额递减法成新率；

　　　n——汽车在使用期限内某一确定年度；

　　　Y——汽车已使用年限；

　　　G——汽车规定使用年限。

在二手车价值评估的实际计算中，通常在使用等速折旧时，将已使用年限和规定使用年限换算成月数；在使用加速折旧时，已使用年限和规定使用年限按年数计算，不足一年部分按 12 分之几折算。如 3 年 9 个月，前三年按年计算，后 9 个月按第四年折旧的 9/12 计算。

二手车价值评估中通常不计算不足 1 个月的天数折旧。

为使车辆累计折旧额在规定年限内分摊完毕，在汽车使用的最后两年中，折旧计算方法改为平均（等速）年限法。即在汽车规定使用年限的最后两年，将汽车的账面余额减去残值后的金额除以2作为最后两年的平均折旧，这是双倍余额法的补充变通处理。

汽车按年限折旧不宜采用等速折旧法，因为采用等速折旧法时，由于未考虑经济性贬值而造成新车和准新车的评估值偏高，而使得接近报废年限车辆的评估值偏低。因此，在使用等速折旧法计算成新率时往往要考虑市场波动系数。

③ 使用年限法的前提条件　利用使用年限法计算得到的成新率实际上反映的是车辆的时间损耗及时间折旧率，与车辆的日常使用强度和车况无关。因此，使用年限法计算成新率的前提条件是车辆在正常使用条件下，按正常使用强度（年平均行驶里程）使用。

在实际评估中，运用已使用年限指标时，应特别注意车辆的实际使用情况，而不是简单的日历天数。如果车辆的日常使用强度较大，在运用已使用年限指标时，应适当乘以一定的系数。

我国各类汽车年平均行驶里程见表4-2。

表4-2　我国各类汽车年平均行驶里程

汽车类别	年平均行驶里程/万公里
微型、轻型货车	3～5
中型、重型货车	6～10
私家车	1～3
公务、商务用车	3～6
出租车	10～15
租赁车	5～8
旅游车	6～10
中、低档长途客运车	8～12
高档长途客运车	15～25

为了便于在二手车鉴定评估中应用不同的使用年限法估算成新率，根据以上数学模型，现将以上三种方法针对常见的三种规定使用年限给出成新率速查表作为参考，如表4-3所示。

表4-3　不同使用年限车辆成新率　　　　　　　　　　　　　　　　　　　　%

已使用年限（年末）	规定使用年限15年			规定使用年限10年			规定使用年限8年		
	等速折旧法	加速折旧法		等速折旧法	加速折旧法		等速折旧法	加速折旧法	
		年份数求和法	双倍余额递减法		年份数求和法	双倍余额递减法		年份数求和法	双倍余额递减法
1	93.33	87.50	86.67	90.00	81.82	80.00	87.50	77.78	75.00
2	86.67	75.83	75.11	80.00	65.46	64.00	75.00	58.34	56.25
3	80.00	65.00	65.10	70.00	50.91	51.20	62.50	41.67	42.19
4	73.33	55.00	56.42	60.00	38.18	40.96	50.00	27.78	31.64
5	66.67	45.83	49.90	50.00	27.27	32.77	37.50	16.67	23.73
6	60.00	37.50	44.25	40.00	18.18	26.21	25.00	8.34	17.80
7	53.33	30.00	39.35	30.00	10.91	20.97	12.50	2.78	8.90
8	46.67	23.33	35.11	20.00	5.46	16.78			
9	40.00	17.50	31.43	10.00	1.82	8.39			
10	33.33	12.50	28.24						

续表

已使用年限 （年末）	规定使用年限15年			规定使用年限10年			规定使用年限8年		
	等速折旧法	加速折旧法		等速折旧法	加速折旧法		等速折旧法	加速折旧法	
		年份数求和法	双倍余额递减法		年份数求和法	双倍余额递减法		年份数求和法	双倍余额递减法
11	26.67	8.33	25.48						
12	20.00	5.00	23.09						
13	13.33	2.50	21.01						
14	6.67	0.83	10.51						

注：表中双倍余额递减法中，在最后两年均采用50%的年折旧率进行等速折旧，以保证车辆累计折旧额在规定年限内分摊完毕。

计算举例：某家用轿车，初次登记日期是2000年2月，评估基准日是2005年2月，试用使用年限法（三种方法）计算成新率。

解：

已知参数：该车已经使用年限为$Y=5$（年），其规定使用年限（按家用轿车）为$G=15$年。

① 用等速折旧法计算成新率：

$$C_n = \left(1 - \frac{Y}{G}\right) \times 100\% = \left(1 - \frac{5}{15}\right) \times 100\% = 66.7\%$$

② 用年份数求和法计算成新率：

$$C_n = \left[1 - \frac{2}{G(G+1)} \sum_{n=1}^{Y}(G+1-n)\right] \times 100\%$$

$$= \left[1 - \frac{2}{15 \times (15+1)} \sum_{n=1}^{Y}(15+1-n)\right] \times 100\%$$

$$= \left\{1 - \frac{2}{15 \times (15+1)}[(15+1-1)+(15+1-2)+(15+1-3)+(15+1-4)+(15+1-5)]\right\} \times 100\%$$

$$= 45.8\%$$

③ 用双倍余额递减法计算成新率：

$$C_n = \left[1 - \frac{2}{G} \sum_{n=1}^{Y}\left(1 - \frac{2}{G}\right)^{n-1}\right] \times 100\%$$

$$= \left[1 - \frac{2}{15} \sum_{n=1}^{Y}\left(1 - \frac{2}{15}\right)^{n-1}\right] \times 100\%$$

$$= \left\{1 - \frac{2}{15}\left[\left(1 - \frac{2}{15}\right)^{1-1} + \left(1 - \frac{2}{15}\right)^{2-1} + \left(1 - \frac{2}{15}\right)^{3-1} + \left(1 - \frac{2}{15}\right)^{4-1} + \left(1 - \frac{2}{15}\right)^{5-1}\right]\right\} \times 100\%$$

$$= 48.9\%$$

（2）使用行驶里程法估算成新率

汽车行驶里程的长短，可以较为准确地反映汽车的使用情况，间接地指出了二手车成新率的高低。

用行驶里程法估算成新率,就是通过确定被评估二手车的尚可行驶里程与规定行驶里程的比值来确定二手车成新率的一种方法。它反映了二手车使用强度对其成新率的影响。

车辆规定行驶里程是指按照商务部令 2012 年第 12 号《机动车强制报废标准规定》中规定的行驶里程。

按照行驶里程法估算成新率时,一定要结合二手车的车况,判断里程表的记录与实际二手车的物理损耗是否相符,防止由于人为变更里程表所造成的误差(由于里程表容易被人为变更,因此,在实际应用中,较少直接采用此方法进行评估)。

使用行驶里程法估算二手车成新率的计算公式如下:

$$C_x = \left(1 - \frac{L_1}{L_2}\right) \times 100\% \tag{4-9}$$

式中　C_x——行驶里程法成新率;

　　　L_1——二手车实际累计行驶里程,二手车实际累计行驶里程是指被评估二手车从开始使用到评估基准时点所行驶的总里程,km;

　　　L_2——车辆规定行驶里程,车辆规定行驶里程是指《机动车强制报废标准规定》中规定的该车型的行驶里程,km。

行驶里程较使用年限更真实地反映了二手车使用强度及使用过程中实际的物理损耗,它反映了二手车使用强度对其成新率的影响。一般情况下,机动车总的行驶里程越大,车辆的实际有形损耗也越大。

此公式使用的前提条件是车辆使用强度大,累计行驶里程数超过年平均行驶里程。

年平均行驶里程按下式计算:

$$L = \frac{L_2}{T} \tag{4-10}$$

式中　L——年平均行驶里程,km/年;

　　　L_2——机动车报废标准规定的行驶里程数,km;

　　　T——机动车报废标准规定的使用年数,见表 4-1。

注意:

汽车行驶里程的长短,可以较为准确地反映汽车的使用情况,间接地指出了二手车成新率的高低。

在二手车实际评估过程中,因各种因素导致汽车已行驶里程不准(如更改减少行驶里程数),使里程表的记录值与实际的二手车的物理损耗不相符。同时,国家新的汽车报废标准中,已不再执行按规定行驶里程数作为汽车的报废标准。

因此,行驶里程法估算成新率仅可以作为其他计算方法的参考值。

(3) 技术鉴定法估算成新率

技术鉴定法是评估人员用技术鉴定的方法测定二手车成新率的一种方法。这种方法以技术鉴定为基础,首先是评估人员对二手车进行技术观察和技术检测来鉴定二手车的技术状况,再以评分的方法或分等级的方法来确定成新率。

技术鉴定法分为部件鉴定法和整车观测分析法两种。

① 使用部件鉴定法估算成新率　部件鉴定法是对二手车按其组成部分对整车的重要性和价值量的大小来加权评分,最后确定成新率的一种方法。

此种方法适合于价位较高的高级轿车的评估。

采用部件鉴定法估算二手车成新率的计算公式如下：

$$C_B = \sum_{i=1}^{n} \Delta_i \times B_i \times 100\% \tag{4-11}$$

式中　C_B——部件鉴定法二手车成新率；
　　　Δ_i——二手车第 i 项部件的成新率；
　　　B_i——二手车第 i 项部件价值权重；
　　　n——汽车主要总成件数。

部件鉴定法的基本步骤如下。

a. 先将车辆分成如表 4-4 所列的总成和部件，再根据各总成和部件的制造成本占车辆制造成本的比重，按一定百分比确定权重，如表 4-4 所述。

表 4-4（1）　机动车总成、部件权重分配表

各总成、部件名称	价值权重/%		
	轿车	客车	货车
发动机及离合器总成	26	27	25
变速器及传动轴总成	11	10	15
前桥及转向器、前悬架总成	10	10	15
后桥及后悬架总成	8	11	15
制动系统	6	6	5
车架总成	2	6	6
车身总成	26	20	9
电器仪表系统	7	6	5
轮胎	4	4	5
合计	100	100	100

表 4-4（2）　普通轿车总成部件成新率权重参考表

系统名称	权重/%	系统零部件组成及权重/%		
车身工程	21.2	车身 16.7	乘员保护 2.7	车身玻璃 1.8
内饰	10.8	车窗保护膜 1.5	座椅 3.5	仪表 5.8
动力总成	29.3	发动机及离合器总成 16.2	燃料系统 2.7	
		车身系统 1.8	变速器总成 8.6	
底盘	18.5	车桥、驱动轴 5.9	轮毂轮胎 2.7	悬挂 3.6
		转向 3.4	制动 2.9	
电子设备	14.5	电子与电器 12.2	音响 2.3	
空调暖风	5.7	空调制冷 3.5	暖风 2.2	

b. 根据各总成、部件的技术状况估算各总成、部件的成新率。

以全新车辆各部分的功能为标准，若某部分功能与全新车辆对应部分的功能相同，则该部分的成新率为 100%；若某部分的功能完全丧失，则该部分的成新率为 0。

c. 根据若干总成和部件的技术状况估算出各总成和部件的成新率。

d. 分别将各总成和部件的成新率与权重相乘，即得到各总成和部件的权分成新率。

e. 最后将各总成和部件权分成新率相加，即得被评估车辆的成新率。

注意：

由于在不同种类、档次的车辆上，各组成部分对整车的重要性及其价值占整车的比重各不相同，有些类型车辆之间相差还很大，因此，表 4-4 只能供评估人员参考，不可作为唯一标准。在实际评估时，应根据车辆各部分价值量占整车价值的比重，调整各部分的权重。

采用部件分析法对新型车辆评估时，各组成部分权重难以掌握，其车辆各组成部分权重也是不同的，因此它费时费力，但评估值更接近客观实际，可信度高。

此方法既考虑了车辆的有形损耗，也考虑了车辆由于维修或换件等追加投资使车辆价值发生的变化。

对车辆主要总成和部件进行成新率估算时也应用到使用年限法，即用部件鉴定法计算加权成新率时，总成和部件的成新率一般不可能超过采用使用年限法计算得出的整车成新率的值，除非有总成大修或换件而发生的追加投入。

② 使用整车观测法估算成新率　整车观测法主要是采用人工观察的方法，辅之以简单的仪器检测，对二手车技术状况进行鉴定、分级，以确定成新率的一种方法。

运用整车观测法估算车辆的成新率，主要凭借二手车鉴定评估人员的职业经验，靠感觉（视觉、听觉、触觉和嗅觉等）或借助检测工具，对鉴定车辆的状态和损耗程度做出判断和分级，要求评估人员必须具有一定的专业水平和相当的评估经验，其主观判断的成分较多。

运用整车观测法应观察、检测或搜集的技术指标主要包括：

a. 车辆的现时技术状态；

b. 车辆的使用时间及行驶里程；

c. 车辆的主要故障经历及大修情况；

d. 车辆的外观和完整性等。

整车观测法简单易行，但评估值没有部件鉴定法准确，一般用于中、低等价值的二手车的初步估算成新率，或作为利用综合分析法鉴定估价的主要参考依据之一。

对二手车技术状况分级的办法是先确定两头，即先确定刚投入使用不久的车辆和将报废处理的车辆，然后再根据车辆评估的精细程度要求在刚投入使用不久与报废车辆之间划分若干等级，确定成新率。

家用轿车不同技术状况对应的成新率参见表 4-5。

表 4-5　二手车成新率评估参考表

车况等级	新旧情况	技术状况描述	成新率/%
很新	使用不久	登记时间不满 1 年，行驶里程不多于 2 万公里，没有缺陷，没有修理和买卖经历	90～100
很好	较新车	登记时间 3 年以内，行驶里程 3 万～5 万公里，漆面、车身和内饰仅有小瑕疵，没有机械问题	75～85
良好	旧车	登记时间 4～5 年，行驶里程不到 10 万公里，易损件已经更换，在用状态良好，外观中度受损，恢复情况良好	55～70
一般	老旧车	登记时间 5～8 年，行驶里程不到 16 万公里，需要进行某些修理或更换一些易损件。动力性、经济性、工作可靠性都有所下降，外观油漆脱落受损、金属件锈蚀程度明显；在用状态一般或较差	35～50
尚可使用	老旧车	处于运行状态的旧车，需要较多的维修换件，可靠性很差，使用成本增加	15～30
报废车	待报废处理车	基本到达或已经到达使用年限，通过《机动车安全技术条件》检查，尚能使用，但动力性、经济性、可靠性下降，燃料费、维修费增长速度快，车辆收益与支出基本持平，排放污染和噪声污染到达极限	10 以下

二手车成新率评估参考表是一般车辆成新率判定的经验数据,仅供评估时参考。整车观测法对车辆技术状况的评判,大多数是由人工观察的方法进行的,成新率的估值是否客观、实际,取决于评估人员的专业水准和评估经验。

(4) 综合分析法估算成新率

前面介绍的使用年限法、行驶里程法和部件鉴定法(也称技术鉴定法)三种方法计算的成新率分别称为"使用年限成新率"、"行驶里程成新率"和"现场查勘成新率"。这三种成新率的计算只考虑了机动车的部分因素,不能很好地反映机动车的状态。

而综合分析法是以使用年限法为基础,再综合考虑对二手车价值影响的多种因素(如车辆的实际技术状况、维护保养情况、原车制造质量、工作条件及工作性质等),利用系数调整确定成新率的一种方法。

采用综合分析法确定成新率的计算公式如下:

$$C_F = C_Y K \times 100\% \tag{4-12}$$

式中 C_F——综合分析法确定的成新率;

C_Y——使用年限法成新率(等速折旧法成新率),计算公式见公式(4-6);

K——调整系数(综合调整系数)。

① 使用综合分析法鉴定评估时考虑的因素 综合分析法较为详细地考虑了影响二手车价值的各种因素,并用一个综合调整系数指标来调整车辆成新率,评估值准确度较高,因而适用于具有中等价值的二手车评估。这是二手车鉴定评估最常用的方法之一。

目前,众多的新车生产厂家为促进新车销售,纷纷开展二手车置换业务,为置换业务的需要也制订了相关的综合调整系数表格,供各品牌公司在评估车辆时使用。

影响二手车成新率的主要因素有二手车技术状况、二手车维护保养、二手车原始制造质量、二手车用途和二手车使用条件等五个方面,可采用表 4-6 推荐的综合调整系数,用加权平均的方法进行调整。

根据被评估二手车是否需要进行项目修理或换件维修,综合调整系数有两种确定方法。

a. 二手车无需进行项目修理或换件时,可直接采用表 4-6 所推荐的调整系数,应用公式(4-13)进行计算。

b. 二手车需要进行项目修理或换件,或需要进行大修时,可采用"一揽子"评估方法,综合考虑确定表 4-6 所列因素的影响。所谓"一揽子"评估方法就是综合考虑修理后对二手车成新率估算值的影响,直接确定一个合理的综合调整系数而进行价值评估的一种方法。采用"一揽子"评估方法后,综合调整系数的确定不再用公式(4-13)进行分别计算。

表 4-6 二手车成新率综合调整系数参考表

序号	影响因素	影响因素分级	调整系数	权重/%
1	车辆总体技术状况	好	0.9~1.0	30
		较好	0.7~0.8	
		一般	0.5~0.6	
		较差	0.4	
		差	0.3	
2	维护保养及外观	好	1.0	25
		较好	0.8~0.9	
		一般	0.7	
		较差	0.6	

续表

序号	影响因素	影响因素分级	调整系数	权重/%
3	车辆制造质量及国别	进口车	1.0	20
		国产名牌车	0.9	
		进口非名牌	0.8	
		国产非名牌车	0.7	
4	车辆用途	私用	1.0	15
		公务、商务	0.7~0.9	
		营运	0.5~0.6	
5	车辆使用条件（行驶路况）	好	1.0	10
		一般	0.8~0.9	
		较差	0.5~0.6	

② 综合调整系数的计算公式

$$K = K_1 \times 30\% + K_2 \times 25\% + K_3 \times 20\% + K_4 \times 15\% + K_5 \times 10\% \tag{4-13}$$

式中 K——综合调整系数；

K_1——二手车技术状况调整系数；

K_2——二手车维护保养调整系数；

K_3——二手车原始制造质量调整系数；

K_4——二手车用途调整系数；

K_5——二手车使用条件调整系数。

表4-6中的影响因素分级和调整系数只是一个参考，实际确定综合调整系数时，应根据具体情况作适当的调整，但各因素的调整系数取值不要超过1，综合调整系数计算结果也不能超过1。

③ 调整系数的选取

a. 二手车技术状况调整系数 K_1。二手车技术状况调整系数是在对车辆技术状况鉴定的基础上对车辆进行的分级，然后取调整系数来修正车辆的成新率。

b. 二手车维护保养调整系数 K_2。二手车维护保养调整系数反映了使用者对车辆使用、维护和保养的水平，不同的使用者，对车辆使用、维护和保养的实际执行情况差别较大，因而直接影响到车辆的使用寿命和成新率。

c. 二手车原始制造质量调整系数 K_3。确定该系数时，应了解车辆品牌价值，慎重确定。应了解车辆是国产车还是进口车，是名牌产品还是一般产品。一般来说，按国家正规手续进口车辆的质量优于国产车辆，名牌产品优于一般产品。因此，在确定此系数时应该慎重。

d. 二手车用途调整系数 K_4。车辆工作性质不同，其繁忙程度不同，使用强度也不同。把车辆工作性质分为私人工作和生活用车，机关企事业单位的公务和商务用车，从事旅客、货运、城市出租的营运车辆。普通轿车一般为私人工作和生活用车，每年最多行驶约3万公里；公务、商务用车每年不超过6万公里；而营运出租车每年行驶有些高达15万公里。显然，用途不同，其使用强度差异会较大。

e. 二手车使用条件调整系数 K_5。我国地域辽阔，各地自然条件差别很大，车辆的工作条件对其成新率影响很大。使用条件可分为道路条件和特殊使用条件。

道路条件可分为好路、中等路和差路三类。好路是指国家道路等级中的高速公路，以及一、二、三级道路，而且好路率在50%以上；中等路是指符合国家道路等级四级道路，且好路率在30%～50%；差路是指国家等级以外的路，好路率在30%以上。

特殊使用条件主要指特殊自然条件，包括寒冷、沿海、风沙、山地等地区。

根据上述使用条件可适当取值，车辆长期在道路条件为好路和中等路行驶时，使用条件系数分别取1和0.9；车辆长期在差路或特殊使用条件下工作，其系数取0.8。

从上述影响因素中可以看出，各影响因素关联性较大。一般来说，其中某一影响因素加强时，其他项影响因素也随之加强；反之则减弱。

采用综合分析法估算成新率的过程复杂、费时、费力，但它充分考虑了影响车辆价值的各种因素，评估值准确度较高，适用于中等价值的二手车评估。

(5) 综合成新率法估算成新率

上述成新率的估算方法往往只是考虑了一种因素，如使用年限法计算的成新率仅仅考虑了使用年限因素对车辆的实体性损耗的影响；行驶里程法仅考虑了行驶里程因素所导致的损耗；部件鉴定法虽然考虑了各个部件的损耗情况，但却没有充分考虑到年限以及行驶里程对车辆价值的影响。

为了全面地反映二手车的新旧状态，在对二手车进行鉴定评估时，可以采用综合成新率来反映二手车的新旧程度。

所谓综合成新率就是采用定性和定量分析的方法，综合多种单一因素对二手车成新率的估算结果，并分别赋予不同的权重，计算加权平均成新率。即将使用年限成新率、行驶里程成新率和现场查勘成新率分别赋以不同的权重，计算三者的加权平均成新率。

这样，就可以尽量减小使用单一因素成新率计算给评估结果所带来的误差，因而是一种较为科学的方法。

① 综合成新率法的数学计算公式

$$C_Z = C_1 \alpha_1 + C_2 \alpha_2 \tag{4-14}$$

式中　C_Z——综合成新率；

　　　C_1——二手车理论成新率；

　　　C_2——二手车现场查勘成新率；

　　　α_1，α_2——权重系数，$\alpha_1 + \alpha_2 = 1$。

权重系数的取值要求评估人员根据被评估二手车的实际情况而定。

② 二手车理论成新率C_1的确定　二手车理论成新率包括使用年限法和行驶里程法计算的成新率，是根据二手车实际使用的时间和行驶里程计算而得，是一种对二手车成新率的定量计算，其结果一般不能人为改变。实际计算中，可将使用年限成新率和行驶里程成新率加权平均得到二手车理论成新率。

计算公式为

$$C_1 = C_Y \times 50\% + C_S \times 50\% \tag{4-15}$$

式中　C_Y——使用年限成新率；

　　　C_S——行驶里程成新率。

③ 二手车现场查勘成新率C_2的确定　二手车现场查勘成新率是由评估人员根据现场查勘情况而确定的一个综合评价值。具体确定步骤是：评估人员先对二手车作技术状况现场查勘（包括静态检查和动态检查），得出鉴定评价意见，然后对整车和重要部件分别作综合评

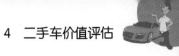

4 二手车价值评估

表4-7 二手车技术状况调查表

评估委托方：　　　　　　　　　　　　　　　　评估基准日期：　　年　月　日

明细表序号：		车辆牌号		厂牌型号		
车辆基本情况	生产厂家		已行驶里程		规定行驶里程	km
	购置日期		登记日期		规定使用年限	年（个月）
	大修情况					
	改装情况					
	耗油量		是否达到环保要求		事故次数及情况	
车辆实际技术状况	现场查勘情况					
	外形、车身部分	颜色	光泽		退色	
		有无被碰撞	严重程度		修复	
		前、后保险杠是否完整				
		装潢程度			清洁	
		座位是否完整				车灯是否齐全
		其他：				仪表是否齐全
	发动机总成	动力状况评分			有无修补现象	有无替代部件
		漏油现象		严重 □ 一般 □ 轻微 □ 无 □		
		有无异响	变速箱状况			后桥状况
		传动状况	漏油现象			严重 □ 一般 □ 轻微 □ 无 □
		其他：				制动系统是否工作有效
	底盘各部分	前桥状况			空调系统是否工作正常	
		转向系统情况				
	电器系统	电源系统是否工作正常	发动机点火系统是否工作正常			音响系统是否工作正常
		其他：				

鉴定意见：

资产占有单位技术人员签字：×××　　　　　　　　　　　　评估人员签字：×××

分，累加评分，其结果就是二手车现场查勘成新率。可见二手车现场查勘成新率是一个定性与定量相结合的结果。

二手车技术状况现场查勘的主要内容如下。

a. 车身外观，包括车身颜色、光泽、有无退色及锈蚀情况，车身是否被碰撞过，车灯是否齐全，前后保险杠是否完整和其他情况等。

b. 车内装饰，包括装潢程度、颜色、清洁程度、仪表及座位是否完整和其他有关装饰情况等。

c. 发动机工作状况，包括发动机动力状况、有无更换部件（或替代部件）和修复现象，是否有漏油和漏水现象等。

d. 底盘，包括有无变形、有无异响、变速器状况是否正常、前后桥状况是否正常、传动系统工作状况是否正常、是否有漏油现象、转向系统情况是否正常和制动系统工作状况是否正常等。

e. 电器系统，包括电源系统、发动机点火系统、空调系统和音响系统是否工作正常等。

以上查勘情况，一般应由评估委托方或车辆所有单位技术人员签名，以确认查勘情况是客观的、真实的，保证与实际车况符合。确定查勘情况后，评估人员必须对被评估车辆作出查勘鉴定结论。上述资料经过整理，就可以编制成表 4-7 所示的《二手车技术状况调查表》。

在上述对二手车作技术状况现场查勘的基础上，对整车和重要部件作定性分析并以评分形式给予量化，具体可以可参考表 4-8 内容，计算总分就是二手车技术状况现场查勘成新率。

表 4-8 二手车成新率评定表

序号	项目名称	达标程度	参考标准分	评分
1	整车(满分 20 分)	全新	20	
		良好	15	
		较差	5	
2	车架(满分 15 分)	全新	15	
		一般	7	
3	前后桥(满分 15 分)	全新	15	
		一般	7	
4	发动机(满分 30 分)	全新	30	
		轻度磨损	25	
		中度磨损	17	
		重度磨损	5	
5	变速器(满分 10 分)	全新	10	
		轻度磨损	8	
		中度磨损	6	
		重度磨损	2	
6	转向及制动系统(满分 10 分)	全新	10	
		轻度磨损	8	
		中度磨损	6	
		重度磨损	2	
总分(现场查勘成新率/%)			100	

4 二手车价值评估

由此可见，综合成新率的确定，必须以现场技术查勘、核实为基础。实际操作时，由评估人员查勘后，把被评估车辆的基本情况、技术状况的主要内容和查勘鉴定结论编制成《二手车技术状况调查表》（表 4-7），结合《二手车成新率评定表》（表 4-8）确定综合成新率。

必须指出的是，被评估二手车理论成新率和现场查勘成新率的权重分配、使用年限成新率和机动车行驶里程成新率的权重分配，要根据被评估二手车类型、使用状况、维修保养状况综合考虑，科学地、合理地确定权重分配，这与二手车鉴定评估人员的实践工作经验和专业判断能力有很大的关系，需要在实践中注意学习和总结。

4.1.2 计算方法

4.1.2.1 计算步骤

用重置成本法评估二手车价格可按下列步骤进行。

（1）确定重置成本

重置成本是以被评估车辆在评估基准日时的全新车辆价格（包括上牌的各种税费），该价格一般是通过市场询价而取得。市场询价的信息可以从新车生产厂家、经销商、各种媒体上取得，它是评估的第一步。因此，价格资料、技术资料的准确与否直接关系到评估结论是否正确。

（2）确定二手车成新率

确定二手车成新率是重置成本法运用中的难点，评估人员在现场查勘的基础上，认真填好评估查勘作业表格，详细鉴定车况，确定成新率。在此基础上综合分析品牌因素、市场热销程度、市场占有率情况、车龄、地区差异、车辆档次和政府的宏观政策对车辆的变现能力的影响，计算确定二手车变现系数以确定综合成新率。

（3）确定综合调整系数

使用年限法和行驶里程法估算二手车成新率时，应根据对二手车技术状况的鉴定，确定其各个调整系数，再考虑其对应的权重，确定综合调整系数。

（4）计算评估值

选用适当的重置成本法的计算模型来计算评估值。

4.1.2.2 计算实例

例 1

一辆国产大客车欲转让。该车登记日期为 2015 年 9 月。据现场勘察，该车的外观和内饰正常，能正常上路行驶，累计行驶里程为 13.55 万公里。

经了解，与该型客车相近的客车的售价为 37 万元，其购置税约为车辆售价的 10%，试估算该车的价格。

解：

① 正常运营的大客车一般较少人为调整里程表，表上显示的累计行驶里程数比较真实反映使用强度，故可采用行驶里程法估算其价格。

② 根据汽车报废标准，大客车规定的累计行驶里程数为 50 万公里。已知该车里程表显示累计行驶里程为 13.55 万公里。

③ 该车的里程成新率为 $C_x = \left(1 - \dfrac{L_1}{L_2}\right) \times 100\% = (1 - 13.55/50) \times 100\% = 72.9\%$。

④ 该车的现时重置成本＝新车售价×(1+10％)＝37×(1+10％)＝40.7 万元。

由于该车于 2015 年 9 月购置，存在功能性贬值，重置成本取 95％，即为 38.6 万元，取重置成本为 38 万元。

⑤ 评估值＝重置成本×成新率＝38 万元×72.9％＝27.7 万元。

说明：

对于家用轿车，除了使用上述行驶里程法估算二手车价格外，也可以采用经验方法"54321 法"估算。应该注意，该种计算方法只是个人购买二手车时的一种估算参考，不作为正式鉴定估价方法。

这种经验方法的基本思想是：一般认为，一辆家用轿车行驶 30 万公里状态就较差了，超过 30 万公里后，维修保养费可能比车本身价值还高，因此将其分为 5 段，每段 6 万公里，每段价值依序为新车价的 5/15、4/15、3/15、2/15、1/15。也就是说，新车开了第一段 6 万公里后，就耗去了新车价值的 5/15，剩余价值为［新车现行市价×(4+3+2+1)/15］，而第二段 6 万公里则消耗了新车价的 4/15，剩余价值为［新车现行市价×(3+2+1)/15］，之后如此类推，依次递减。例如，某车已行驶了 12 万公里，而同款车型目前市场价为 10 万元，那么此时该车的估算价为 10 万元×(3+2+1)/15＝4 万元。

例 2

某人于 2010 年 7 月以 13 万元购得 A 款型轿车一辆，用于家庭自用，并于当月登记注册，2016 年 1 月在二手车市场交易，请二手车鉴定评估人员对其车辆进行鉴定评估。

经评估人员了解，现该型号的车已不生产，替代产品为该品牌的 B 款型轿车，裸车价 10 万元。B 款型车较 A 款型车增加了可视倒车影像系统，使车价上升约 0.4 万元。

经检查，该车维护保养好，路试车况较好，行驶里程 6 万公里。未发现有重大事故痕迹。该车外表有多处轻微事故痕迹，需要进行油漆修复，费用约需 0.2 万元。该车技术等级评定为二级车。

请用重置成本、双倍余额折旧和综合调整系数法计算该车的评估值。

根据题意：

(1) 确定重置成本（新车购价＋上牌税费）

$$B = 10 - 0.4 + \frac{10 - 0.4}{1.17} \times 10\% = 10.42 (万元)$$

注：购车价（10 万）中含有增值税 17％，故折算为裸车价时要用购车价除以 1.17。

(2) 确定成新率

该车规定使用年限 $G=15$ 年，已使用年限 $Y=6$ 年，根据双倍余额递减折旧法，其成新率为：

$$C_S = \left[1 - \frac{2}{G}\sum_{n=1}^{Y}\left(1-\frac{2}{G}\right)^{n-1}\right] \times 100\%$$

$$= \left\{1 - \frac{2}{15}\left[\left(1-\frac{2}{15}\right)^{1-1} + \left(1-\frac{2}{15}\right)^{2-1} + \left(1-\frac{2}{15}\right)^{3-1} + \left(1-\frac{2}{15}\right)^{4-1} + \left(1-\frac{2}{15}\right)^{5-1} + \left(1-\frac{2}{15}\right)^{6-1}\right]\right\} \times 10\%$$

$$= [1 - 0.1333 - 0.1156 - 0.1002 - 0.0868 - 0.0752 - 0.0652] \times 100\%$$

$$= 42.38\%$$

(3) 计算综合调整系数

参考表 4-6《二手车成新率综合调整系数参考表》：

因为是二级车，车况较好，技术状况调整系数取 $K_1=0.9$；

维护保养较好，取维护保养调整系数 $K_2=0.9$；

为国产名牌车，考虑地域因素，原始制造质量调整系数取 $K_3=0.9$；

工作性质为私用，年平均行驶里程为 1.1 万公里，取用途调整系数 $K_4=1.0$；

该车主要在市内使用，取使用条件调整系数 $K_5=1.0$。

则综合调整系数为：

$$K = K_1 \times 30\% + K_2 \times 25\% + K_3 \times 20\% + K_4 \times 15\% + K_5 \times 10\%$$
$$= 0.9 \times 30\% + 0.9 \times 25\% + 0.9 \times 20\% + 1.0 \times 15\% + 1.0 \times 10\%$$
$$= 0.925$$

(4) 计算评估值

$$P = BC_S K$$
$$= 10.42 \times 42.38\% \times 0.925$$
$$= 4.08（万元）$$

去掉修理与做漆费 0.2 万元，则最终评估值为 3.88 万元。

链接——车辆技术状况

车辆技术状况等级划分为：

一级

完好车：新车行驶到第一次定额大修间隔里程的 2/3 和第二次定额大修间隔里程的 2/3 以前，汽车各主要总成的基础件和主要零部件坚固可靠，技术性能良好，发动机运转稳定，无异响，动力性能良好，燃料润滑油消耗不超过定额指标，废气排放和噪声符合国家标准，各项装备齐全、完好。

概括而言，一级车所应满足的标准为三条：

(1) 技术性能良好，各项主要技术指标满足定额要求；

(2) 车辆行驶里程必须在相应定额大修间隔里程的 2/3 以内；

(3) 车辆状况完好，能随时投入使用，参加运输生产。

二级

主要技术性能和状况或行驶里程低于一级车的要求，但符合 GB 7258—2017《机动车运行安全技术条件》的规定，能随时参加运输的车辆。

三级

需要送修车辆：大修前最后一次二级维护后的车辆和正在大修或待更新尚在行驶车辆。

其含义为：

(1) 凡技术状况和性能较差，不再计划做二级维护作业，即将送大修，但仍在行驶的车辆；

(2) 正在大修的车辆；

(3) 技术状况和性能变坏，预计近期更新但还在行驶的车辆。

四级

停驶车：预计在短期内不能修复或无修复价值的车辆，其含义是指已经不能行驶、短期内又不能修复或无修复价值，但又尚未报废的车辆。

例 3

某公司 2012 年 6 年购得某进口轿车一辆作为公务车使用,2016 年 6 月在二手车市场交易,当时在市场上该型号车裸车价是 40 万元。该车技术等级评定为二级车,无重大事故痕迹,该车外表有少数划痕无需进行修理。维护保养好,路试车况好,行驶里程 15 万公里。

请用重置成本、年份数求和、综合调整系数法计算评估值。

根据题意:

(1) 确定重置成本

$$B = 40 + \frac{40}{1.17} \times 10\% = 43.42 \text{(万元)}$$

(2) 确定成新率

规定使用年限 $G=15$ 年,已使用年限 $Y=4$ 年,采用年份数求和法计算成新率:

$$C_F = \left[1 - \frac{2}{G(G+1)} \sum_{n=1}^{Y} (G+1-n)\right] \times 100\%$$

$$= \left[1 - \frac{2}{15 \times (15+1)} \sum_{n=1}^{4} (15+1-n)\right] \times 100\%$$

$$= \left\{1 - \frac{2}{15 \times 16}[(15+1-1)+(15+1-2)+(15+1-3)+(15+1-4)]\right\} \times 100\%$$

$$= 55\%$$

(3) 确定综合调整系数

该车为二级车,车况好,技术状况调整系数 $K_1 = 1.0$;

该车维护保养好,维护保养调整系数 $K_2 = 1.0$;

该车为进口车,原始制造质量调整系数 $K_3 = 1.0$;

该车为公务用车,用途调整系数 $K_4 = 0.7$;

该车主要在市内行驶,使用条件好,使用条件调整系数 $K_5 = 1.0$。

则综合调整系数:

$$K = K_1 \times 30\% + K_2 \times 25\% + K_3 \times 20\% + K_4 \times 15\% + K_5 \times 10\%$$

$$= 1.0 \times 30\% + 1.0 \times 25\% + 1.0 \times 20\% + 0.7 \times 15\% + 1.0 \times 10\%$$

$$= 0.955$$

(4) 计算评估值

$$P = BC_F K = 43.42 \times 55\% \times 0.955 = 22.81 \text{(万元)}$$

例 4

某家用轿车在二手车市场交易。该车为国产名牌车,各种手续齐全有效。初次登记日为 2012 年 9 月,评估基准日为 2016 年 11 月,累计行驶里程为 6.8 万公里。

该车配置:排量 2.5 L V6 多点电喷发动机、DOHC 双顶置凸轮轴、四轮独立悬架、四轮盘式刹车系统配合 ABS、全电动门窗以及电子除霜、前排双安全气囊、单碟 DVD 配合四声道六喇叭音响系统、可调节方向盘、助力转向、智能倒车雷达、真皮座椅、防盗点火系统、智能中控门锁。

该车新车市场价格为 183800 元。

车况检查:

(1) 静态检查

对车辆的外观整体检查中发现保险杠有碰撞修补的痕迹，车辆的左前侧雾灯下方有刮痕造成了油漆脱落，车辆左侧的滑动门需要进行润滑。车身情况良好。

发动机舱线束整齐，观察车辆大梁、左右翼子板没有变形、锈蚀，油路也没有渗油现象，整个前端的车架部分还保持着原厂油漆的痕迹，各部位代码清晰可见，足以证明车辆保养比较专业。

车内真皮座椅及内饰干净，丝毫没有旧车的感觉。电动门窗、倒车雷达、音响使用正常。

检查没有发现有大件更换。

(2) 动态检查

发动机性能比较稳定，轻踩油门，在 4500r/min 时达到了动力输出峰值。在车速较高的情况下，风噪、胎噪几乎听不到。急踩刹车，反应迅速，制动没有跑偏现象。高速行驶略有摆振，当车辆在 50km/h 左右行驶时，前轮摇摆，当车辆保持在低速 40km/h 以下行驶或高速超过 70km/h 行驶时，前轮摇摆现象消失。

经检查发现左前轮胎补过。

更换两个前轮胎后路试，摆振现象消失，因此确定是由于轮胎修补引起的动不平衡。

乘坐较舒适，对地面的振动反应一般。

试根据上述条件采用部件鉴定法估算该车的成新率及其市场价值。

解：

① 根据题目已知条件及要求，选用重置成本法进行评估。

② 该车为轿车，其报废年限为 15 年，即 180 个月。

③ 初次登记日为 2012 年 9 月，评估基准日为 2016 年 11 月，已使用 50 个月。

④ 由于此项业务属于交易类业务，故重置成本不计车辆购置税等附加费用，因此，该车的现时重置成本＝183800 元。

⑤ 根据对该车的检查结果，其成新率的估算参见表 4-4（1）进行，明细见下表。

序号	车辆各主要总成、部件名称	价值权重/%	成新率/%	加权成新率/%
1	发动机及离合器总成	26	72	18.72
2	变速器及传动轴总成	11	72	7.92
3	前桥及转向器、前悬架总成	10	72	7.20
4	后桥及后悬架总成	8	72	5.76
5	制动系统	6	72	4.32
6	车架总成	2	72	1.44
7	车身总成	26	70	18.20
8	电器仪表系统	7	72	5.04
9	轮胎	4	50	2.00
合计		100		70.6

注意，此车没有进行大件更换而产生附加费用，所以部件鉴定法计算的成新率不应高于使用年限法计算的成新率 C_Y，即

$$C_Y = \left(1 - \frac{Y}{G}\right) \times 100\%$$

$$=\left(1-\frac{50}{180}\right)\times100\%=72.2\%$$

⑥ 评估值＝重置成本×成新率＝183800×70.6％＝129763元。

例5

2016年12月二手车鉴定评估人员对一辆家用轿车进行评估。

该车初次登记日为2012年5月，行驶里程为76427km。

新车价格：5.8万元。

车况检查

（1）静态检查

首先整体看过车辆后，发现该车外观不佳，具体情况如下：前后保险杠均有多处蹭伤；左侧两个车门都出现重新做漆迹象，在阳光下观察，车门已不平整，有凹凸不平痕迹，再仔细观察漆面色差，发现右前翼子板、前门、后门形成三种颜色，特别是右前门漆面光泽晦涩，影响美观度，但车门部分没有发现事故痕迹；打开左前门检查门边沿，发现有明显的拉伸及焊接的维修迹象；车顶左边沿也有明显通过拉伸修复的痕迹，而且重新喷漆的部位有多处脱落；打开发动机机舱盖，发现左前翼子板部位有焊接及钣金的痕迹，两根前纵梁没有任何事故痕迹；车尾部有被追尾留下的凹陷；车内饰显出一定的磨损，座椅正常无损坏；玻璃升降器无异常。

（2）动态检查

启动发动机，怠速状态有明显的抖动；空调效果差；灯光、雨刮器无异常；音响效果欠佳，扬声器失真明显，需要更换；变速器已经有明显的松旷感；倒车挡无异常，离合器踏板偏高。

路试结果如下：起步平稳顺畅，提速尚可，但挂入2挡比较费劲，而且在2挡时加油，驾驶员有向后挫的感觉；制动效果不佳；转向正常；弯道的侧倾比较明显；行进中，感觉车的密封性较差，发动机噪声以及风噪、胎噪都很明显；行车中发现右后轮减振器有异响，需要更换；驻车检查无异常。

解：

结合该车情况，用整车观测法估算该车的价格。

① 利用整车观测法，粗略估算该车的成新率：根据车况检查结果，该车的车况一般，使用时间已接近5年，保养较差，车辆外观不佳，有明显的事故痕迹，结合表4-5，可大致确定该车的成新率在55％左右。

② 粗略估算评估价：

$$评估价＝重置成本×成新率＝5.8×55\%＝3.19（万元）$$

③ 综合评价：在二手车市场，该种车型的收购行情以及转手的价格都比较稳定。在车况正常时，2016年该车可以得到3.5万元的收购价。但这辆车外观不佳，车况不是太好，所以，结合二手车收购行情，该车评估价为3.19万元，价格低于正常行情。

例6

2015年6月，某品牌置换公司拥有一辆国产轿车A（公务用车）。该车属于舒适型，其基本配置为，手自一体变速器、天窗、真皮座椅、倒车雷达等。该车2014年3月登记上牌，行驶里程为8700km。

某客户愿以一辆国产轿车B进行置换，该车2013年2月登记上牌使用，配置为天窗、自动变速器、真皮座椅等,已行驶里程为 67000km。

评估基准日时 A 型车的售价为 33.25 万元,B 型车的售价为 15.36 万元。

2015 年 6 月新款 B 型车比 2013 款添加了电动座椅等配置,价值约 3600 元。

试计算这次置换需贴补多少差价?(试采用重置成本、等速折旧、综合调整系数、变现系数法计算)

解:

(1) 首先计算 A 车的价值,包括以下步骤。

① 确定重置成本

$$B = 33.25 + \frac{33.25}{1.17} \times 10\% = 36.092 \text{(万元)}$$

② 计算成新率

根据国家规定,9 座及 9 座以下非营运乘用车的使用年限为 15 年,折合 180 个月,该车从初次登记之日至评估基准日已使用 16 个月。成新率计算为:

$$C_Y = \left(1 - \frac{Y}{G}\right) \times 100\% = \left(1 - \frac{16}{180}\right) \times 100\% = 91.11\%$$

③ 计算综合调整系数

车况好,技术状况调整系数取 $K_1 = 1.0$;

维护保养好,取维护保养调整系数 $K_2 = 1.0$;

A 为国产名牌车,原始制造质量调整系数取 $K_3 = 0.9$;

工作性质为公务用车,取用途调整系数 $K_4 = 0.7$;

该车主要在市内使用,取使用条件调整系数 $K_5 = 1.0$。

则综合调整系数为:

$$K = K_1 \times 30\% + K_2 \times 25\% + K_3 \times 20\% + K_4 \times 15\% + K_5 \times 10\%$$
$$= 1.0 \times 30\% + 1.0 \times 25\% + 0.9 \times 20\% + 0.7 \times 15\% + 1.0 \times 10\%$$
$$= 0.935$$

④ 确定变现系数

该车已使用了 16 个月,参考 "4.3.4" 的链接 "快速折旧法" 的表格,变现系数取 $\phi = 0.86$。

⑤ 计算评估值

$$P = B C_Y K \phi$$
$$= 36.092 \times 91.11\% \times 0.935 \times 0.86$$
$$= 26.44 \text{(万元)}$$

(2) 其次计算 B 型车的价格,包括以下步骤。

① 确定重置成本

$$B = (15.36 - 0.36) + \frac{15.36 - 0.36}{1.17} \times 10\% = 16.28 \text{(万元)}$$

新车售价要考虑功能性贬值的 3600 元(因为 2015 年 6 月新款 B 车比 2013 款添加了电动座椅等配置)。

② 计算成新率

根据国家规定,此车的使用年限为 15 年,折合 180 个月,从初次登记之日至评估基准日已使用 29 个月,成新率计算为:

$$C_Y = \left(1 - \frac{Y}{G}\right) \times 100\% = \left(1 - \frac{29}{180}\right) \times 100\% = 83.9\%$$

③ 计算综合调整系数

该车车况较好，技术状况调整系数取 $K_1 = 0.9$；

该车维护保养较好，取维护保养调整系数 $K_2 = 0.9$；

B 型车为国产名牌车，原始制造质量调整系数取 $K_3 = 0.9$；

工作性质为私家车，取用途调整系数 $K_4 = 1.0$；

该车主要在市内使用，取使用条件调整系数 $K_5 = 1.0$。

则综合调整系数为：

$$K = K_1 \times 30\% + K_2 \times 25\% + K_3 \times 20\% + K_4 \times 15\% + K_5 \times 10\%$$
$$= 0.9 \times 30\% + 0.9 \times 25\% + 0.9 \times 20\% + 1.0 \times 15\% + 1.0 \times 10\%$$
$$= 0.925$$

④ 确定变现系数

该车已使用了 29 个月，参考"4.3.4"的链接"快速折旧法"的表格，变现系数取 $\phi = 0.90$。

⑤ 计算评估值

$$P = BC_Y K \phi$$
$$= 16.28 \times 83.9\% \times 0.925 \times 0.90$$
$$= 11.37（万元）$$

最后计算两车之间的差价为：$26.44 - 11.37 = 15.07$（万元）

例 7

某车基本配置为 1.8L 发动机、四门电动车窗、前排双气囊、可调转向盘、助力转向、倒车雷达、ABS 防抱死制动、合金轮圈、空调、CD 机、手自一体变速器、电动后视镜、中控及防盗系统。

初次登记日为 2012 年 10 月 25 日，评估基准日为 2016 年 3 月 26 日。

请用综合分析法确定该车的成新率。

解：

车况检查情况如下。

① 静态检查。该车车漆属原车漆，光泽度非常好，但前、后保险杠明显有重新喷漆的痕迹，与原厂漆有明显的色差。经检查前、后保险杠内的连接部件，均未发现有更换和损伤；车身有部分细长划痕也都只是伤及表面漆，相对于行驶 3 年多的车来说，外观保养是相当不错的。目测发动机舱内主要部件、散热器组件、转向助力泵、制动泵、ABS 泵、蓄电池、发电机、启动机等主件外表均无异常，润滑油质量正常。

② 动态检查。这部车搭配的 5 速变速器，在起步、急加速、急减速、倒车时车辆没有明显的顿挫感。该车行驶、转向和制动轨迹正常，无跑偏等现象，制动略显偏软；转向助力及转向盘的准确性较好；车辆的隔音效果好，音响效果好。总体来说，该车动力、制动、通过、行驶平顺、噪声等方面性能基本良好。动态试验后车辆油温、水温正常，运动机件无过热、无漏水、漏油、漏电等现象。

成新率计算方法如下。

① 初次登记日为 2012 年 10 月 25 日，评估基准日为 2016 年 3 月 26 日，则已使用年限

$Y=41$ 个月，规定使用年限为 15 年，$G=180$ 个月。

② 综合调整系数的确定，根据表 4-6《二手车成新率综合调整系数参考表》，确定各项调整系数如下：

该车技术状况较好，取技术状况调整系数 $K_1=0.9$；

维护保养一般，取维护保养调整系数 $K_2=0.9$；

该车是国产车，取原始制造质量调整系数 $K_3=0.8$；

该车为私人用车，取用途调整系数 $K_4=1.0$；

该车主要在市内行驶，使用条件一般，取使用条件调整系数 $K_5=0.9$。

根据公式

$$K=K_1\times 30\%+K_2\times 25\%+K_3\times 20\%+K_4\times 15\%+K_5\times 10\%$$

得综合调整系数为

$$K=0.9\times 30\%+0.9\times 25\%+0.8\times 20\%+1.0\times 15\%+0.9\times 10\%=0.895$$

③ 计算成新率 C_F：

$$C_F=C_Y K\times 100\%=\left(1-\frac{Y}{G}\right)K\times 100\%=(1-41/180)\times 0.895\times 100\%=69.09\%$$

例 8

某单位一辆非营运商用车，2016 年 6 月 15 日到某汽车专卖店要求置换新车，以下是鉴定估价师对该车的检查与鉴定情况。

(1) 该车的基本资料

车型：某双排座标准轻型卡车。

初次登记时间：2012 年 6 月。

使用性质：非营运单位用车。

(2) 手续检查

各种税费、证件齐全有效。

(3) 静态检查

该车整车无大的碰撞，但前面板和车门有局部剐蹭，虽经修补但色差较为明显；车厢后挡板破损严重，需更换锁钩并做钣金校型；发动机舱泥土较多，但发动机无窜油迹象，观察底部发现曲轴后油封漏油需更换，尾灯胶基本全损；驾驶室内各电器仪表工作正常，卫生状况较差，变速器手柄护套、座椅套破损严重，需更换。

(4) 动态检查

该车启动正常，发动机运转平稳；空调制冷效果良好；二、三挡提速较好，方向无跑偏现象；制动力较弱，怀疑是制动总泵损坏。

(5) 综合评定

该型轻型卡车是国产主力车型，整车性能稳定，结实耐用；发动机动力强劲，经济省油，维修方便，品牌认知程度高，新车、二手车均受消费者青睐。

该车原产权单位为道路施工企业，车辆的日常工况到维护保养都比较差。该车整车性能无明显降低，但整车修理预计费用为 2000 元左右（包括漆面修复、后车厢整修、尾灯更换、修理制动总泵）。

试对该车辆进行鉴定评估。

解：

根据上述技术鉴定认为：收购该车需要进行一些项目维修和换件后，才能投入正常使用。鉴于这种情况，拟采用重置成本-综合分析法进行鉴定估价。

首先采用使用年限法估算车辆正常情况下的成新率，然后综合考虑项目维修和换件影响成新率的各项因素，采用"一揽子"评估方法确定综合调整系数，具体计算如下。

① 估算成新率：根据汽车报废标准规定，该车的使用年限为15年，折合180个月，从初次登记日（2012年6月）至评估基准日（2016年6月）计算，该车已使用4年，折合48个月。该车的实际技术状况较差，综合调整系数确定为$K=0.8$，故成新率为

$$C_F = \left(1 - \frac{Y}{G}\right) \times K \times 100\% = (1 - 48/180) \times 0.8 \times 100\% = 58.68\%$$

② 计算重置成本：经市场询价，现新车售价为64600元，加购置税和上牌等费用，该车的重置成本全价约为70000元。

③ 计算评估值为

$$P = 70000 \times 58.68\% = 41076（元）$$

减去维修费用2000元，该车最后评估定价为41076－2000＝39076（元）。

例9

2016年8月某公司委托当地评估机构所对欲处置的某越野车进行评估。

车辆登记日期是2011年8月。

性能参数及配置如下。

发动机型号：ABC。排量：4300mL。最大功率：140kW（4400r/min）。最大扭矩：340N·m（2800r/min）。最高转速：6000r/min。气缸数：6个。气缸排列形式：V型。气缸压缩比：9.5∶1。达到排放标准：国四。燃油供给方式：多点电喷。冷却系统：水冷。三元催化：标准配置。前悬架：双叉臂式独立悬架。后悬架：整体桥可变刚度钢板弹簧非独立悬架。驱动方式：可调四驱。动力助力转向：标准配置。助力转向方式：液压。前制动器：盘式。后制动器：鼓式。最高车速：172km/h。100km加速时间：12.8s。整车整备质量：1930kg。经济油耗：11L。长×宽×高：4640mm×1793mm×1742mm。

请用重置成本法进行价值评估。

(1) 重置成本全价的确定

① 现行购置价的确定：经当地市场询价，该车的市场售价为190000元。

② 车辆购置税及相关税费的确定：

车辆购置税为190000×10％＝19000（元）。

证照费、检车费为600元。

重置成本全价为190000＋（19000＋600）＝209600（元）。

(2) 成新率的确定

采用综合成新率法计算成新率。

① 计算理论成新率C_1

由于该车的里程表已坏，所以理论成新率C_1直接由年限法成新率计算而得。该车登记日为2011年8月，评估基准日为2016年8月，已使用5年，根据国家《汽车报废标准》，该车的规定使用年限为15年，所以：

$$C_1 = C_Y = \left(1 - \frac{Y}{G}\right) \times 100\% = \left(1 - \frac{5}{15}\right) \times 100\% = 67\%$$

② 计算现场查勘成新率 C_2

结合表 4-7《二手车技术状况调查表》和表 4-8《二手车成新率评定表》，评估人员在现场对该车的勘察中，分别对车辆的发动机、底盘、车身、内饰及电器系统进行鉴定打分，详见下表，所以，现场勘察成新率 $C_2=$ 现场勘察打分值/100$=51\%$。

车辆鉴定表

项目	鉴定标准	鉴定情况	评定分数
发动机、离合器总成	35 分 ①气缸压力是否符合标准 ②润滑油是否泄漏，冷却系统是否漏水 ③燃油消耗量是否在正常范围内 ④气缸压力是否正常 ⑤在高中低速时没有断火现象和其他异常现象	燃油消耗超标，-10 分 其他情况一般	15 分
前桥总成	8 分 工字梁应无变形和裂纹，转向系统操作轻便灵活，转向节不应有裂纹	操作较灵活及准确，其他均正常	5 分
后桥总成	10 分 圆锥主动齿轮轴在 1400~1500r/min 时，各轴承温度不应高于 60℃，差速器及半轴的齿轮符合要求	基本符合要求	6 分
变速器总成	8 分 变速器在运动中，齿轮在任何挡位均不应有脱挡、跳挡及异常声响 变速器手柄不应有明显抖动，密封部位不渗油，变速操作杆操作灵便	符合要求	6 分
车架总成	14 分 车架应无变形，各焊口应无裂纹及损伤，连接件齐全无松动	符合要求	10 分
车身总成	15 分 车身无碰伤、脱漆、锈蚀，门窗玻璃完好，密封良好，座椅完整	有脱漆、锈蚀现象，车辆维护一般	5 分
轮胎	2 分 根据磨损情况确定	中度磨损 无异常磨损	1 分
其他	8 分 制动系统：气压制动的储气筒、制动管不漏气 电器系统：电源点火、信号、照明应正常	工作状况一般	3 分
合计			51 分

取权重系数 $\alpha_1=0.4$，$\alpha_2=0.6$，则综合成新率为

$$C_Z=C_1\alpha_1+C_2\alpha_2=67\%\times0.4+51\%\times0.6=57.4\%$$

(3) 评估值的确定

评估价值＝重置全价×综合成新率＝209600×57.4%＝120310（元）

4.1.2.3　二手车的折旧法评估

(1) 折旧法评估的基本原理

机动车的折旧是指机动车随着时间的推移或在使用中，由于损耗而转移到产品中去的那部分价值。这部分价值从产品销售收入中逐年提取存入建立的机动车折旧基金中，用于当旧机动车不能使用或不再使用时购置新的车辆，实现机动车的更新。

因此，折旧是固定资产成本费用回收的过程，这个过程按顺序由价值损耗、价值转移和

价值补偿三部分组成。

例如，企业有一辆价值10000元的货车，使用年限10年，平均每年有1000元的价值转移到产品中去，这样就需要每年从商品售卖收入中，提取1000元作为货车的折旧费。

二手车折旧额是二手车所有者已经得到的价值补偿，车辆剩下的价值（重置成本全价减去二手车已使用年数的累计折旧额）才是二手车现有的价值，评估时应以这个价值作为评估价。

车辆鉴定评估时，如果发现车辆有某些功能完全丧失，需要维修和换件的，还应考虑扣减相应的维修费用。

（2）折旧法评估二手车的基本方法

计算公式为：

$$P = B - \sum D_t - F_S \tag{4-16}$$

式中　P——二手车的评估价，元；

　　　B——二手车重置成本全价，元；

　　　D_t——二手车年折旧额（$t=1,2,3,\cdots,N$，N为预计使用年限），元；

　　　$\sum D_t$——二手车已使用年限t内的累计折旧额，元；

　　　F_S——二手车需要的维修费用，元。

二手车的评估价（P）实际上是扣除折旧总额和维修费用后的二手车剩余价值。

式（4-16）中，采用重置成本全价而不采用二手车原值，主要是考虑了其他因素给二手车带来的贬值（如功能性贬值和经济性贬值）。

维修费用是指车辆现时状态下，某些功能完全丧失，需要维修和换件的费用总支出。

二手车年折旧额的计算有等速折旧法和加速折旧法两种方法。

等速折旧法（也称为年限平均法），是指用车辆的原值除以车辆预计使用年限，以求得每年平均计提折旧额的方法。计算公式为：

$$D_t = \frac{K_0 - S_v}{N} \tag{4-17}$$

式中　D_t——二手车年折旧额，元；

　　　K_0——二手车原值，元；

　　　S_v——二手车残值，元；

　　　N——二手车预计使用年限（一般取规定的使用年限），年。

等速折旧法的依据是：二手车的使用强度比较平均，而且各期所取得的收入差距不大。在等速折旧法下，折旧金额是时间的线性函数。

加速折旧法（也称递减折旧法），是指在汽车使用早期多提折旧、在使用后期少提折旧的一种方法。这种方法的理论依据是：汽车在使用初期发生的故障少，需要的修理费用少，提供的服务多，为企业创造的效益高，理应多提折旧；在汽车的使用后期，随着汽车磨损程度的加剧，需要的修理费用越来越多，单位时间提供的服务量逐年减少，理应少提折旧。这样，可使汽车在各年承担的总费用比较接近，利润比较平稳，也弥补了年限平均法的不足。

加速折旧法求折旧额的方法有年份数求和折旧法和双倍余额递减折旧法两种。

年份数求和折旧法是指每年的折旧额可用车辆原值减去残值的差额乘一个逐年递减系数来确定折旧额的一种方法。其计算公式为：

4 二手车价值评估

$$D_t = (K_0 - S_v) \frac{N+1-t}{\dfrac{N(N+1)}{2}} \tag{4-18}$$

式中 D_t——二手车年折旧额，元；
   K_0——二手车原值（但实际应用中，一般取二手车评估基准日的重置成本全价），元；
   S_v——二手车残值（一般忽略不计），元；
   N——二手车预计使用年限（一般取规定的使用年限），年；
   t——二手车到评估基准日止已经使用的年度数，实际评估时，把已使用的总月份数折算为年度数计算；
   $\dfrac{N+1-t}{\dfrac{N(N+1)}{2}}$——递减系数（也称为年折旧率）。

式（4-18）的运用是二手车原值（K_0）不变，年折旧率逐年递减。递减系数 $\left(\dfrac{N+1-t}{\dfrac{N(N+1)}{2}}\right)$ 的分子是尚可使用的年限（即剩余使用年限），其数值是逐年减少的；分母是预计可使用年限的逐年使用年数的总和，是一个不变值，即每年递减系数的分母均相等，分子大小等于到评估基准日止还剩余的使用年限。

双倍余额递减法是根据每年年初二手车剩余价值的等速法折旧率的双倍计算二手车折旧的一种方法。这种方法计算时不考虑二手车预计净残值，公式为

$$年折旧率 = \frac{2}{预计使用年限} \times 100\%$$

$$年折旧额 = 该年年初二手车剩余价值 \times 年折旧率 \tag{4-19}$$

式（4-19）的计算中，年折旧额指的是年末的折旧额，年折旧率不变，年初二手车剩余价值逐年递减。

它的计算方法是：

第一年年初二手车剩余价值为二手车原值；

第二年年初二手车的剩余价值为第一年年初二手车剩余价值减去这年的年折旧额；

以后各年年初二手车剩余价值的计算以此类推。

例如，设二手车原值为 K_0 元，预计使用年限为 N 年，年折旧率为 a，年折旧额为 D_t（$t=1,2,3,\cdots,N$），年初二手车剩余价值为 V_S，则

$$a = \frac{2}{N} \times 100\%$$

第一年年初二手车剩余价值 $V_{S1} = K_0$

第二年年初二手车剩余价值 $V_{S2} = V_{S1} - D_1 = K_0 - K_0 a = K_0 \times (1-a)$

第三年年初二手车剩余价值 $V_{S3} = V_{S2} - D_2 = V_{S2} - V_{S2} \times a = V_{S2} \times (1-a) = K_0 \times (1-a) \times (1-a) = K_0 (1-a)^2$

……

第 t 年年初二手车剩余价值 $V_{St} = K_0 \times (1-a) \times (1-a) \times \cdots \times (1-a)$（共计 $t-1$ 项）$= K_0 (1-a)^{t-1}$

上述双倍余额递减折旧法求年折旧额可用计算公式表示为

$$年折旧额＝该年年初二手车剩余价值×年折旧率$$

即
$$D_t = aK_0(1-a)^{t-1} \tag{4-20}$$

式中　D_t——二手车年折旧额，元；

K_0——二手车原值（实际评估时，取评估基准日的重置成本全价），元；

a——二手车年折旧率，$a = \dfrac{2}{N} \times 100\%$，$N$ 为预计使用年限；

t——到评估基准日止二手车已使用年限数，年。

注意：使用该公式时，要把评估基准日当年所有已使用的月份数折算为年数。

由于采用双倍余额递减法在确定二手车折旧率时，不考虑二手车的净残值因素，因此在连续计算各年折旧额时，如果发现使用双倍余额递减法计算的折旧额小于采用等速折旧法计算的折旧额时，就应该改用等速折旧法计提折旧。

(3) 折旧法与重置成本法评估二手车的区别

折旧法和重置成本法都是从二手车"损耗"的角度出发评价二手车价值的，但二者是有很大区别的，主要体现在以下几个方面。

① 折旧年限和使用年限。折旧年限是一个平均年限，对于同一类型中的任何一项资产均适用，它是一个预计使用年限。预计使用年限是指固定资产预计经济使用年限，一般短于固定资产的物质使用年限。

在二手车估价中，鉴定估价人员可根据估价目的合理地确定折旧年限，一般可用国家相关标准中规定的使用年限代替预计使用年限。

② 折旧法是以同类资产中各项资产运转条件均相同的假定条件为前提的。这种情况下，同类型的资产，无论其所在地如何，维护情况、运行状况如何，均适用相同的折旧年限。

③ 两者的损耗含义不同。折旧是由损耗决定的，但折旧并不完全是真正意义上的实际磨损，而是企业根据国家有关规定，结合本企业的具体经营规模和经营特点等情况，在确定的固定资产折旧年限内，分摊固定资产原值而计提的折旧额。

二手车实体有形损耗是指二手车在存放和使用过程中，由于自然力的作用而发生的损耗，是真正的实体磨损。

④ 折旧额与实体性贬值意义不同。折旧额是会计账面上根据固定资产的原始价值和预计使用年限，按照选择的折旧方法合理地分摊固定资产的应提折旧总额。因此，年限折旧法计算的折旧额与固定资产的实际使用强度没有联系。

实体性贬值是由于实体磨损而带来的贬值，不同于折旧额，不能用账面上累计折旧额代替实体性贬值。实体性贬值可以通过折旧得到补偿。

⑤ 重置成本法中成新率的确定与折旧年限确定的基础损耗本身具有差异性。确定折旧年限的损耗包括有形损耗（实体性损耗）和无形损耗；而评估中确定成新率的损耗，包括实体性损耗、功能性损耗和经济性损耗。其中，功能性损耗只是无形损耗的一种形式，而不是无形损耗的全部。

⑥ 折旧法的优点是计算方法简便，适用范围广泛；缺点是忽略了某些固定资产在不同期间使用强度的不均衡性所导致的不同期间固定资产有形损耗程度的差异。

(4) 折旧方法的比较选择与适用范围

① 折旧方法的比较　采用等速折旧法计提折旧，二手车的转移价值平均摊配于其使用

年限中，它的优点是计算简单，容易理解。但是，这种方法没有考虑二手车使用过程中相关支出摊配于各个使用年度的均衡性。随着二手车使用时间的推移，一方面，其磨损程度逐渐增加，使用后期的维修费支出将会高于使用前期的维修费支出，即使各个使用年度负担的折旧费相同，但各个使用年度的二手车使用成本（折旧费与维修费之和）也会不同。另一方面，当代科学技术进步快，导致了二手车无形损耗（功能性损耗和经济性损耗）加快，等速折旧法没有反映这种损耗的摊配比例。

采用加速折旧法计提折旧，克服了等速折旧法的不足。因为这种方法前期计提的折旧费较多而维修费较少，后期计提的折旧费较少而维修费较多，一方面，保持了各个使用年度负担的二手车使用成本的均衡性；另一方面，也较好地反映了由于技术进步所带来的价值损耗。

② 折旧方法的选择 在二手车估价中，推荐使用加速折旧法。

③ 适用范围 由于折旧法采用的是经济使用年限，且可以采用加速折旧法计算二手车的价值转移，使二手车剩余价值相对比较小，这对二手车收购方来说是比较有利的。因此，折旧法比较适用于二手车的收购。

(5) 折旧法的收购估价案例

目前常用的二手车收购价格计算方法主要有鉴定估价快速变现法和快速折旧法（加速折旧法）两种。其中运用快速折旧法（加速折旧法）确定二手车价格的方法在"4.1.1.5"已详细介绍，这里不再叙述。下面主要介绍鉴定估价快速变现法。

鉴定估价快速变现法的基本原理是：先运用鉴定估价方法［主要是重置成本法和现行市价法（见"4.2"的内容）］对二手车进行鉴定估价，然后根据快速变现的原则，结合当地二手车市场销售行情和工作经验，估计一个折扣率，将欲收购的二手车鉴定估算价格作一个折扣，即得二手车的收购价格。

即：   二手车收购价＝鉴定估价×(1－折扣率)＝鉴定估价×变现率

变现率是指车辆能够当即出售的价格与现行市场价格的比值，它和折扣率相加为1。折扣率是经营者对二手车市场销售情况的充分调查和了解并结合实际工作经验估算而确定的。

运用鉴定估价快速变现法确定二手车的收购估价步骤如下。

① 确定成新率 C。成新率可以用"4.1.1.5"介绍的方法确定，也可以用折旧率的方法确定。下面主要介绍利用折旧率确定成新率的方法。

其计算公式为

$$C=1-\sum 折旧率$$

② 计算评估价 P

$$P=BC$$

式中，B 为重置成本。

③ 确定变现价格（即收购价）。折扣率由实际工作经验确定，一般可综合确定为 30%，则

$$变现率＝1－折扣率＝1－30\%＝70\%$$
$$二手车收购价＝P×70\%$$

需要说明的是，二手车收购价格的确定是在被收购车辆手续齐全有效的前提下进行的，如果所缺失的手续能以货币支出的方法补办，则收购价格应扣除这部分支出。

下面通过2个估价案例说明折旧法在确定二手车收购价格中的运用。

例1 2017年1月，某二手车销售公司欲收购一辆某型号家用轿车。注册登记日期是2014年2月；行驶里程为3.8万公里；经核对相关税费票据、证件（照）齐全有效。该车目前市场行情价为7.8万元，试确定其收购价格（残值忽略不计）。

解：

① 采用折旧法计算收购价格。

② 从2014年2月到2017年1月，该车已使用3年（即 $t=3$），按国家汽车报废标准，该车规定使用年限为15年（即 $N=15$）。

③ 重置成本价格为 $K_0=7.8$ 万元，残值忽略不计（即 $S_v=0$）。

④ 分别以等速折旧法、年份数求和折旧法和双倍余额递减折旧法计算累计折旧额。

a. 等速折旧法计算二手车的累计折旧额。

年折旧额为：

$$D_t = \frac{K_0 - S_v}{N} = \frac{78000}{15} = 5200 \text{（元）}$$

累计折旧额计算结果见表4-9。

表4-9 等速折旧法计算累计折旧额

年份	重置成本 K_0/元	折旧率	年折旧额/元	累计折旧额/元
2014.2—2015.1	78000	1/15	5200	5200
2015.2—2016.1		1/15	5200	10400
2016.2—2017.1		1/15	5200	15600

b. 年份数求和折旧法计算二手车的累计折旧额。

递减系数为 $\dfrac{N+1-t}{\dfrac{N(N+1)}{2}} = \dfrac{16-t}{120}$，则年折旧额 $D_t = (K_0 - S_v)\dfrac{N+1-t}{\dfrac{N(N+1)}{2}} = 7.8 \times \dfrac{15+1-t}{\dfrac{15\times(15+1)}{2}}$，计算结果见表4-10。

表4-10 年份数求和折旧法计算累计折旧额

年份	重置成本 K_0/元	折旧率	年折旧额/元	累计折旧额/元
2014.2—2015.1	78000	15/120	9750	9750
2015.2—2016.1		14/120	9100	18850
2016.2—2017.1		13/120	8450	27300

c. 双倍余额递减折旧法计算二手车的累计折旧额。

年折旧率 $a = \dfrac{2}{Y} = \dfrac{2}{15}$，年折旧额 $D_t = aK_0(1-a)^{t-1}$，计算结果见表4-11。

表4-11 双倍余额递减折旧法计算累计折旧额

年份	重置成本 K_0/元	折旧率	年折旧额/元	累计折旧额/元
2014.2—2015.1	78000	2/15	10400	10400
2015.2—2016.1	67600	2/15	9013	19413
2016.2—2017.1	58587	2/15	7812	27225

⑤ 计算二手车收购价格。

二手车收购价格 P 按公式（4-16）计算，即公式

$$P = B - \sum D_t - F_S$$

题目没有给出需要修理的项目及费用，因此，本例中 $F_S=0$。二手车收购价格按剩余价值最小（或按累计折旧额最大）的收购。从表 4-9～表 4-11 可见，等速折旧法、年份数求和折旧法和双倍余额递减折旧法三种折旧方法计算的累计折旧额中，年份数求和折旧法计算的累计折旧额最大，因此，该二手车的收购价格为

$$78000 - 27300 = 50700（元）$$

例 2 某欲被收购的家用轿车，出厂日期为 2010 年 3 月；注册登记日期为 2010 年 8 月；收购日期是 2014 年 2 月，重置成本价 16.30 万元；累计行驶里程为 25 万公里。经鉴定检查，车辆各种手续齐全、有效。但是发现有一些故障（见表 4-12《故障原因及修理费用估算表》），耗油量和排污量均超过国家标准 6%。

请用折旧法计算该车的收购价格。

表 4-12 故障原因及修理费用估算表

编号	故障	原因	修理	估计费用/元
1	活塞环响	活塞环折断	更换活塞环套件	250
2	气缸裂纹	发动机急速冷却造成	更换气缸体	900
3	水泵漏水	水封故障、水泵严重破损	更换水泵	350
4	电喷故障	电子喷射泵严重损坏	更换电子喷射泵	1500
5	转向传动装置周期性异响	传动轴严重弯曲	更换	650
6	快转方向盘感到沉重	油泵驱动皮带打滑	换新皮带	40
7	后减震器故障	失效	更换	210
8	空调故障	制冷不足	需加制冷剂	200
总计				4100

解：

方法 1：用重置成本法加快速变现法估价

（1）计算各折旧率及折旧价格

根据表 4-13 的加权系数计算各项的折旧率和折扣金额。

① 使用年限折旧率 n_1

该车已使用 3.5 年（2010 年 8 月—2014 年 2 月），报废年限为 15 年，折旧年限也定为 15 年，则年限折旧率 n_1 为

$$n_1 = 3.5/15 \times 1.0 \times 100\% = 23.3\%$$

折旧价格为

$$16.300 \times 23.3\% = 3.800（万元）$$

② 行驶里程折旧率 n_2

该车已行驶 25 万公里，报废里程为 50 万公里，则里程折旧率 n_2 为

$$n_2 = (25 - 50 \times 3.5/15)/50 \times 0.3 \times 100\% = 8.0\%$$

注：50/15 为有效期（15 年）内年平均行驶里程；3.5 年的里程 = 50/15×3.5 = 11.67（万公里）；该车行驶里程超过平均行驶里程。

折旧价格为
$$16.300 \times 8.0\% = 1.304 \text{（万元）}$$

③ 故障折旧率 n_3

各项故障排除费用折价为 0.41 万元，所占比例为
$$n_3 = 0.41/16.300 \times 1.0 \times 100\% = 2.5\%$$

折旧价格为
$$16.300 \times 2.5\% = 0.41 \text{（万元）}$$

④ 车型折旧率 n_4
$$n_4 = 0 \text{（型号未过时）}$$

⑤ 耗油量及排污量超标折旧率 n_5

该车超过标准 6%，报废极限为 15%，则
$$n_5 = 6\%/15\% \times 0.1 \times 100\% = 4.0\%$$

折旧价格为
$$16.300 \times 4.0\% = 0.652 \text{（万元）}$$

根据上面计算结果，计算总折旧率 $n_\Sigma = 23.3 + 8.0 + 2.5 + 0 + 4.0 = 37.8\%$，见表 4-13。

表 4-13 折旧率明细表

折旧率内容	符号	加权系数	折旧比例/%	扣除价格/万元
年限折旧率	n_1	1.0	23.3	3.800
里程折旧率	n_2	0.3	8.0	1.304
故障折旧率	n_3	1.0	2.5	0.410
车型折旧率	n_4	1.0	0	0
耗油量和排污量折旧率	n_5	0.1	4.0	0.652
总计	n_Σ	—	37.8	6.166

（2）计算该轿车估价

由于成新率 $C = 1 - $ 总折旧率 $(n_\Sigma) = 1 - \sum n$，由表 4-13 可知，总折旧率 $n_\Sigma = 37.8\%$，则成新率 $C = 1 - 37.8\% = 62.2\%$，于是得
$$\text{估价} = \text{重置成本价} \times \text{成新率} = 16.300 \times 62.2\% = 10.139 \text{（万元）}$$

（3）确定该车收购价
$$\text{收购价} = \text{估价} \times \text{变现率} = 10.139 \times 70\% = 7.097 \text{（万元）}$$

方法 2：用加速折旧法计算该车的收购价格

由前述可知，该型号的现行市场购置价为 16.300 万元，规定使用年限 15 年，残值 S_v 忽略不计，现分别以年份数求和折旧法和双倍余额递减折旧法计算。

K_0 取二手车重置成本价 16.300 万元，二手车规定折旧年限 $N = 15$ 年，折旧率 a 按直线折旧率 $\left(\dfrac{1}{N}\right)$ 的两倍取值，即 $a = \dfrac{2}{N} = \dfrac{2}{15}$，$t$ 从 2010 年 8 月至 2014 年 8 月共 4 个年度（收购日期为 2014 年 2 月）。

(1) 年份数求和折旧法计算二手车的累计折旧额

递减系数为 $\dfrac{N+1-t}{\dfrac{N(N+1)}{2}} = (16-t)/120$，年折旧额 $D_t = (K_0 - S_v)\dfrac{N+1-t}{\dfrac{N(N+1)}{2}}$，计算结果见表 4-14。

表 4-14　年份数求和折旧法计算累计折旧额

年份	重置成本 K_0/万元	递减系数	年折旧额/万元	累计折旧额/万元
2010.9—2011.8	16.30	15/120	2.0375	2.0375
2011.9—2012.8		14/120	1.9017	3.9392
2012.9—2013.8		13/120	1.7658	5.7050
2013.9—2014.8		12/120	1.6300	7.3350

(2) 双倍余额递减折旧法计算二手车的累计折旧额

年折旧率 $a = \dfrac{2}{N} = \dfrac{2}{15}$，年折旧额 $D_t = K_0 a(1-a)^{t-1}$，计算结果见表 4-15。

表 4-15　双倍余额递减折旧法计算累计折旧额

年份	重置成本 K_0/万元	递减系数	年折旧额/万元	累计折旧额/万元
2010.9—2011.8	16.3000	2/15	2.1733	2.1733
2011.9—2012.8	14.1267	2/15	1.8836	4.0569
2012.9—2013.8	12.2431	2/15	1.6324	5.6893
2013.9—2014.8	10.6107	2/15	1.4147	7.1040

注意：表 4-14 和表 4-15 是按 4 年计算累计折旧额的，但车辆实际使用年限只有 3 年 6 个月，因此，两种方法计算得到的实际累计折旧额应减去第 4 年的半年折旧额，即

年份数求和折旧法计算累计折旧额 $= 7.3350 - 1.6300/2 = 6.5200$（万元）

双倍余额递减折旧法计算累计折旧额 $= 7.1040 - 1.4147/2 = 6.3967$（万元）

(3) 计算该车的收购价格

二手车收购价格 P 按公式（4-16）计算，即

$$P = B - \sum D_t - F_s$$

上式中：$B = 16.3000$ 万元，收购时，累计折旧额 $\sum D_t$ 取两种方法计算结果的最大值，即 $\sum D_t = 6.5200$ 万元，修理费用 $F_s = 0.4100$ 万元，考虑该车的实际使用情况（实际行驶里程超过平均值 $50 \times 3.5/15 = 12$ 万公里，折扣价格 1.304 万元，油耗污染超过标准 6%，扣除价格 0.652 万元），因此，该二手车的收购价格为

$P = 16.3000 - 6.5200 - [0.4100(修理费用) + 1.304(超行驶里程费) +$
$0.652(超油耗污染费)] = 7.414$（万元）

从以上两种方法计算可知，按重置成本法对二手车进行鉴定估价，然后按照快速变现的原则计算收购价（7.097 万元），与运用加速折旧法并考虑实际使用情况计算的收购价格（7.414 万元）接近$\left(\text{相差比例为：} \dfrac{7.414 - 7.097}{\dfrac{7.414 + 7.097}{2}} \times 100\% = 4.4\%\right)$，说明用以上几种方法均可估算，再根据市场供求关系，买卖双方达成交易价格。

例 3　某品牌二手车收购价格构成为：

某品牌二手车收购价格＝重置价格－车辆折旧费用－部件维修和更换费用

收购估价原理如下。

① 重置价格的确定：重置价格原则上比照预收购车辆的当前市价确认，若该车辆车型已停止销售，则比照一款车型配置相似或相近的在售车辆的市价来确定重置价格。

② 车辆折旧费用的确定：车辆年折旧率定为 10%（第 1 年为 20%），折旧费用按以下公式计算：

折旧费用＝重置价格×$[20\%+(N-1)\times10\%]$（N 为车辆已购买或使用年数）

或　折旧费用＝重置价格×$\left[20\%+\dfrac{M-12}{12}\times10\%\right]$（M 为车辆已购买或使用月数）

③ 部件维修或更换费用的确定：由二手车评估师严格按鉴定估价流程检测和鉴定车辆状况，预估维修及部件更换费用。

如：2015 年 3 月某客户预出售 2013 年 1 月（当时该车型的购买价格为 10 万元）购买的某款型家用车，目前市场价格 8 万元。

解：此车已经使用 2 年 2 个月，此时的重置价格以 8 万元计。

收购时的折旧费＝8×[20%＋(26－12)/12×10%]＝2.53（万元）

经过二手车评估师按鉴定估价流程检测，车辆的维修及部件更换费用为 0.3 万元。

则：收购价＝重置价格－车辆折旧费用－部件维修和更换费用

＝8－2.53－0.3＝5.17（万元）

4.1.3　注意事项

（1）估价基准日、车辆初次登记的上牌日期

运用重置成本法计算时，应明确估价时点即估价基准日。

重置成本的选取应是基准日时的重置成本，而不一定是估价作业日期的重置成本。因为估价基准日和估价作业日期不一定一致。

规定使用年限是估价基准日时的国家标准规定的年限，而不一定是作业日期国家标准规定的年限。

采用车辆的初次登记日期为计算起点。车辆的生产日期或出厂日期、车辆的购买日期、车辆的初次登记的上牌日期，这几个日期往往相近。在有些情况下，车辆的出厂日期和车辆的初次登记日期相差较大，即车辆出厂后三到五年才登记上牌，甚至更长。

对进口的汽车计算使用年限从登记之日起开始计算，按照公安部关于实施《汽车报废标准》有关事项的通知，对依法没收的走私汽车、摩托车办理注册登记时，其"初次注册登记日"的年份，一律按车辆出厂年份登记。

车辆的出厂年份可以从车辆识别代码推算出来。另外，汽车的安全带也有记录，在前排座位两侧的安全带下端有一标示牢固地缝在安全带上，上面印有生产厂家、出厂日期的数据。

（2）车辆的使用性质

应严格区分不同性质的车辆，严格按照汽车报废标准执行，决不能将规定使用年限搞混。特别是要区分营运车辆和非营运车辆，只要评估车辆做过营运车辆，也要按营运车辆计算。同时，要搞清营运车辆的概念，对政策界限比较模糊的车辆，如租赁车辆、驾校用的车辆等，应及时查清车辆在公安交管部门上牌的底档资料，确定其性质，分清使用年限。

（3）变现系数

采用重置成本法，一般由于没有考虑各种贬值，特别是难以确定的功能性贬值和经济性贬值，因此，造成评估价格普遍较高，尤其是对使用了1～3年、品牌知名度不是很高的车辆或品牌知名度虽较高但市场占有率较小，以及特种车辆（如运钞车、油罐车、吊车等）更是如此。另外，就是一部分大货车、大客车等，其评估值往往高于市场成交价很多，不符合市场经济规律，也一定程度上将评估带入歧途，不利于行业的发展。为了解决这个问题，可引入变现系数或市场波动系数的概念。

变现系数是对重置成本法评估结论的修正完善，考虑经济性贬值，将其修正到较为符合市场价格的结论。应综合考虑其品牌因素、供求关系、地区差异、车辆档次，以及车型状况（主要是配件供应情况）、车辆耗油量及排放品质等综合因素而定。这取决于评估人员对市场价格的把握能力，是一个十分复杂的综合分析过程。

变现系数可能小于1.0，也可能大于1.0，应视上述因素综合分析而定。

一般采用加速折旧计算成新率时，不再考虑市场变现系数。

（4）残值

重置成本法评估中一般不考虑残值，若要考虑应按照《中华人民共和国报废汽车回收管理办法》（307号）第十九条的规定：报废汽车的收购价格，按照金属含量折算，参照废旧金属市场价格计价。

（5）成新率估算方法的比较

在对二手车进行评估作业时，确定成新率的方法有许多种，每一种方法都各有利弊。因此，在实际应用中应针对不同类型、不同年份、不同价值的车辆，采用不同的成新率估算方法。

使用年限法、行驶里程法一般适用于价值量较低的车辆评估；综合分析法一般适用于中等价值的车辆评估；部件鉴定法适用于价值较高的车辆评估；整车观测法则主要用于中、低等价值车辆的价格初步估算，或作为综合分析法鉴定估价要考虑的主要因素之一。

对于不同价值的车辆，在涉及采用使用年限法估算成新率时，建议25万元以上的高级汽车采用年份数求和法较好，25万元以下中级汽车采用双倍余额递减法较好，10万以下的普通汽车采用年限平均（等速）折旧法较好。

运用重置成本法的缺点是工作量较大，且经济性贬值也不易准确计算。

成新率估算时要尽量参考《二手车鉴定评估技术规范》中对成新率计算提出的有关参数和计算公式。

成新率的确定考虑到了汽车油耗、行驶里程、汽车配件的价格、车辆维修的难易程度、车辆在市场上的认可度（畅销、滞销）以及汽车交易的类型等多种因素。

对于汽车上安装的新技术、新科技装备，估算成新率时，可以参考汽车厂家或4S店推出的相关的综合调整系数表格加以考虑，以保证估算的成新率值有所提高，更好地反映汽车的现有价值。

（6）车辆大修对成新率的影响

当车辆主要总成的技术状况下降到一定程度时，需要用修理或更换车辆零部件的大修方法，恢复车辆的动力性、经济性、工作可靠性和外观的完整美观性。

大修对车辆的追加投入从理论上讲，无疑是增加了车辆的使用寿命，对成新率的估算值可适当增加。但是，如果出现使用者对车辆的技术管理水平低，不能根据车辆的实际技术状况,做到合理送修、适时大修;有些维修企业维修设备落后,维修安装技术水平差;有些配件质量差等情况,经过大修的车辆不一定都能很好地恢复车辆使用性能。

对于比较老旧的车辆,即使刚完成大修,也不可能很好地恢复使用性能,其耐久性也差。更重要的是有些高档进口车辆经过大修以后,不仅难以恢复原始状况,而且有扩大故障的可能性。

鉴于上述分析,对于重置成本在 7 万元以下的二手车或老旧车辆,一般不考虑其大修对成新率的增加问题;对于重置成本在 7 万~25 万之间的车辆,凭车主提供的车辆大修结算单等资料可适当考虑增加成新率的估算值;对于 25 万元以上的进口车,或国产高档车,凭车主提供的车辆大修或一般维修换件的结算单等资料,分析车辆受托维修厂家的维修设备、维修技术水平、配件来源等情况,或者对车辆进行实体鉴定,考查维修对车辆带来的正面作用或者可能出现的负面影响,从而酌情决定是否增加成新率的估算值。

4.2 现行市价法评估二手车价值

4.2.1 现行市价法的运用条件

现行市价法又称市场法和市场价格比较法。现行市价法是指以同款式、同年份、同使用期限的车辆在二手车市场上的平均价格为基础,再考虑所评估车辆的现时技术状况评定系数,以平均价格乘以该系数而确定的车辆价格。

现行市价法是最直接和最简单的一种评估方法,是最贴近于市场真实价格的方法。

现行市价法是采用比较和类比的方法,根据替代原则,从二手车可能进行交易的角度来判断二手车的价值。

现行市价法的基本思路是:通过市场调查,选择一个或几个与评估车辆相同或相近的车辆作为参照车辆,分析参照车辆的特点和成交价格等因素,并与被评估车辆进行比较,找出两者的差别及其在价格上所反映的差额,经过适当调整,最终计算出被评估车辆的价格。

由于现行市价法是以同类二手车销售价格相比较的方式来确定被评估的二手车价值,因此,运用这一方法时一般应具备两个基本的前提条件。

① 需要有一个发育成熟、交易活跃的二手车交易市场,保证有充分的相同或相近的二手车交易,即参照车辆较多,则可以比较准确地反映市场成交的二手车价格,这是应用现行市价法评估二手车的关键。在二手车交易市场上二手车交易越频繁,与被评估车辆相近的二手车的价格就越容易获得。这样,评估结果就会更加公平公正,易为双方接受。

② 评估中作为参照物的二手车与被评估的二手车要有可比较的指标,而且这些可比较的指标是可收集到的,并且价值影响因素明确和可以量化。

要求已成交的参照车辆是近期的、可比较的。所谓近期,是指参照车辆交易时间与被评估二手车评估基准日相差时间相近,一般在一个季度之内;所谓可比较,是指参照车辆在规格、型号、功能、性能、配置、内部结构、新旧程度及交易条件等方面与被评估二手车相同或相近。

参照车辆与被评估的车辆完全相同是指车辆型号、使用条件和技术状况相同,生产和交易的时间相近。

参照车辆与被评估车辆相近是指车辆类别相同、主参数相同、结构性能相同，只是生产序号不同并只做局部改动，交易时间相近的车辆也可近视地作为评估过程中的参考车辆。

目前我国各地二手车交易市场完善程度和交易规模差异很大，有些地区的汽车保有量少、车型少，二手车交易量也少，寻找参照车辆比较困难。因此，现行市价法的实际运用在我国目前的二手车交易市场条件下将受到一定的限制。

4.2.2 现行市价法的计算方法

应用现行市价法对二手车进行估价时一般应用下面的公式：

$$P = P' \tag{4-21}$$

$$P = P' + P_1 - P_2 \quad \text{或} \quad P = P'K \tag{4-22}$$

式中　P——评估值；

　　　P'——参照车辆的市场价格；

　　　P_1——评估对象比参照车辆优异的价格差额；

　　　P_2——参照车辆比评估对象优异的价格差额；

　　　K——差异调整系数。

公式（4-21）为直接市价法，即在市场上能找到与被评估车辆完全相同或相近的车辆的现行市价，并将其价格直接作为被评估车辆评估价格的一种方法。使用此公式时要注意参照车辆与被评估的车辆完全相同和相近的含义，要认真地和合理地确定这些比较参数。

公式（4-22）为类比调整市价法，是当在公开的市场上找不到与之完全相同的车辆，但是可以找到与之类似的车辆，并以此车辆作为参照车辆时，并根据车辆技术状况和交易条件的差异，对参照车辆的价格作出相应的调整后，确定被评估车辆价格的一种方法。即以与被评估的二手车类似的参照车辆的市场成交价格为基础，分析比较被评估车辆和参照车辆之间的差异，按一定的方法做出调整从而确定被评估车辆的价值。在运用类比调整市价法评估时，应该搜集大量交易实例，准确掌握正常的市场价格。

在运用公式（4-22）进行计算时，需要考虑被评估车辆和参照车辆之间的几个主要差异。

① 结构性能的差异及量化。汽车型号及结构上的差异都会集中反映到汽车的功能和性能差异上，功能和性能的差异可通过其对汽车价格的影响进行评估。量化调整值的计算公式为：

$$\text{量化调整值} = \text{结构性能差异值} \times \text{成新率} \tag{4-23}$$

例如，对于营运车辆而言，主要表现为生产能力、生产效率和营运成本等方面的差异，可利用收益现值法对其进行量化调整。

② 销售时间的差异及量化。在选择参照车辆时应尽可能选择评估基准日的成交案例，这样可以省去销售时间差异的量化工作。若参照车辆的交易时间在评估基准日之前，可采用价格指数法将销售时间差异量化并调整。

③ 新旧程度的差异及量化。被评估车辆与参照车辆在新旧程度上不会完全一致，这就要求评估人员对被评估车辆与参照车辆的新旧程度做出基本判断，取得被评估车辆和参照车辆的成新率后，以参照车辆价格乘以被评估车辆与参照车辆的成新率之差，即可得到两辆车的新旧程度差异量，计算公式为：

新旧程度差异量＝参照车辆价格×（被评估车辆成新率－参照车辆成新率）　（4-24）

④ 销售数量的差异及量化。销售量的大小会对二手车成交单价产生影响。应该考虑此因素在被评估车辆与参照车辆之间的差异，必须对此差异进行分析，然后根据具体情况做出必要的调整，适当调整被评估二手车的价值。

⑤ 付款方式的差异及量化。付款方式的不同会对二手车成交单价产生影响，因为要充分考虑货币的时间价值。在二手车交易中，绝大多数为现款交易。在我国一些经济比较活跃的地区已出现了二手车的银行按揭销售。银行按揭的二手车与一次性付款的二手车的价格差异由两部分组成，一是银行的贷款利息，贷款利息按贷款的年限确定；二是汽车按揭保险费，各保险公司的机动车按揭保险费率不完全相同，会有一些差异。找出这些差异后，对其作用程度要加以确定且予以量化，并做出相应的调整。

4.2.3　工作流程

采用现行市价法的主要评估步骤如下（见图 4-1）。

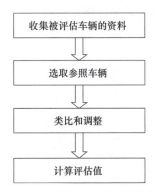

图 4-1　现行市价法的主要评估步骤

（1）第一步：收集被评估二手车资料

收集被评估车辆的资料，包括车辆的类别名称、车辆型号和技术性能参数、生产厂家及出厂年月等信息。了解车辆的用途、车辆目前使用情况、实际技术状况（车辆的性能、新旧程度等）以及还可以使用的年限等情况。

（2）第二步：选取参照车辆

选择参照车辆时，通常选择三个或三个以上的参照车辆，所选定的类似车辆必须具有可比性，可比性因素包括以下几个。

① 车辆类型。只能选择同类型汽车作为参照车辆，如轿车与轿车、货车与货车、自卸车与自卸车等。

② 车辆制造厂家、车辆型号、类别、结构、性能。选择参照车辆时，应尽量选用同品牌车作为参照物。若没有同品牌车可供参照，也可以选用不同品牌车作为参照物，但要求其发动机排量、主要功能配置、技术参数、新车价格等基本相近，且其品牌知名度、市场认可度等经济指标相近。

③ 使用性质。只能选择使用性质相同的机动车作为参照车辆，不能将营业性机动车作为非营业性机动车的参照物。同是营业性机动车，也不能把出租车作为租赁机动车的参照物。同是非营业性机动车，最好也不要将机关单位用的机动车作为私家机动车的参照物。

④ 使用年限、行驶里程。只能选择使用年限、行驶里程相近的机动车作为参照车辆。

⑤ 主要技术参数。只能选择主要技术参数相近的机动车为参照车辆,如轿车的排气量、货车的载重量等。

⑥ 市场状况。指的是市场是处于衰退萧条期还是处于复苏繁荣期;供求关系是买方市场还是卖方市场。

⑦ 评估目的。只能选择评估目的相同的机动车作为参照车辆。不同评估目的的交易价格会有较大的差别,如车辆出售是以清偿为目的或是以淘汰转让为目的;买方是获利转手倒卖或是购买自用。

⑧ 评估地点。在机动车评估中,不同地区的交易市场,同样车辆的价格会有较大的差别。选择参照车辆的交易地点最好在同一个城市,或相近的经济区域。

⑨ 成交数量和付款方式。不同的交易数量(如不要将大宗数量的二手车价格作为少量二手车评估参照物)和不同的付款会使成交价格不同。

⑩ 成交时间。应尽量采用近期成交的车辆为类比车辆,由于市场随时间的变化,往往会受通货膨胀及市场供求关系变化的影响,价格有时波动很大。

按以上可比性因素选择参照车辆时,如果找不到多台可以类比的车辆时,应按上述可比性因素,仔细分析选定的类比车辆是否具有一定的代表性,并认真分析其成交价格的合理性,符合条件的才能作为参照车辆。

(3) 第三步:类比和调整

综合上述可比性因素,对欲评估的车辆与选定的类比车辆进行认真的分析类比、量化和调整,具体包括以下几项。

① 销售时间差异的量化。在选择参照车辆时,应尽可能地选择在评估基准日成交的案例,以省去销售时间的量化步骤。

若参照车辆的交易时间在评估基准日之前,可采用系数调整将销售时间差异量化并予以调整。

② 车辆性能差异的量化。车辆性能差异的具体表现是车辆营运成本的差异。通过测算超额营运成本的方法将性能方面的差异量化。

③ 新旧程度差异的量化。被评估车辆与参照车辆在新旧程度上不一定完全一致,参照车辆也未必是全新的。这就要求评估人员对被评估车辆与参照车辆的新旧程度的差异进行量化。

④ 销售数量、付款方式差异的量化。销售数量大小、采用何种付款方式均会对车辆的成交单价产生影响。

对销售数量差异的调整采用未来收益的折现方法解决。对付款方式差异调整的方法是,被评估车辆通常是以一次性付款方式为假定前提,若参照车辆采用分期付款方式,则可按当期银行利率将各期分期付款额折现累加,即可得到一次性付款总额。

(4) 第四步:计算评估值

将各可比因素差异的调整值以适当的方式加以汇总,并据此对参照车辆的成交市价进行调整,从而确定被评估二手车的评估价格。

4.2.4 采用现行市价法的注意事项

4.2.4.1 现行市价法的优缺点

现行市价法的优点:一是能够客观反映二手车目前的市场情况,其评估的参数和指标直接从市场获得，评估值能反映市场现实价格，而且评估结果易于被各方面理解和接受；二是计算方法简单方便。

现行市价法的缺点：一是需要公开及活跃的二手车市场作为基础，然而我国二手车市场还只是刚刚建立，发育不完善，寻找参照物有一定的困难；二是可比因素多而复杂，即使是同一个生产厂家生产的同一型号的车辆，在同一天登记，但是由于是不同的车主使用，其使用强度、使用条件和维护水平等情况会有不同，使得实体损耗和新旧程度都会各不相同；三是估值的准确度不高。

4.2.4.2 注意事项

（1）现行市价法的适用范围

现行市价法是从卖者的角度来考虑被评估二手车的变现值的，二手车评估价值的大小直接受市场的制约，因此，它特别适用于产权转让的畅销车型的评估，如二手车收购（尤其是成批收购）和典当等业务。因为畅销车型的数据充分可靠，市场交易活跃，评估人员熟悉其市场交易情况，故采用现行市价法评估畅销车型是比较适合的。

（2）对评估人员的要求

采用现行市价法评估要求评估人员经验丰富，熟悉车辆的鉴定评估程序和方法，掌握市场交易情况。

（3）查勘被评估车辆时需要注意的几个问题

用现行市价法评估的关键是要全面了解市场情况，市场情况了解得越全面则评估的准确性就越高。因此，二手车的企业要建立各类二手车技术、交易参数的数据库，以提高评估的准确性和效率。

目前能够反映全国二手车价格等的数据样本不多，有些冷门车型的数据就更少，因此运用现行市价法去评估一些冷门车型的价格会有难度。

采用现行市价法评估二手车时，已经包含了该车的各种贬值因素，包括有形损耗贬值、功能性贬值和经济性贬值，因此，采用现行市价法评估时不需要再计算功能性贬值和经济性贬值。

在查勘被评估车辆时，除要检查车况外，还要仔细检查汽车的主要辅助功能和配置，其内容包括是否有动力转向、自动变速器、发动机涡轮增压、电动门窗、天窗、风窗玻璃与后视镜自动除霜和自动刮水器等。此外，还要注意车辆的外观是否改动，是否是金属漆，车身是否加长等。上述配置情况的增减和外观的变化均会影响价格。

4.2.5 评估实例

例1

某款型轿车为出租车，初次登记日期为2012年5月，评估基准日期为2016年5月，行驶里程为45万公里，规定该出租车使用年限为8年。

试对该车按现行市价法进行价值评估。

解：

选择的参照物：

分别选择三辆2012年初次登记上牌的同款型车辆，市场交易价格分别为1.5万元、1.55万元和1.6万元，其使用年限均为4年，使用性质相同（均为出租车），配置完全一样，评估基准日与参照物成交日期相近。

故所评估车辆的价值取三个参照物的算术平均数,即:
$$(1.5+1.55+1.6)\div3=1.55(万元)$$
注:此方法为现行市价法的直接法。

例 2

某品牌轿车及相近的同品牌参照车辆的技术经济参数见表 4-16,试对该车按现行市价法进行评估。

表 4-16 同品牌参照车辆的技术经济参数

序号	相关参数	参照物1	参照物2	参照物3	被评估汽车
1	车辆型号	A	B	C	D
2	销售条件	公开市场	公开市场	公开市场	公开市场
3	交易时间	2016年10月	2016年9月	2016年10月	2016年10月
4	使用年限	15	15	15	15
5	初次登记时间	2012年4月	2012年5月	2012年6月	2012年6月
6	已使用时间	54月	52月	52月	52月
7	成新率	70%	72%	73%	73%
8	交易数量	1	1	1	1
9	付款方式	现款	现款	现款	现款
10	地点	江城	江城	江城	江城
11	物价指数	0.97	0.98	0.96	0.97
12	价格	9.2万元	10.7万元	10.8万元	求评估值

解:

(1) 以参照物 1 为参照对象作各项差异量化和调整

① 结构性能差异量化与调整。

由车辆的配置可以知道,参照物 1 为老式车型,被评估物为新式车型,评估基准日该项结构差异有两项,分别相差 0.3 万元和 0.8 万元,该项调整数为 $(0.8+0.3)\times73\%=0.8$(万元)。

② 销售时间差异量化与调整(使用物价指数调整,即为评估车估价时间的物价指数与参照车估价时间的物价指数之商)为:$0.97\div0.97=1$。

③ 新旧程度差异量化与调整(使用成新率的差异调整)为:$9.2\times(73\%-70\%)=0.276$(万元)。

销售数量和付款方式无差异。

评估值计算:

$$评估值=(参照车辆评估价格+结构性能差异调整+新旧程度差异量调整)\times销售时间差异量调整$$
$$=(9.2+0.8+0.276)\times1=10.276(万元)$$

(2) 以参照物 2 为参照对象作各项差异量化和调整

① 结构性能差异量化与调整:由车辆的配置可以知道,参照物与被评估车辆结构完全一样,故不做调整。

② 销售时间量化差异与调整:$0.97\div0.98=0.99$。

③ 新旧程度量化与调整:$10.7\times(73\%-72\%)=0.107$(万元)。

销售数量和付款方式无差异。

评估值计算：
$$评估值=(10.7+0.107)\times 99\%=10.699（万元）$$

（3）以参照物3为参照对象作各项量化和调整

① 结构性能差异量化与调整：由车辆的配置可以知道，参照物与被评估车辆结构完全一样，故不做调整。

② 销售时间量化差异与调整：$0.97\div 0.96=1.01$

③ 新旧程度差异量化与调整：成新率一样，故不做调整。

销售数量和付款方式无差异。

计算评估值：
$$评估值=10.8\times 1.01=10.908（万元）$$

综合参照物1、参照物2和参照物3，被评估车辆评估值＝$(10.276+10.699+10.908)\div 3=10.628$（万元）。

注：此为运用现行市价法的类比法（同品牌参照物）。

例3

2015年3月，某评估公司对某品牌轿车Y进行评估。该车为2014年4月购买并上牌，已行驶2.7万公里。

由于该种车型2014年3月刚上市，目前市场上暂无同品牌类型可比。因此，评估人员经市场调查，选择了K、M和B三款轿车作为参照物。以上三种车型近期在公开市场上都有交易且同为私家车。

相关参数见表4-17和表4-18。

求Y轿车的评估值。

解：

根据市场调查掌握的资料情况，经分析，参照物K和M新车价格与Y相近，主要参数及配置也相近。而B其新车价格为12.48万元，明显高于其他两种车型，也高于被评估标的Y。且其发动机为四缸、顶置20气门，可变配气相位，多点电喷汽油，虽然排量同评估标的相同，但已高一个档次，不作为参照物。

表4-17　车辆的登记及交易参数

品牌	K	B	M	Y
上牌日期	2014年2月	2014年2月	2014年1月	2014年4月
基准日时的新车价/万元	10.98	12.48	10.66	10.61
交易日期	2015年3月	2015年1月	2015年2月	2015年3月
交易数量	2	1	1	1
成新率	83%/84%	85%	82%	85%
付款方式	现款	现款	现款	现款
物价指数	0.98	0.98	1	0.98
公开市场成交价/万元	9.2/9.3	11	8.9	

表 4-18　车辆的技术经济参数

品牌车型	K	Y	M
长×宽×高/mm	4515×1725×1445	4526×1725×1425	4365×1705×1410
轴距/mm	2600	2610	2610
整备质量/kg	1220	1275	1105
行李箱容积/L	405	415	416
发动机形式	四缸、顶置16气门、多点电喷汽油	四缸、顶置16气门、多点电喷汽油	四缸、顶置16气门、多点电喷汽油
最大功率/[kW/(r/min)]	78/6000	82/6000	71/5000
最大转矩/[N·m/(r/min)]	142/4000	143/4500	140.2/4000
等速百千米油耗/L	6.5	6.3	6.0
燃油标号	93	93	93
油箱容积/L	60	55	55
最高时速/(km/h)	180	184	185
0～100km/h 加速时间/s	12.7	11.6	12.7
排放标准	国 4	国 4	国 4
变速器	五速手动	五速手动	五速手动
制动装置(前/后)	盘/盘	盘/盘	盘/盘
ABS	有(加 EBD)	有(加 EBD)	有(带制动力分配)
转向助力	有	有	有
转向盘	不可调	倾角可调	倾角可调
轮胎规格	185/65R14	195/65R15	195/55R15
气囊	前双排	前双排	前双排
后座安全带	有	有	无
高位制动灯	无	有	有
防撞车身	无	有	有
防盗系统	有	无	无
中控门锁	有	有	有
倒车雷达	无	无	无
音响	立体声收音机/CD	立体声收音机/CD	立体声收音机/CD
玻璃升降	前后门电动	前后门电动	前后门电动
外后视镜	电动	电动	电动
真皮座椅	无	无	无
价格/万元	10.98	10.61	10.66

(1) 以 K 作参照物做各项差异量化和调整

① 结构性能差异量化与调整。从表 4-17 和表 4-18 可以看出，被评估车辆 Y 与 K 结构性能基本相同，故该项调整系数为 1.0。

② 销售时间差异量化与调整。由于参照物与被评估物同为2015年3月成交与评估，故该项调整系数为 1.0。

③ 新旧程度差异量化与调整。

该调整数分别为：

$$92000 \times (85\% - 83\%) = 1840（元）$$
$$93000 \times (85\% - 84\%) = 930（元）$$

销售数量虽为两辆，但已分别作为参照物，故不做调整。

付款方式无差异。

计算评估值：

$$评估值(K_1) = 92000 + 1840 = 93840（元）$$
$$评估值(K_2) = 93000 + 930 = 93930（元）$$

（2）以 M 作参照做各项差异调整

① 结构性能差异量化与调整。从表 4-17 和表 4-18 可以看出，评估车辆 Y 与 M 性能基本相同，故调整系数为 1.0。

② 销售时间差异量化与调整。M 成交时间为 2015 年 2 月，被评估车辆 Y 评估基准日为 2015 年 3 月，故该项调整系数为 $0.98 \div 1.0 = 0.98$。

③ 新旧程度差异量化与调整。

$$该项调整数为 89000 \times (85\% - 82\%) = 2670（元）$$

计算评估值：

$$评估值 = (89000 + 2670) \times 0.98 = 89837（元）$$

综合参照两辆 K 车和一辆 M 车，采用算术平均方法计算 Y 车的评估值：

$$被评估 Y 轿车的评估值 = (93840 + 93930 + 89837) \div 3 = 92536（元）$$

注：此为运用现行市价法的类比法（不同品牌参照物）。

例 4

市场上有 6 台完全相同的车辆待出售。经调查，该地区市场上此类车辆平均每年只售出 2 辆。于是为满足买主的要求，卖方同意以优惠价格一次性同时出售 6 辆汽车。而可选择的交易参照物单辆售价为 4 万元。试用现行市价法评估此 6 辆车的现值。

解：

评估如下。

① 直接以参照物的价格出售，即每辆车 4 万元。当年销售 2 辆车，可得销售收入为 2×4 万元 $= 8$ 万元。

② 其余 4 辆车如果逐年销售，2 年后才能售完。以参照物单价为标准，未来每年可得销售款 8 万元。以此为基础，折算 4 辆车的现值，采用折现率为 10%。

③ 实际上这是一个未来收益的折现问题。根据未来收益现值法的公式，可计算 4 辆车的现值为：

$$80000 \div (1 + 10\%) + 80000 \div (1 + 10\%)^2 = 138845$$

④ 6 辆车同时出售的评估值为

$$80000 元 + 138845 元 = 218843 元$$

注：此为销售数量量化的调整。

链接——折现率

折现率是指将未来有限期预期收益折算成现值的比率。

折现率不是利率，是因为：①利率是资金的报酬，折现率是管理的报酬。利率只表示资产（资金）本身的获利能力，而与使用条件、占用者和使用途径没有直接联系；折现率则与资产以及所有者使用效果相关。②如果将折现率等同于利率，则将问题过于简单化、片面化了。

折现作为一个时间优先的概念，认为收益或利益低于同样的收益或利益，并且随着收益时间向将来推迟的程度而有系统地降低价值。

财务管理中折现率的公式是：

$$PV=\frac{C}{(1+r)^t}$$

式中，PV 为现值；C 为期末金额；r 为贴现率；t 为投资期数。

折现率的确定，应当首先以该资产的市场利率为依据。如果该资产的利率无法从市场获得，可以使用替代利率估计折现率。

例：假如存款 1000 元，按年利率 2% 计算，那么一年以后的价值就是 $1000\times(1+2\%)=1020$ 元。

那么在这个例子里，1000 元就是资金的现值（现在的价值），1020 元就是 1000 元在一年以后的最终价值（终值），那么 2% 可以理解为 1000 元计算终值 1020 的利率，也可以理解为终值 1020 元按照 2% 进行折现后，一年前的价值为 1000 元。

在财务管理或会计中，折现率是在折现时用复利的方式进行折现的。

如：1000 元存到银行，假如说银行按复利计息，年利率为 2%，存款期限为 5 年。

在这个例题中，计算终值 $=1000\times(1+2\%)^5=1000\times1.104=1104$ 元。

将上例反过来，一笔款项存至银行，银行按复利计息，年利率为 2%，5 年后的终值为 1104，问一开始应向银行存多少钱？

这种情况下，2% 就是折现率，一开始向银行存的钱即为现值。

$$现值=\frac{1104}{(1+2\%)^5}=1000 \text{元}$$

例 5

某评估人员在用现行市价法对某轿车进行价值评估时，收集了两辆参照车辆的技术经济参数。该车及参照车辆的技术经济参数见下表。

被评估车辆与参照车辆的有关技术经济参数

序号	技术经济参数	参照车辆 I	参照车辆 II	被评估二手车
1	车辆型号	A	B	Y
2	销售条件	公开市场	公开市场	公开市场
3	交易时间	2013 年 12 月	2014 年 6 月	2014 年 6 月
4	使用年限	15 年	15 年	15 年
5	初次登记日期	2008 年 6 月	2008 年 6 月	2008 年 12 月
6	已使用时间	5 年 6 个月	6 年	5 年 6 个月
7	成新率	53%	48%	50%
8	交易数量	1	1	1
9	付款方式	现款	现款	现款
10	地点	江城	江城	江城
11	物价指数	1	1.03	1.03
12	价格/万元	5	5.5	

解：

(1) 以参照车辆Ⅰ为参照车辆作各项差异量化和调整

① 结构性能差异量化及调整。

通过车辆的配置可以知道，参照车辆Ⅰ与被评估车辆在评估基准时点有两项结构差异，分别为0.8万元和0.6万元。该项量化调整值为

$$(0.8+0.6)\times 50\% = 0.7（万元）$$

② 销售时间差异量化与调整。

参照车辆Ⅰ成交时物价指数为 $I_0=1$，被评估二手车评估时物价指数为 $I_1=1.03$，该项物价指数调整值为

$$I = I_1/I = 1.03/1 = 1.03$$

③ 新旧程度差异量化与调整。

该项调整值为

$$5\times(50\%-53\%) = -0.15（万元）$$

④ 销售数量和付款方式无差异，不用量化和调整。

⑤ 计算以参照车辆Ⅰ为参照车辆时，被评估二手车的评估值 P_1 为

$$P_1 = (5+0.7-0.15)\times 1.03 = 5.72（万元）$$

(2) 以参照车辆Ⅱ为参照车辆作各项差异量化和调整

① 结构性能差异量化及调整。

通过车辆的配置可以知道，参照车辆Ⅱ与被评估汽车结构价格差异为0.3万元，该项调整值为

$$0.3\times 50\% = 0.15（万元）$$

② 新旧程度差异量化与调整。

该项调整值为

$$5.5\times(50\%-48\%) = 0.11（万元）$$

③ 销售时间、数量和付款方式无差异，不用量化和调整。

④ 计算以参照车辆Ⅱ为参照车辆时，被评估二手车的评估值 P_2 为

$$P_2 = 5.5+0.15+0.11 = 5.76（万元）$$

(3) 计算被评估二手车评估值

由于两辆参照车辆与被评估二手车的交易地点相同，且成新率、已使用年限、交易时间等参数均相接近，故可采用算术平均法计算被评估二手车评估值 P，即

$$P = (P_1+P_2)/2 = (5.72+5.76)/2 = 5.74（万元）$$

例6

在对某辆二手车进行评估时，评估人员选择了三个近期成交的与被评估二手车类别、结构基本相同，技术经济参数相近的车辆作参照车辆。参照车辆与被评估二手车的一些具体技术经济参数见下表，试采用现行市价法对该车进行价值评估。

被评估车辆及参照车辆的有关技术经济参数

序号	技术经济参数	参照车辆A	参照车辆B	参照车辆C	被评估二手车
1	车辆交易价格/万元	5	5.5	4	—
2	销售条件	公开市场	公开市场	公开市场	公开市场
3	交易时间	6个月前	2个月前	10个月前	—

续表

序号	技术经济参数	参照车辆A	参照车辆B	参照车辆C	被评估二手车
4	已使用年限/年	5	5	6	5
5	尚可使用年限/年	5	5	4	5
6	成新率	62%	75%	55%	70%
7	年平均维修费用/万元	2	1.8	2.5	2
8	每百千米耗油量/L	6.2	6	6.5	6.4

解：

解题步骤如下。

1. 对被评估二手车与参照车辆之间的差异进行比较和量化

（1）销售时间的差异

根据搜集到的资料表明，在评估之前到评估基准日之间的1年内，物价指数大约每月上升0.5%左右。各参照车辆与被评估二手车由于时间差异所产生的差额如下。

① 被评估二手车与参照车辆A相比较晚6个月，价格指数上升3%，其差额为

$$5×3\%=0.15（万元）$$

② 被评估二手车与参照车辆B相比较晚2个月，价格指数上升1%，其差额为

$$5.5×1\%=0.055（万元）$$

③ 被评估二手车与参照车辆C相比较晚10个月，价格指数上升5%，其差额为

$$4×5\%=0.2（万元）$$

（2）车辆性能的差异

1）各参照车辆与被评估二手车每年由于燃油消耗的差异所产生的差额按每日营运150 km、每年平均出车250天，燃油价格按每升6.5元计算。

① 参照车辆A每年比被评估二手车少消耗燃料的费用为

$$(6.4-6.2)×6.5×150/100×250=487.5（元）$$

② 参照车辆B每年比被评估二手车少消耗燃料的费用为

$$(6.4-6)×6.5×150/100×250=975（元）$$

③ 参照车辆C每年比被评估二手车多消耗燃料的费用为

$$(6.5-6.4)×6.5×150/100×250=243.75（元）$$

2）各参照车辆与被评估二手车每年由于维修费用的差异所产生的差额

① 参照车辆A与被评估二手车每年维修费用的差额为

$$2-2=0（万元）$$

② 参照车辆B比被评估二手车每年少花费的维修费用为

$$2-1.8=0.2（万元）$$

③ 参照车辆C比被评估二手车每年多花费的维修费用为

$$2.5-2=0.5（万元）$$

3）各参照车辆与被评估二手车每年由于营运成本的差异所产生的差额

① 参照车辆A比被评估二手车每年少花费的营运成本为

$$487.5+0=487.5（元）$$

② 参照车辆B比被评估二手车每年少花费的营运成本为

$$975+2000=2975\text{（元）}$$

③ 参照车辆C比被评估二手车每年多花费的营运成本为
$$243.75+5000=5243.75\text{（元）}$$

4）取所得税率为33%，则税后各参照车辆每年比被评估二手车多（或少）花费的营运成本

① 税后参照车辆A比被评估二手车每年少花费的营运成本为
$$487.5\times(1-33\%)=326.625\text{（元）}$$

② 税后参照车辆B比被评估二手车每年少花费的营运成本为
$$2975\times(1-33\%)=1993.25\text{（元）}$$

③ 税后参照车辆C比被评估二手车每年多花费的营运成本为
$$5243.75\times(1-33\%)=3513.3125\text{（元）}$$

5）适用的折现率取为10%，则在剩余的使用年限内，各参照车辆比被评估二手车多（或少）花费的营运成本

① 参照车辆A比被评估二手车少花费的营运成本折现累加为
$$326.625\times\frac{(1+10\%)^5-1}{10\%\times(1+10\%)^5}=326.625\times3.7912=1238.3007\text{（元）}$$

② 参照车辆B比被评估二手车少花费的营运成本折现累加为
$$1993.25\times\frac{(1+10\%)^5-1}{10\%\times(1+10\%)^5}=1993.25\times3.7912=7556.8094\text{（元）}$$

③ 参照车辆C比被评估二手车多花费的营运成本折现累加为
$$3513.3125\times\frac{(1+10\%)^5-1}{10\%\times(1+10\%)^5}=3513.3125\times3.7912=13315.8792\text{（元）}$$

(3) 成新率的差异

① 参照车辆A比被评估二手车由于成新率的差异所产生的差额为
$$50000\text{元}\times(70\%-62\%)=4000\text{元}$$

② 参照车辆B比被评估二手车由于成新率的差异所产生的差额为
$$55000\text{元}\times(70\%-75\%)=-2750\text{元}$$

③ 参照车辆C比被评估二手车由于成新率的差异所产生的差额为
$$40000\text{元}\times(70\%-55\%)=6000\text{元}$$

2. 根据被评估二手车与参照车辆之间差异的量化结果，确定车辆的评估值

(1) 初步确定被评估二手车的评估值

车辆评估值＝参照车辆价格＋销售时间产生的差额＋在剩余使用年限内营运成本（使用成本）的差额＋成新率产生的差额

① 与参照车辆A相比分析调整差额，初步评估的结果为
$$\text{车辆评估值}=50000+1500-1238.3007+4000=54262\text{（元）}$$

② 与参照车辆B相比分析调整差额，初步评估的结果为
$$\text{车辆评估值}=55000+550-7556.8094-2750=45243\text{（元）}$$

③ 与参照车辆C相比分析调整差额，初步评估的结果为
$$\text{车辆评估值}=40000+2000+13315.8792+6000=61316\text{（元）}$$

(2) 综合定性分析，确定被评估二手车的评估值

从上述初步估算的结果可知,按三个不同的参照车辆进行比较测算,初步评估的结果最多相差16073元(61316－45243＝16073元)。其主要原因是三个参照车辆的成新率不同;另外,在选取有关的技术经济参数时也可能存在误差。

为减少误差,结合考虑被评估二手车与参照车辆的相似程度,决定采用加权平均法确定评估值。参照车辆B的交易时间离评估基准日较接近(仅隔2个月),且已使用年限、尚可使用年限、成新率等都与被评估二手车最相近,由于它的相似程度比参照车辆A、C更大,故决定取参照车辆B的加权系数为60%;参照车辆A的交易时间、已使用年限、尚可使用年限、成新率等比参照车辆C的相似程度更大,故决定取参照车辆A的加权系数为30%;取参照车辆C的加权系数为10%。加权平均后,被评估二手车的评估值为

车辆评估值＝54262×30%＋45243×60%＋61316元×10%≈49556(元)

4.3 清算价格法评估二手车价值

4.3.1 清算价格法的运用条件

4.3.1.1 基本概念

清算价格法是以清算价格为标准,对车辆进行的价格评估。

清算价格是指企业由于破产或其他原因,要求在一定的期限内将车辆变现,在企业清算之日预期出卖车辆可收回的快速变现价格。

清算价格法在原理上基本与现行市价法相同,区别在于企业因迫于停业或破产,急于将车辆拍卖、出售。所以,清算价格常低于现行市场价格。

评估价格主要根据二手车技术状况,运用现行市价法估算其正常价值,再根据处置情况和变现要求,乘以一个折扣率而确定价格。

4.3.1.2 清算价格法的适用范围和前提条件

(1) 清算价格法的适用范围

适用于企业破产、资产抵押和停业清理时要出售的车辆。

① 企业破产。当企业或个人因经营不善造成严重亏损,到期不能清偿债务时,企业应依法宣告破产,法院以其全部财产依法清偿其所欠的债务,不足部分不再清偿。

② 资产抵押。资产抵押是以所有者资产作抵押物进行融资的一种经济行为,是合同当事人一方用自己特定的财产(如机动车辆)向对方保证履行合同义务的担保形式。提供财产的一方为抵押人,接受抵押财产的一方为抵押权人。抵押人不履行合同时,抵押权人有权利将抵押财产在法律允许的范围内变卖,从变卖抵押物价款中优先受偿。

③ 停业清理。停业清理是指企业由于经营不善导致严重亏损,已临近破产的边缘或因其他原因将无法继续经营下去,为弄清企业财物现状,对全部财产进行清点、整理和查核,为经营决策(破产清算或继续经营)提供依据,以及因资产损毁、报废而进行清理、拆除等的经济行为。

在这三种经济行为中若有机动车辆进行评估,可用清算价格为标准。

(2) 以清算价格法评估车辆价格的前提条件
① 以具有法律效力的破产处理文件或抵押合同及其他有效文件为依据。
② 车辆在市场上可以快速出售变现。
③ 所卖收入足以补偿因出售车辆的附加支出总额。

4.3.2 清算价格的计算方法

目前，对于清算价格的确定方法，从理论上还难以找到十分有效的依据，但在实践上仍有一些方法可以采用，主要有现行市价折扣法、意向询价法和竞价法三种。

(1) 现行市价折扣法

指对清理车辆，首先在二手车市场上寻找一个相适应的参照物，然后根据快速变现原则估定一个折扣率并据以确定其清算价格，即清算价格＝估价×折扣率。

例如，某车经调查在二手车市场上成交价为 8.2 万元，根据销售情况调查，折价 20% 可以当即出售，则该车辆清算价格为 8.2×(1−20%)＝6.56（万元）。

(2) 意向询价法（也称模拟拍卖法）

这种方法是根据向被评估车辆的潜在购买者询价的办法取得市场信息，最后经评估人员分析确定其清算价格的一种方法。用这种方法确定的清算价格受供需关系影响很大，要充分考虑其影响的程度。

例如，某车拟评估其拍卖清算价格。评估人员经过对三家运输公司和三家二手车经销公司征询，其估价平均值为 10 万元。考虑目前市场情况，评估人员确定清算价格为 9.8 万元。

(3) 竞价法

是由法院按照法定程序（破产清算）或由卖方根据评估结果提出一个拍卖的底价，在公开市场上由买方竞争出价，谁出的价格高就卖给谁。

4.3.3 工作流程

(1) 用其他评估方法确定基数

采用清算价格法时，一般采用市场比较法、重置成本法和收益现值法或综合运用几种方法的组合确定基数。

(2) 根据相关因素确定快速变现系数

影响快速变现系数大小的因素如下。
① 被评估标的的车辆市场接受程度，是通用车型还是专用车型。
② 综合考虑车辆的欠费情况，欠费则价格相对较低。
③ 拍卖时限。变现时间的长短影响快速变现系数，变现时间越短，快速变现系数就越低。通常快速变现系数小于 1，并且"快速变现系数＝1−综合折扣率"。

4.3.4 采用清算价格法的注意事项

使用清算价格法时，应严格分清其使用范围和前提条件，尽量避免评估风险。

只有在企业破产、抵押、清理的范围内适用，并且在有法律效力的文件依据基础上才能使用。不满足上述条件时应慎用清算价格法。

对于通常出现的以物抵债的形式，还是应采用市场比较法、重置成本法或收益现值法进行估价为宜，注意规避评估风险。

清算价格法虽然在清算运用时受许多条件的制约，但在实际运用中常利用其快速变现的特点，在确定评估拍卖底价时经常应用。

在评估报告中说明所采用的评估方法时，注意要用重置成本法和市场比较法结合快速变现因素进行描述，而不直接运用清算价格法，以规避风险。

链接——加速折旧法

加速折旧法（又称快速折旧法、递减折旧法），常用的主要有双倍余额递减法和年数总和法两种。

加速折旧法是指为加速资本投资回收，在固定资产的使用寿命内，以递减状态分配其成本的方法。

即固定资产每期计提的折旧费用，在前期提得较多，务使固定资产的成本在使用年限中尽早地得到补偿的一种计算折旧方法。

依据现行的《企业财务通则》规定，在我国只有那些在国民经济中具有重要地位、技术进步快的企业可以采用双倍余额递减法或年数总和法。

轿车变现系数 ϕ

已使用时间/月	1～6	7～12	13～18	19～24	25～30	31～36	37～42	43～48	49～54	55～60
变现系数	0.80	0.84	0.86	0.88	0.90	0.92	0.94	0.96	0.98	1.00

注：采用年限法中的加速折旧法求成新率时，此表不适用。

在二手车评估中，决定清算价格的主要因素包括破产形式、债权人处置车辆的方式、车辆清理费用、拍卖时限、公平市价和参照物价格等。因此，影响清算价格的主要因素如下。

① 破产形式。如果企业丧失车辆处置权，出售的一方无讨价还价的可能，则以买方出价决定车辆售价；如果企业未丧失处置权，出售车辆一方尚有讨价还价余地，则以双方议价决定售价。

② 债权人处置车辆的方式。按抵押时的合同契约规定执行，如公开拍卖或收回已有。

③ 车辆清理费用。在企业破产等情况下评估车辆价格时，应对车辆清理费用及其他费用给予充分的考虑。如果这些费用太高，使得拍卖变现后的收入所剩无几，则失去了拍卖还债的意义。

④ 拍卖时限。一般来说，规定的拍卖时限长，售价会高些；时限短，则售价会低些。这是由资产快速变现原则产生的特定买方市场所决定的。

⑤ 公平市价。公平市价是指车辆交易成交时，使交易双方都满意的价格。在清算价格中卖方满意的价格一般不易求得。

⑥ 参照车辆价格。参照车辆价格是指在市场上出售相同或类似车辆的价格。一般地说，市场参照车辆价格高，车辆出售的价格就会高，反之则低。

4.3.5 评估实例

某法院欲将其扣押的一辆轻型载货汽车拍卖出售。至评估基准日止，该汽车已使用了1年6个月，车况与其新旧程度相符。试评估该车的清算价格。

（1）确定车辆的重置成本全价

根据市场调查，全新的此型号车目前的售价为5.5万元。根据相关规定，购置此型号车时，要缴纳10%的车辆购置税、3%的货运附加费，故被评估车辆的重置成本全价为：
$$重置成本全价 B = 55000 \times (1 + 10\% + 3\%) = 62150（元）$$

（2）确定车辆的成新率

被评估车辆的价值不高，且车辆的技术状况与其新旧程度相符，故决定采用等速折旧法确定其成新率。

根据国家规定，被评估车辆的使用年限为 15 年，折合为 180 个月。该车已使用年限为 1 年 6 个月，折合为 18 个月。故被评估车辆的成新率为：

$$成新率 C_Y = \left(1 - \frac{18}{180}\right) \times 100\% = 90\%$$

（3）确定被评估车辆在公平市场条件下的评估值

根据调查了解，被评估车辆的功能损耗及经济性损耗均很小，可忽略不计。故在公平市场条件下，该车的评估值为：

$$P = BC_Y = 62150 \times 90\% = 55935（元）$$

（4）确定折扣率（快速变现系数）

根据市场调查，折扣率取 75% 时，可在清算日内出售车辆，故确定折扣率为 75%。

（5）确定被评估车辆的清算价格

$$车辆的清算价格 = 55935 \times 75\% = 41951.3（元）$$

4.4 收益现值法评估二手车价值

4.4.1 收益现值法的运用条件

收益现值法是将被评估的车辆在剩余寿命期内预期收益，用适当的折现率折现为评估基准日的现值，并以此确定评估价格的一种方法。

从原理上讲，收益现值法是基于这样的假设，即人们之所以购买某辆二手车，主要是考虑这辆车能为自己带来一定的收益。

投资者投资购买车辆时，一般要进行可行性分析，其预计的内部回报率只有在超过评估时的折现率时才会购买车辆。即，任何一个理智的投资者在决定投资购买这辆二手车时，他所愿意支付的货币金额不会高于评估时求得的该车未来预期收益的折现值（即为车辆的评估值）。现值的确定依赖于未来预期收益，如果某车辆的预期收益小，车辆的价格就不可能高；反之车辆的价格肯定就高。

使用收益现值法评估时，应该考虑：

① 被评估二手车是适用于投资营运的车辆，且具有继续经营和获利的能力；
② 继续经营的预期收益可以预测而且必须能够用货币金额来表示；
③ 二手车购买者获得预期收益所承担的风险也可以预测，并可以用货币衡量；
④ 被评估二手车预期获利年限可以预测。

由以上应用的前提条件可见，运用收益现值法进行评估时，是以车辆投入使用后连续获利为基础的。因此，收益现值法较适用营运车辆的估价。

4.4.2 收益现值法的计算方法

运用收益现值法来评估车辆的价值反映了这样一层含义：即收益现值法把车辆所有者期望的收益转换成现值，这一现值就是购买者未来能得到收益的价值体现。实际上就是对被评估车辆未来预期收益进行折现的过程。

收益现值法的评估值等于剩余寿命期内各收益期的收益现值之和，即为获得该机动车辆以取得预期收益的权利所支付的货币总额。

4.4.2.1 计算公式

收益现值法的基本计算公式为

$$P = \sum_{t=1}^{n} \frac{A_t}{(1+i)^t} = \frac{A_1}{(1+i)^1} + \frac{A_2}{(1+i)^2} + \cdots + \frac{A_n}{(1+i)^n} \quad (4\text{-}25)$$

式中　P——评估值，元；

n——收益年期（即二手车剩余经济寿命的年限）；

i——折现率；

t——收益期，一般以年计；

A_t——未来第 t 个收益期的预期收益额，元，二手车的收益期是有限的，A_t 中还包括收益期末车辆的残值，一般估算时残值忽略不计。

当 $A_1 = A_2 = \cdots = A_n = A$ 时，即 t 从 $1 \sim n$ 未来收益分别相同为 A 时，则有

$$P = A \times \left[\frac{1}{(1+i)^1} + \frac{1}{(1+i)^2} + \cdots + \frac{1}{(1+i)^n} \right] = A \times \frac{(1+i)^n - 1}{i(1+i)^n}$$

式中，$\frac{1}{(1+i)^t}$ 称为现值系数；$\frac{(1+i)^n - 1}{i(1+i)^n}$ 称为年金现值系数。

4.4.2.2 收益现值法各评估参数的确定

（1）收益年期（n）的确定

收益年期（即二手车剩余经济寿命期）指从评估基准日到二手车报废的年限。各类营运车辆的报废年限在国家《汽车报废标准》中都有具体规定。如果剩余使用寿命期估算得过长，则计算的收益期就多，车辆的评估价格就高；反之，则会低估价格。因此，必须根据二手车的实际状况对其收益年期作出正确的评定。

（2）预期收益额（A_t）的确定

运用收益现值法时，未来每年收益额的确定是关键。

预期收益额是指被评估二手车在其剩余使用寿命期内的使用过程中，可能带来的年纯收益额。确定车辆预期收益额时应注意以下两点。

① 预期收益额是通过预测分析获得的　对于买卖双方来说，判断车辆是否有价值，应判断该车辆是否能带来收益。对车辆收益能力的判断，不仅仅是看现在的收益能力，更重要的是预测未来的收益能力，关注未来的经营风险。

② 预期收益额的确定　针对二手车的评估特点与评估目的，为估算方便，一般应用的计算公式为：

收益额＝税前收入－应交所得税＝税前收入×（1－所得税率）

税前收入＝一年的毛收入－车辆使用的各种税、费和人员劳务费等

为了避免计算错误，一般应列出车辆在剩余寿命期内的现金流量表。

(3) 折现率（i）的确定

折现率是指将未来预期收益额折算成现值的比率。从本质上讲，折现率是一种期望投资报酬率。

在计量折现率时必须考虑风险因素的影响，否则，就可能过高地估计车辆的价值。

折现作为一个时间优先的概念，认为将来的收益或利益低于现在的同样收益或利益。同时，折现作为一个算术过程，是把一个特定比率应用于一个预期的将来收益，从而得出当前的价值。

从折现率本身来说，它是一种特定条件下的收益率，说明车辆取得该项收益的收益率水平。

一般来说，折现率应包含无风险报酬率、风险报酬率和通货膨胀率，即折现率应包括无风险收益率和风险报酬率两方面的风险因素。

$$折现率(i) = 无风险报酬率 + 风险报酬率$$

无风险报酬率一般是指同期国库券利率，它实际上是一种无风险收益率。风险报酬率是指超过无风险收益率以上部分的投资回报率。在资产评估中，因资产的行业分布、种类、市场条件等的不同，其折现率亦不相同。因此，在利用收益法对二手车鉴定评估选择折现率时，应该进行本企业、本行业历年收益率指标的对比分析，尽可能准确地估测二手车的折现率。但是，最后确定的折现率应该起码不低于国家债券或银行存款的利率。

折现率与利率不完全相同，利率是资金的报酬，折现率是管理的报酬。利率只表示资产（资金）本身的获利能力，而与使用条件、占用者和使用用途没有直接联系，折现率则与车辆以及所有者使用效果有关。

因此实际应用中，如果其他因素不好确定时，折现率的取值可取同期银行的利率。

4.4.3 工作流程

运用收益现值法评估时应按下列步骤进行。

(1) 调查、了解营运车辆的经营行情和消费结构

充分调查、了解被评估车辆的技术状况，搜集有关营运车辆的收入和费用的资料。

(2) 估算运营费用

根据调查、了解的结果，预测车辆的预期收益，确定折现率。

折现率宜以投资于该类营运车辆所能获得的正常投资报偿为基准。

评估中采用的预期收入、预期营运费用和预期净收益，都应采用正常客观的数据。利用被评估车辆本身的资料直接推算出的预期收入、预期营运费用或预期净收益，应与类似车辆正常情况下的预期收入、营运费用和净收益进行比较。若与正常客观的情况不符，应进行适当的调整修正，使其成为正常客观的数据。

(3) 选用适当的计算公式求出收益现值

在求取净收益时，应根据净收益过去、现在和未来的变动情况及收益年限，确定未来净收益流量。

收益年限的确定应根据被评估车辆的使用情况、市场竞争趋势和机动车报废标准的规定，确定一个合理的年限。

4.4.4 采用收益现值法的注意事项

4.4.4.1 收益现值法的优缺点

收益现值法的优点是：①与投资决策相结合，容易被交易双方接受；②能真实和较准确

地反映车辆本金化的价格。

收益现值法的缺点是：①预期收益额的预测难度大；②受主观判断和未来不可预见因素的影响较大。

4.4.4.2 收益现值法的主要参数

① 采用收益现值法评估二手车时，一般是要对营运证使用权或线路营运权进行评估。其评估标的包括单纯的营运证使用权、线路营运权，营运证、线路营运权与车辆结合的整体。因此，在评估时一定要分清评估标的是无形资产（营运证或线路营运权）还是有形资产（车辆）。

② 预期收益额是将未来预测收益以适当的收益率折算成现值，在计算过程中应根据净收益过去、现在和未来的变动情况及可获收益的年限，确定未来净收益流量。

③ 折现率的确定是运用收益现值法的难点，折现率必须谨慎确定，折现率的微小差异会带来评估价值的很大差异。

4.4.5 评估实例

例1

某企业拟将一辆10座旅行客车转让，某客户准备将该车用作载客营运。按国家规定，该车辆剩余年限为3年，经预测得出3年内各年预期收益的数据如下表所示，试计算预期收益值。

预期收益表				
条目年份	收益额/万元	折现率/%	现值系数	收益折现值/万元
第一年	10	8		
第二年	8	8		
第三年	7	8		

解：

由公式（4-25）计算折现系数和预期收益值如下表：

预期收益表				
条目年份	收益额/万元	折现率/%	现值系数	收益折现值/万元
第一年	10	8	0.9259	9.259
第二年	8	8	0.8573	6.858
第三年	7	8	0.7938	5.557

$$P = \sum_{t=1}^{n} \frac{A_t}{(1+i)^t} = \frac{A_1}{(1+i)^1} + \frac{A_2}{(1+i)^2} + \cdots + \frac{A_n}{(1+i)^n}$$

$$= \frac{10}{(1+8\%)^1} + \frac{8}{(1+8\%)^2} + \frac{7}{(1+8\%)^3} = 9.259 + 6.858 + 5.557 = 21.674 \text{（万元）}$$

该车的3年预期收益值为21.674万元。

例2

某人拟购置一台轿车用作个体出租车经营使用，经调查得到以下各数据和情况：车辆登记之日是2014年4月，已行驶1.3万公里，车况良好，能正常运行。如用于出租使用，全年可出勤 300 天，每天平均毛收入 800 元。评估基准日是 2016 年 2 月。试用收益现值法估算该车的价值。

分析：从车辆登记之日起至评估基准日止，车辆投入运行已 2 年。根据行驶公里数和车辆外观及发动机等技术状况看来，车辆的使用和维护还算正常。根据国家有关规定和车辆状况，车辆剩余使用寿命为 6 年。

解：
分析：
预期收益额的确定思路是：将一年的毛收入减去车辆使用的各种税费，包括驾驶人员的劳务费等，计算其税后纯利润。根据目前银行储蓄年利率、国家债券、行业收益等情况，确定资金预期收益率为 15%，风险报酬率为 5%，具体计算见下表。

收益计算表

预计年收入	24（万元/年）
预计年支出（每天耗油 200 元）	6（万元/年）
日常维修费	1.2（万元/年）
平均大修费用	0.8（万元/年）
保险及各种规费、杂费	3（万元/年）
驾驶员工资	5（万元/年）
出租车标付费	0.6（万元/年）
年毛收入	24.0−6.0−1.2−0.8−3.0−5.0−0.6＝7.4（万元）
年纯收入（所得税税率 30%）	5.18（万元）
折现率	20%
评估值	17.23（万元）

具体计算步骤如下：

(1) 确定车辆的剩余使用年限 6 年。

(2) 估测车辆的预期收益。

1) 预计年收入：$0.08 \times 300 = 24$（万元）。

2) 预计年支出。

① 每天耗油 200 元，年耗油量为 $200 \times 300 = 6$（万元）。

② 日常维修费 1.2 万元。

③ 平均大修费用 0.8 万元。

④ 保险及各种规费、杂费 3.0 万元。

⑤ 驾驶员工资每年 5 万元。

⑥ 出租车标付费 0.6 万元。

⑦ 故年毛收入为：$24.0 - 6.0 - 1.2 - 0.8 - 3.0 - 5.0 - 0.6 = 7.4$（万元）。

⑧ 按所得税率 30% 计算。

故车辆的年纯收益为：$7.4 \times (1 - 30\%) = 5.18$（万元）。

(3) 确定车辆的折现率

该车剩余使用寿命为 6 年，预计资金收益率为 15%，再加上风险率 5%，故折现率为 20%。

(4) 计算车辆的评估值

假设每年的纯收入相同,则由收益现值法公式求得收益现值,即评估值。

计算公式:

$$P = A \times \frac{(1+i)^n - 1}{i(1+i)^n} = 5.18 \times \frac{(1+0.2)^6 - 1}{0.2 \times (1+0.2)^6} = 17.23 （万元）$$

例 3

因经济纠纷某法院在办理经济案件的执行过程中,委托鉴定评估机构对抵债的出租车营运证使用权进行价值评估,共计 66 个营运证,该市规定出租车营运证使用年限为 10 年。评估基准日为 2015 年 11 月份,相关资料如下。

营运证	证数(个)	使用期限
2008 年审批	33	2018 年 4 月 19 日
2009 年审批	20	2019 年 7 月 31 日
2010 年审批	13	2020 年 7 月 31 日

(1) 确定每月纯收益

根据调查,现该市出租车营运公司的每月毛收入 2 万元,根据《××市出租汽车行业现状与营运收入、成本、利润调查情况》分析,各项营运成本占收入的比例如下:

项目	驾驶员工资	燃油费	各项规费	维修保养费用	税金	经营利润	合计
比例/%	29.3	9.6	2.5	10	5.8	14.2	71.4

因此营运证使用权净收益每证每月为:$2 \times (1 - 71.4\%) = 0.572$（万元）,每年为 $0.572 \times 12 = 6.864$（万元）。

(2) 确定收益年限

2008 年审批的营运证 33 个,在评估基准日的收益年限为 2.4 年。2009 年的营运证 20 个,在评估基准日收益年限为 3.7 年。2010 年的营运证 13 个,在评估基准日收益年限为 4.7 年。

(3) 确定折现率

$$折现率 = 无风险报酬率 + 风险报酬率$$

其中,无风险报酬率为一年期银行存款率 2.3%;风险报酬率根据本市现行出租车行业的营运状况,确定为 4%。

因此,折现率 $= 2.3\% + 4\% = 6.3\%$

(4) 计算营运证使用权价格

$$P_1 = A \times \frac{(1+i)^n - 1}{i(1+i)^n} = 6.864 \times \frac{(1+6.3\%)^{2.4} - 1}{6.3\% \times (1+6.3\%)^{2.4}} = 15.03 （万元）$$

$$P_2 = A \times \frac{(1+i)^n - 1}{i(1+i)^n} = 6.864 \times \frac{(1+6.3\%)^{3.7} - 1}{6.3\% \times (1+6.3\%)^{3.7}} = 21.79 （万元）$$

$$P_3 = A \times \frac{(1+i)^n - 1}{i(1+i)^n} = 6.864 \times \frac{(1+6.3\%)^{4.7} - 1}{6.3\% \times (1+6.3\%)^{4.7}} = 26.41 （万元）$$

$$P = 33 \times P_1 + 20 \times P_2 + 13 \times P_3$$
$$= 495.99 + 435.8 + 343.33$$
$$= 1275 （万元）$$

4.5 各种价格计量标准的联系与区别

4.5.1 重置成本价格与现行市价价格的联系与区别

重置成本价格与现行市价价格的联系主要表现在：决定重置成本的因素与决定现行市价的最基本因素相同，即现有条件下，生产功能相同的车辆所花费的社会必要劳动时间。但是现行市价的确定还需考虑其他与市场相关的因素：一是车辆功能的市场性，即车辆的功能能否得到市场承认。例如，一辆设计及制造质量都很好的专用汽车，尽管它在某一特定领域内具有很强的功能，但一旦退出该领域，其功能就难以完全被市场所接受。二是供求关系的影响。现行市价价格随供求关系的变化，将会出现波动。

现行市价与重置成本的区别在于：现行市价以市场价格为依据，车辆价格受市场因素约束，并且其评估值直接受市场检验；而重置成本只是在模拟条件下重置车辆的现行价格。

4.5.2 现行市价价格与收益现值价格的联系与区别

现行市价价格与收益现值价格的联系主要表现在：两者在价格形式上有相似之处，都是评估公平市场价格。

现行市价价格与收益现值价格的区别在于：两者的价格内涵不同，现行市价主要是车辆进入市场的价格计量；而收益现值主要是以车辆的获利能力进入市场的价格计量。

4.5.3 现行市价价格与清算价格的联系与区别

现行市价价格与清算价格的联系主要表现在：两者均是市场价格。

现行市价价格与清算价格的根本区别在于：现行市价是公平市场价格；而清算（清偿）价格是非正常市场上的拍卖价格，一般大大低于现行市价。

课后练习

1. 某私人用轿车，2012 年 8 月份购买，购买价格为 97800 元，车辆购置税为 9780 元，初次登记日期是 2012 年 9 月，使用 4 年后于 2016 年 12 月进入二手车交易市场估价交易。经核对相关证件（照）齐全。经现场勘查，车身外观较好，无漆面脱落现象，经试驾检查，发动机运转平稳，无异常的响声，挡位清晰，制动系统良好。该车里程表显示累计行驶里程为 10 万公里，与实际情况比较吻合，评估基准日为 2016 年 12 月。在评估时，已知该车的现行市场销售价格为 79800 元，其他税费不计，试评估该车的现时市场价值。

2. 某公司欲出售一辆进口高档轿车。根据调查，目前全新的此款车的售价为 35 万元。至评估基准日止，该车已使用了 2 年 6 个月，累计行驶里程 6.5 万公里。经现场勘察，该车车身有两处擦伤痕迹，后悬架局部存在故障，前排座椅电动装置工作不良，右前电动车窗不能正常工作，发动机工作不正常，其他车况均与车辆的新旧程度相符。

试评估该车的价格。

3. 2016 年 3 月 25 日，某车在 4S 店进行二手车置换，以下是鉴定估价师对该车的检查鉴定情况：

手续检验

该车出厂日期为 2011 年 2 月，初次登记日期为 2011 年 3 月 31 日，年检有效期至 2016 年 4 月，已行驶里程为 52122 km。该车所有证件、手续齐全，真实合法。

车辆使用背景

该车属私家车，有车库保管，仅为上下班用，长年工作在市区内，工作条件较好，使用强度不大，日常维护、保养也好。

车辆配置

V 型 6 缸 24 气门 2.8 L 多点电喷发动机，手自一体变速器，前排双气囊、电动座椅、倒车雷达、CD 机、行李架、ABS＋EBD 系统、车载电话、HID 氙气前大灯、电动后视镜、四门电动窗、助力转向、前后碟式制动器、中控及防盗系统、真皮方向盘及座椅、铝合金轮毂。

车况检查

（1）静态检查

① 左前翼子板有钣金迹象，但做漆质量上乘，前后保险杠表面有碰伤痕迹，整体外观尚好；

② 车辆的内部装饰清洁整齐，座椅皮面保养较好，电器部件工作良好；

③ 发动机舱内布置整齐合理，但清洁度差，尘土较多，润滑油质量良好；

④ 举升车辆检查发现：发动机保护钢板有剐蹭痕迹，其他部件尚好。

（2）动态检查

① 车辆启动后非常安静，无抖动现象，车辆起步加速反应良好，车辆行驶在 60km/h 情况下，车辆悬架平稳，没有振抖、异响，胎噪声正常，突然加速车辆也无特别的声响，滑行效果良好，乘坐人员反映车辆舒适性不错。在高速公路上行驶 110km/h 时车辆运行平稳，无振抖、异响、跑偏、摆偏、方向盘发抖等现象。

② 动态试验后车辆油、水温正常，运动机件无过热，无漏水、漏油、漏电等现象。

已知该车型新车市场行情价为 490000 元，试用重置成本-综合分析法评估该车的价值。

4. 某人 2012 年以 13.5 万元购置一台轿车私用，后于 2016 年 2 月到某二手车市场出售。评估人员经检查获得如下数据：发动机排量 1.8L，初次登记日 2012 年 8 月，基本用于个人市内交通使用，行驶里程 7 万余公里，维护保养情况一般，经路试车况较好。

请用综合分析法确定该车的成新率。

二手车鉴定评估综合训练

学习目标

通过综合训练,掌握二手车技术状况鉴定评估的实际操作方法。
通过实车鉴定评估训练,熟悉鉴定评估的关键点的判断和操作要求。

学习方法

运用实车和教学软件学习二手车技术状况鉴定评估的操作方法和表格填写。

二手车技术状况鉴定评估要严格按照 2013 年 12 月 31 日发布,2014 年 6 月 1 日实施的《二手车鉴定评估技术规范》(GB/T 30323—2013)进行,目的是为规范二手车鉴定评估行为,营造公平、公正的二手车消费环境,保护消费者合法权益,促进汽车市场健康发展。

二手车鉴定评估活动应坚持客观、独立、公正、科学的原则,按照关联回避原则,回避与本机构、评估人有关联的当事人委托的鉴定评估业务。

建立和完善二手车鉴定评估档案制度,并根据评估对象及有关保密要求,合理确定适宜的建档内容、档案查阅范围和保管期限。

5.1 二手车鉴定评估程序

二手车鉴定评估过程按图 5-1 流程进行,并按要求填写附录 1 中的"附三 二手车技术状况表"和"附录 3 车辆技术状况鉴定记录表"。

5.1.1 受理鉴定评估

了解委托方及其车辆的基本情况,明确委托方要求,主要包括委托方要求的评估目的、评估基准日、期望完成评估的时间等。

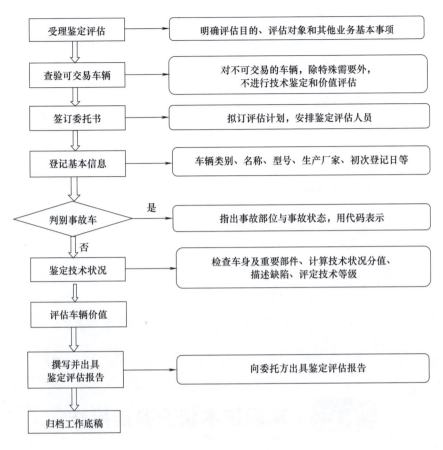

图 5-1　二手车鉴定评估作业流程

5.1.2　查验可交易车辆

查验机动车登记证书、行驶证、有效机动车安全技术检验合格标志、车辆购置税完税证明、车船使用税缴付凭证和车辆保险单等法定证明、凭证是否齐全和正常。

检查上述文件后，按要求判断是否为可交易车辆。

5.1.3　签订委托书

对可交易车辆，签署《二手车鉴定评估委托书》，确定双方责任和义务。

5.1.4　登记基本信息

检查并登记有关信息，确定车辆使用性质，登记车辆基本情况信息，包括车辆类别、名称、型号、生产厂家、初次登记日期、表征行驶里程等。

5.1.5　判别事故车

按要求检查车辆，判别车辆是否发生过碰撞、火烧和泡水，确定是否属于事故车。

如果检查判定为事故车，则放弃后面的鉴定和价值评估。

5.1.6 鉴定车辆技术状况

按照车身、发动机舱、驾驶舱、启动、路试和底盘等项目检查车辆技术状况，确定车辆技术状况的分值，按分值确定车辆对应的技术等级。

5.1.7 评估车辆价值

根据车辆的具体情况，确立估值方法，并对车辆价值进行估算。一般情况下，推荐选用现行市价法；在无参照物或无法使用现行市价法的情况下，选用重置成本法。

5.1.8 撰写及出具鉴定评估报告

根据车辆技术状况鉴定等级和价值评估结果等情况，撰写《二手车鉴定评估报告》，做到内容完整、客观、准确，书写工整。

5.1.9 归档工作底稿

将《二手车鉴定评估报告》及其附件与工作底稿独立汇编成册，存档备查。

档案保存一般不低于 5 年；鉴定评估目的涉及财产纠纷的，其档案至少应当保存 10 年；法律法规另有规定的，从其规定。

5.2 车辆技术状况鉴定操作

5.2.1 受理车辆评估

① 了解委托方及其车辆的基本情况，明确委托方要求，主要包括委托方要求的评估目的、评估基准日、期望完成评估的时间等。

② 查验车辆手续。检查机动车登记证书、行驶证、有效机动车安全技术检验合格标志、车辆购置税完税证明、车船使用税缴付凭证、车辆保险单等法定证明、凭证是否齐全有效。

③ 判定是否为可以交易车辆。按表 5-1 所列项目进行检查和判定。如发现法定证明、凭证不全和无效或表 5-1 检查项目任何一项判别为"是"的车辆，应告知委托方，不需继续进行技术鉴定和价值评估（如司法机关委托等特殊要求的除外）。

发现法定证明、凭证不全，或者表 5-1 中第 1 项、4 项至 8 项的任意一项判断为"是"的车辆，应及时报告公安机关等执法部门。

表 5-1 可交易车辆判别表

序号	检查项目	判别	
1	是否达到国家强制报废标准	是	否
2	是否为抵押期间或海关监管期间	是	否
3	是否为人民法院、检察院、行政执法等部门依法查封、扣押期间的车辆	是	否
4	是否为通过盗窃、抢劫、诈骗等违法犯罪手段获得的车辆	是	否

续表

序号	检查项目	判别	
5	是否发动机号与机动车登记证书登记号码不一致,且有凿改痕迹	是	否
6	是否车辆识别代号或车架号码与机动车登记证书登记号码不一致,且有凿改痕迹	是	否
7	是否为走私、非法拼组装车辆	是	否
8	是否为法律法规禁止经营的车辆	是	否

5.2.2 了解车辆基本信息

检查售车客户所需提供的相关证件,如车辆所有人的身份证、机动车登记证、机动车行驶证、机动车号牌、购置税费证、车船使用税凭证、机动车定期检验表、保险和保修手册等。

由机动车登记证和机动车行驶证上的注册日期和发证日期是否一致可以知道该车以前是否进行过交易和过户。

二手车需要收集的车辆信息有：汽车品牌＋车系＋车型、行驶里程、车身颜色、内饰颜色（深色或者浅色）。

车辆其他的配置（如：前后电动车窗,真皮座椅,普通空调,中控门锁,电动后视镜,铝轮毂,助力转向,气囊,ABS,侧窗/前后风挡贴膜,功效＋多功能扬声器,遥控器、单碟、CD导航、随车工具、氙灯）等。

车辆所在地、过户次数、出厂日期、初次上牌日期、车船使用税有效期、车辆年审日期、交强险截止日期、购置税（齐全或者丢失）、行驶证（齐全或者丢失）、购车/过户发票（齐全或者丢失）、维修保养记录（齐全或者丢失）。

在机动车登记证书中,可以查到一些信息,主要有车辆识别代号,也就是车架号,需要与车身上的车架号仔细核对,谨防遇到来路不明的二手车。核对车辆上安装的轮胎是否规格相符。车辆出厂日期与车辆铭牌上的出厂相符。确定车辆是否有过全车改色。

还可以知道该车辆是否曾经过户,登记证书是否遗失后补领,是否有发动机号和车架号的变更标注。

如果车辆是有过户则会有过户人的姓名和过户日期。

在机动车行驶证中可以知道如下信息。

① 所有人：即车辆现在的归属者。

② 使用性质：分为营运、非营运和营转非。

③ 登记日期：就是车辆第一次上牌的日期,即车辆第一次在车管所注册的时间。

④ 发证日期：就是现任车主所拥有这辆车的上牌日期,若车辆有过户或者行驶证补办,那么注册日期就会和发证日期不同,进一步判定就需要结合登记证书第二页来进行判断。

⑤ 车辆识别代码：需要与实车进行核对,查明车辆身份。

⑥ 品牌型号：即车辆的品牌和车型。

⑦ 年检：车辆的年检到期时间。

5.2.3 判别事故车

如果上述检查符合标准,下一步就应该判别该车是否是事故车,以确定后续工作（停止鉴定还是按正常车辆鉴定）。

5.2.3.1 碰撞检查

（1）鉴定要求

① 参照图5-2所示车体部位，按照表5-2要求检查车辆外观，判别车辆是否发生过严重碰撞，确定车体结构是完好无损或者有事故痕迹。

检查时使用漆面厚度检测设备和车辆结构尺寸检测工具或设备，同时结合经验法对车体结构部件和车体左右对称性进行检测。

② 根据表5-2的序号和表5-3的字母对车体状态进行缺陷描述，即：车身部位＋状态。

例如：4SH，表示左C柱有烧焊痕迹。

③ 当表5-2中任何一个检查项目存在表5-3中对应的缺陷时，则该车为事故车。注意，若检查确定为事故车时则终止技术状况鉴定（如果有特殊要求的除外）。

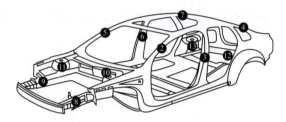

图5-2 车体结构示意图

1—车体左右对称性（图中未标注）；2—左A柱；3—左B柱；4—左C柱；
5—右A柱；6—右B柱；7—右C柱；8—左前纵梁；9—右前纵梁；10—左前减震器安装座；
11—右前减震器安装座；12—左后减震器安装座；13—右后减震器安装座

表5-2 车体部位代码表

序号	检查项目	序号	检查项目
1	车体左右对称性	8	左前纵梁
2	左A柱	9	右前纵梁
3	左B柱	10	左前减震器安装座
4	左C柱	11	右前减震器安装座
5	右A柱	12	左后减震器安装座
6	右B柱	13	右后减震器安装座
7	右C柱		

表5-3 车辆缺陷状态描述对应表

代表字母	BX	NQ	GH	SH	ZZ
缺陷描述	变形	扭曲	更换	烧焊	褶皱

（2）鉴定步骤

为了全面地检查车辆的关键构件，将表5-2的鉴定项目细化，在车辆检查时参考表5-4的检查内容，检查判断是否是事故车。

说明：一般事故车车头受损概率最大，所以这部分应列为检查重点。

5 二手车鉴定评估综合训练

表 5-4 事故车检查内容（碰撞）

检查部位	检查目的	检查重点及方法	事故车认定	说明
翼子板与散热器框架连接处	检查翼子板及散热器框架是否曾修复或更换	1. 前翼子板内缘连接处与散热器框架连接处的焊点，是否有重新烧焊痕迹 2. 连接处是否平整	散热器框架曾修复或更换	翼子板与散热器框架的连接处应平整，其上的焊点应略呈真圆及略微凹陷，若焊点呈凸出状则为重新烧焊的痕迹
发动机机舱隔板	检查发动机机舱隔板是否完整	隔板上缘是否平直	发动机机舱隔板曾钣金或更换	有些车在挡火墙前，会有发动机机舱隔板，其上缘应平直，如果是因碰撞事故而伤及隔板，那么碰撞应该是很严重的
底盘	检查纵梁（大梁）是否有烧焊痕迹	1. 发动机油底壳、变速箱 2. 纵梁（大梁）	大梁变形或烧焊、拉直	整个底盘脏污程度应大致相同，不应有部分特别干净，纵梁（大梁）应平直
行李箱内部与后翼子板上缘	检查后行李箱是否受损及后翼子板是否曾钣金或更换	1. 翼子板上缘内侧与车身接合处之焊点，是否有重新烧焊之痕迹 2. 行李箱后侧牌照架和行李箱底接合处线条是否平整，是否有烧焊痕迹	后翼子板曾更换	翼子板与车厢及车体的连接处应平整，其上的焊点应略呈真圆及略微凹陷，若焊点呈凸出状则为重新烧焊的痕迹
行李箱底板及备胎箱	检查行李箱是否受损	1. 行李箱底板是否平整，有无烧焊痕迹 2. 行李箱内部接缝之线条是否平顺	行李箱底板曾烧焊及备胎箱异常	行李箱底板应平整，不应有点焊痕迹，各接缝线条应平直、自然，行李箱底板若受损的话则后方大梁一定受损
A、B、C 柱	检查 A、B、C 柱是否受损	1. A、B、C 柱及由车顶延伸至门槛之线条是否平直且呈自然之弧线 2. A、B、C 柱与车体结合处的焊点是否有重新烧焊痕迹 3. 车侧漆面是否有色差	A、B、C 柱曾钣金或烧焊切补	检查时可将胶条拉下，检视是否平直且呈自然之弧线，A、B、C 柱与车体结合处之焊点应略呈真圆及略微凹陷

案例 事故车鉴定（碰撞）

根据检查鉴定案例，完成事故车的实车鉴定。

事故车的判断主要是检查车体左右是否对称和车体结构件是否有损伤。

检查车体左右对称性时使用车辆结构尺寸检测工具或设备，同时结合经验法对车体左右对称性进行检测。

检查车体结构部件时，往往根据车身表面的损伤，特别是油漆的损伤，通过车身结构件与车身表面覆盖件的装配关系，"由表及里"地引导对有油漆缺陷部位的车身结构部件进一步检查，可以提高检查的针对性。

使用漆面厚度检测设备与经验法相结合对油漆进行检查，从而判断是否进行过钣金油漆修复。

（1）检查 A、B、C 柱骨架

重点检查是否重新做过油漆和车门以及 A、B、C 柱的整体平整度。

检查车身表面油漆质量。

拆装门框胶条，检查 A、B 柱接合点、原厂冲压点、整体平整度。

163

检测鉴定左右两侧 A、B、C 柱骨架。
检查车门铰链螺栓、车门锁是否有拆卸的痕迹，车门开关是否正常，车门锁是否正常。
检查车门是否有修理痕迹，如锈蚀、不平整、修复后的焊点等。
检查发现：
车门上部有锈蚀和修复后凸起的焊点，车门中部修复后表面凸凹不平，车门下部有明显的褶皱。

（2）检查行李箱

重点检查油漆质量，检查行李箱盖和后翼子板整体平整度的接合点、原厂冲压点、整体平整度。

打开行李箱，检查备胎箱底板；掰开行李箱左右侧饰板，检查左右后翼子板内骨架是否有碰撞后的钣金修复痕迹，检查后围、后翼子板、后悬架支座和内部接缝线条是否平整、顺滑，有无钣金和烧焊痕迹。

检查是否是原厂胶、螺栓是否拆卸过。

检查后纵梁骨架。

（3）鉴定结果

根据检查结果，结合表 5-2、表 5-3 进行记录。

（4）操作训练

根据上述检查要求，完成事故车（碰撞）的鉴定。

5.2.3.2 水泡车检查

（1）鉴定要求

严重的水泡车就是事故车，因此在进行车辆检查时要判断是否是水泡车。

检查时应该从一些细小的地方入手认真仔细地观察，即便汽车被清洗过，依然会有细小的疏漏让一些泥沙残留在车体缝隙内。

（2）鉴定步骤

水泡车的具体鉴别方法如下。

① 外观配件检查　检查车锁钥匙孔里是否有泥垢，车门开启是否正常。

检查前后挡风玻璃胶皮缝隙（车内部分）内是否有污泥，如果有就是水泡车。

② 发动机舱检查　打开发动机舱盖，检查发动机舱内的照明灯和信号灯组的固定脚架、电线接头及插座是否有泥垢或锈斑。

检查保险杠减震材料和防撞钢梁之间，是否有大量泥垢或锈斑。

检查发动机舱盖隔音棉、防火墙隔热棉是否有水泡痕迹。

检查冷却液散热器及空调冷凝器的散热片缝隙中是否有大量泥浆。

检查发动机本体、高压线圈固定螺栓有无锈蚀、拆卸痕迹，火花塞缝隙是否有泥浆附着痕迹，喷油嘴固定螺栓有无锈蚀、拆卸痕迹。

检查发电机后方端盖、电线是否有泥垢残留。

线束结合部位、各设备接缝处是否有污泥、锈蚀、水垢痕迹。

检查继电器盒和保险丝盒是否有泥垢残留。

③ 车内检查　首先打开车门，闻闻内部是否有霉味，可初步判断是否是水泡车。

检查安全带插孔和连接处，是否有泡水痕迹。

观察行车电脑系统自检后安全气囊故障灯是否不熄灭。一般泡水车是不会花费较多的资金去更换安全气囊等单价较高的组件的。

音响上面的液晶面板也是一个值得注意的地方,泡过水的液晶面板字体会出现断字的情形。如果发现音响经过改装的也要多注意,尤其是换装的产品比原厂所标配的等级低时就要小心,因为音响通常都是升级而很少会降级的。

空调出风口也是难以清洗干净的地方,仔细检查边边角角的缝隙有没有泥垢残留,由于泡水后管线内部也很容易发霉,所以也要闻闻看有没有霉味吹出来。

喇叭网也是必须注意的地方,密密麻麻的网状要清理干净也是相当不容易的,尤其是高音喇叭因为位处角落,一般也是容易忽略的地方。

检查座椅的金属部件是否有锈蚀,驾驶舱内底板是否有污泥、锈蚀或水垢。

检查制动踏板、油门连接处是否有锈蚀或水淹痕迹。

④ 行李箱检查　首先打开行李箱,闻闻内部是否有霉味,可初步判断是否是水泡车。

检查行李箱两侧缝隙是否有泥污,备胎轮毂是否有霉斑,随车工具(扳手、螺丝刀等)是否有锈蚀。

检查灯组的接线头、灯板等处是否有泥垢残留。

(3) 鉴定结果

在车辆检查后如果发现问题则记录在表5-5中。

表 5-5　泡水检查

鉴定项目	检查内容	状态	检查结果
外观配件	检查车门钥匙孔	是否有泥垢	
	车门开关	是否开关正常,是否有泥垢	
	前后挡风玻璃密封胶缝隙内	是否有泥垢	
发动机舱	照明灯和信号灯组的固定脚架、电线接头及插座	是否有泥垢或非自然锈蚀	
	保险杠减震材料和防撞钢梁之间	是否有泥垢或非自然锈蚀	
	发动机舱盖隔音棉、防火墙隔热棉	是否有水泡痕迹,是否有泥沙	
	散热器及空调冷凝器的散热片缝隙	是否有大量泥浆	
	高压线圈固定螺栓、喷油嘴固定螺栓	是否有非自然锈蚀	
	发动机本体、火花塞缝隙	是否有泥浆附着	
	发电机后方端盖、电线	是否有泥垢残留	
	线束结合部位、各设备接缝处	是否有污泥、非自然锈蚀	
	继电器盒和保险丝盒	是否有泥垢残留	
车内	车内部	是否有霉味	
	仪表板座内的结构死角、电器元件	是否残留污泥	
	安全带、插孔和连接处	是否有水迹、霉斑和泥垢	
	安全气囊故障灯	是否不熄灭	
	音响的液晶面板	液晶面板字体是否有断字情形	
	空调出风口边角、缝隙	是否有泥垢残留、霉味吹出	
	喇叭网、边角	是否有泥垢残留	

续表

鉴定项目	检查内容	状态	检查结果
车内	前后座椅面料、金属支架和滑轨	是否残留污泥、霉味、非自然锈蚀	
	内饰	是否有泡水痕迹	
	驾驶舱内地板、地胶或地毯	是否有污泥、非自然锈蚀或水垢	
	制动踏板、加速踏板连接处	是否有非自然锈蚀或水淹痕迹	
行李箱	行李箱内部	是否有霉味	
	行李箱两侧缝隙	是否有泥污	
	备胎轮毂	是否有霉斑	
	备胎箱	有水渍或污泥	
	随车工具(扳手、螺丝刀等)	是否有非自然锈蚀	
	灯组的接线头、灯板等处	是否有泥垢残留	

(4) 操作训练

根据上述检查要求,完成事故车(水泡车)的鉴定。

5.2.3.3　火烧车检查

(1) 鉴定要求

如果车辆经过火焰灼烧,虽然经过修复,还是会在车体残留有火焰灼烧的痕迹和修复痕迹。因此,只需要观察几个难以翻新整修的部分便足以对车体进行鉴别。

(2) 鉴定步骤

① 车身检查　检查车身外观,车门和前后翼子板外表面是否重新做过油漆。是否有油漆起伏痕迹,车身油漆颜色和光泽是否均匀,周边胶条是否粘有油漆。

② 车内检查　车内有无刺鼻气味,是否有烧焦的味道。

检查内饰、地板有无过火痕迹,漆面是否完好。

③ 发动机舱检查　打开发动机舱盖,检查发动机舱内油漆。火烧车一般都需要全车喷漆,一辆二手车发动机舱漆面新旧程度与车身的漆面程度相差不多,基本可以判定此车值得怀疑。

观察防火墙隔火材料新旧程度,拨开隔火材料看里面的金属有没有烧过的痕迹。

检查发动机舱和车身线束是否有更换、局部地方是否有火烧痕迹。如有更换,则检查线束接口是否与新线束一致,有无瘤状、熏黑痕迹。

是否有刺鼻烧焦的味道。

检查发动机铭牌是否更换过,行车电脑是否更换过。

检查发动机舱内的保险丝盒和驾驶舱内的保险丝盒是否有更换或火烧熏黑的痕迹。

(3) 鉴定结果

在车辆上检查后发现问题则在表5-6中填写。

表5-6　火烧车检查

鉴定项目	检查内容	状态	检查结果
车身	车身外观油漆	油漆是否有起伏痕迹	
		油漆颜色和光泽是否均匀	
		周边胶条是否粘有油漆	

续表

鉴定项目	检查内容	状态	检查结果
车身	车门	明显的颜色差异、过火痕迹	
	A、B、C、D柱		
	座椅底座		
车内	气味	是否有烧焦味道	
	内饰	新旧以及是否更换	
	地板	是否有过火痕迹	
		漆面是否完好	
	仪表台及其内部线路	新旧以及是否更换	
发动机舱	发动机舱漆面与车身漆面	新旧程度是否相差不多	
	发动机舱盖	隔音棉是否更换	
		车辆在无事故的情况下发动机舱盖更换	
	防火墙	是否有火烧或熏黑痕迹	
	防火墙防火材料	是否为新换	
	发动机	铭牌是否烧毁、是否更换过	
		外部部件更换较多	
		发动机金属材料（铝、铸铁）的颜色	
电器	线路	线路是否更换	
	保险	是否更换	
	继电器	是否更换	
	驾驶舱内的保险丝盒	是否有更换或火烧熏黑的痕迹	
	发动机舱和车身线束	是否更换	
		是否有火烧痕迹	
	行车电脑	是否更换过	
	检查发动机舱内的保险丝盒	是否有更换或火烧熏黑的痕迹	

（4）操作训练

根据上述检查要求，完成事故车（火烧车）的鉴定。

5.2.4 车辆技术状况鉴定（正常车辆技术状况鉴定）

如果鉴定后确定不是事故车，则按要求进行车辆技术状况鉴定。

① 按照车身、发动机舱、驾驶舱、启动、路试、底盘等项目顺序检查车辆技术状况。

② 根据检查结果确定车辆技术状况的分值。总分值为各个鉴定项目分值累加，即"鉴定总分=∑项目分值"，满分100分。

③ 根据鉴定分值，按照表5-7确定车辆对应的技术等级。

表 5-7 车辆技术状况等级分值对应表

技术状况等级	分值区间
一级	鉴定总分≥90
二级	60≤鉴定总分＜90
三级	20≤鉴定总分＜60
四级	鉴定总分＜20
五级	事故车

注：参照 JT/T 198—2016。

5.2.4.1 车身检查

（1）鉴定要求

① 参照图 5-3 标示，按照表 5-8、表 5-9 要求检查 26 个项目，程度为 1 的扣 0.5 分，每增加 1 个程度加扣 0.5 分。共计 20 分，扣完为止。轮胎部分需高于程度 4 的标准，不符合标准扣 1 分。

② 使用车辆外观缺陷测量工具与漆面厚度检测仪器，结合目测法对车身外观进行检测。

③ 根据表 5-8 和表 5-9 的要求，对检查中发现的缺陷进行描述，车身外观检查项目的描述方法为：车身部位＋状态＋程度。

例：21XS2，对应描述为：左后车门有锈蚀，面积为大于 100mm×100mm 并小于或等于 200mm×300mm。

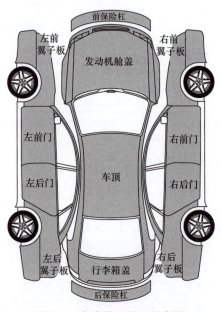

图 5-3 车身外观展开示意图

表 5-8 车身外观部位代码对应表

代码	部位	代码	部位
14	发动机舱盖	17	右前翼子板
15	左前翼子板	18	右后翼子板
16	左后翼子板	19	左前车门

续表

代码	部位	代码	部位
20	右前车门	30	右前轮
21	左后车门	31	右后轮
22	右后车门	32	前大灯
23	行李箱盖	33	后尾灯
24	行李箱内侧	34	前挡风玻璃
25	车顶	35	后挡风玻璃
26	前保险杠	36	四门风窗玻璃
27	后保险杠	37	左后视镜
28	左前轮	38	右后视镜
29	左后轮	39	轮胎

表 5-9 车身外观状态描述对应表

代码	HH	BX	XS	LW	AX	XF
描述	划痕	变形	锈蚀	裂纹	凹陷	修复痕迹

程度：

1——面积小于或等于 100mm×100mm；

2——面积大于 100mm×100mm 并小于或等于 200mm×300mm；

3——面积大于 200mm×300mm；

4——轮胎花纹深度小于 1.6mm。

（2）鉴定步骤

为了便于理解，下面以一辆新车价格 15 万，前置前驱发动机的车辆鉴定作为鉴定案例。

① 鉴定外观件漆面　车辆外观油漆鉴定主要靠目视和漆膜仪进行。漆膜仪读数能快速鉴别外观件是否进行了油漆修复，最后要结合专业经验进行钣金修复方法和损伤程度的判断。

具体检查方法如下：

目视检查车身外观件边缘是否平顺光滑，不同部分的结合部位是否有残留的漆雾。

漆膜仪检查时，如果漆膜仪读数偏差太大和配合件边缘有漆面处理及漆雾，则判断有油漆修复。

注：不同车型漆面数值不一样。原厂漆面厚度一般为 80～150μm；同一个表面的漆膜厚度的偏差不能大于 50～60μm。

注：前、后保险杠一般是非金属的，无法测量，只有靠视觉和触觉判断。

在用漆膜仪测量外观件漆面时，建议以 5～10cm 间隔测量，因为有些外观件的修复喷漆不是整个面都喷漆，而是局部喷漆。

油漆厚度测量后，还要结合经验方法进行鉴别。因为现在有些专业做精修事故车的企业，在进行油漆修补后特意用抛光的方法将漆面厚度减薄，所以使用漆膜仪测量的方法不容易判断是否重新补漆。

还有些外观部件是整体更换的，用漆膜仪测量漆面厚度也是正常数值。

② 缝隙检查　检查二手车时，对车身各个缝隙之间的距离宽窄一定要做到心里有数，缝隙应该是均匀的，缝隙宽约 4mm，并且两个不同配件之间要没有明显的相互干涉情况。检查时发现的缺陷如图 5-4 所示。

缝隙宽窄不一

前后门缝隙过小，前后车门腰线不在一直线上

左后三角窗饰盖由于钣金修复质量不好，造成三角窗饰盖上部翘曲

图 5-4　缝隙缺陷

③ 玻璃检查　检查前、后挡风玻璃和车门玻璃是否破损和更换过。
④ 车轮与轮胎　检查轮胎的规格参数是否一致和使用情况。
(3) 鉴定结果
检查完成后，按表 5-8、表 5-9 要求完成检查结果的填写。
(4) 操作训练
根据上述检查要求，完成车身鉴定。

5.2.4.2　发动机舱检查

(1) 鉴定要求
按表 5-10 项要求检查 10 个项目。选择 A 不扣分，第 40 项选择 B 或 C 扣 15 分；第 41 项选择 B 或 C 扣 5 分；第 44 项选择 B 扣 2 分，选择 C 扣 4 分；其余各项选择 B 扣 1.5 分，选择C扣3分。共计20分，扣完为止。

如检查第40项时发现润滑油中有冷却液混入、检查第41项时发现缸盖外有润滑油渗漏，则应在《二手车鉴定评估报告》或《二手车技术状况表》的技术状况缺陷描述中分别予以注明，并提示修复前不宜使用。

表5-10 发动机舱检查项目作业表

序号	检查项目	A	B	C
40	润滑油中有无冷却液混入	无	轻微	严重
41	缸盖外是否有润滑油渗漏	无	轻微	严重
42	前翼子板内缘、散热器框架、横拉梁有无凹凸或修复痕迹	无	轻微	严重
43	散热器格栅有无破损	无	轻微	严重
44	蓄电池电极桩柱有无腐蚀	无	轻微	严重
45	蓄电池电解液有无渗漏、缺少	无	轻微	严重
46	发动机皮带有无老化	无	轻微	严重
47	油管、水管有无老化、裂痕	无	轻微	严重
48	线束有无老化、破损	无	轻微	严重
49	其他	只描述缺陷,不扣分		

（2）鉴定步骤

① 整体观察 检查发动机舱盖边缘是否自然平直，无变形错位。

打开发动机舱盖，整体观察发动机机舱的构件和零部件的布局是否有异常，观察零部件及线束是否凌乱和有改动的痕迹。

检查原厂冲压点、整体平整度、表面是否有新旧痕的处理、表面油漆颜色是否正常。

对比连接部件新旧程度；零部件的新旧程度和清洁是否一致，表面油漆是否正常。

观察前围板，看发动机舱与驾驶室之间的前围板上缘是否平直。如前围板上缘有明显修复痕迹，则可判断有重大事故。

② 检查零部件是否有拆卸过的痕迹 检查发动机、前减震器安装座、翼子板内侧接合点和散热器框架等是否有拆卸过的痕迹。

仔细查看固定螺栓，如果螺栓拆卸过会有扳手留下的痕迹，证明曾经拆卸过。

检查关键部位的螺栓是否有拆卸过的痕迹，如发动机机舱盖支架螺栓及铰链螺栓、前翼子板螺栓是否有拆卸的痕迹，检查散热器框架、龙门架、中网、左右大灯总成是否有拆卸痕迹及更换痕迹。

例如，检查发现发动机部件气门室盖、发动机支架、进排气歧管、冷却系统水管和发电机等位置的螺栓有拆装松动痕迹，则可以说明该发动机从车上拆下过。

检查主要构件的焊点、原厂胶条和整体平整度，可以判断该处是否进行过钣金修复。如发动机机舱盖、减震器安装座、前纵梁骨架、散热器框架和翼子板上纵梁结合部分等处的整体平整度、接合点、原厂冲压点 、焊点和胶条。

③ 检查润滑油 检查润滑油油尺位置及观察润滑油颜色，若无润滑油油尺的发动机则需要仪表多功能显示系统读取润滑油油面位置。

打开润滑油加注盖，检查气门室盖内部及观察发动机内部润滑油是否有乳化现象、是否有油泥。

检查变速器油位及质量。

④ 检查空调管路　检查空调系统管路和冷却系统管路连接是否正常，管接头处是否拆卸过。

（3）鉴定结果

检查完成后，按表 5-10 要求完成检查结果的填写。

（4）操作训练

根据上述检查要求，完成发动机机舱的鉴定。

5.2.4.3　驾驶舱检查

（1）鉴定要求

按表 5-11 要求检查 15 个项目。选择 A 不扣分，第 50 项选择 C 扣 1.5 分；第 51、52 项选择 C 扣 0.5 分；其余项目选择 C 扣 1 分。共计 10 分，扣完为止。

如检查第 60 项时发现安全带结构不完整或者功能不正常，则应在《二手车鉴定评估报告》或《二手车技术状况鉴定书》的技术状况缺陷描述中予以注明，并提示修复或更换前不宜使用。

表 5-11　驾驶舱检查项目作业表

序号	检查项目	A	C
50	车内是否无水泡痕迹	是	否
51	车内后视镜、座椅是否完整、无破损、功能正常	是	否
52	车内是否整洁、无异味	是	否
53	方向盘自由行程转角是否小于 15°	是	否
54	车顶及周边内饰是否无破损、松动和裂缝和污迹	是	否
55	仪表台是否无划痕，配件是否无缺失	是	否
56	变速器操作手柄及护罩是否完好、无破损	是	否
57	储物盒是否无裂痕，配件是否无缺失	是	否
58	天窗是否移动灵活、关闭正常	是	否
59	门窗密封条是否良好、无老化	是	否
60	安全带结构是否完整、功能是否正常	是	否
61	驻车制动系统是否灵活有效	是	否
62	玻璃窗升降器、门窗工作是否正常	是	否
63	左、右后视镜折叠装置工作是否正常	是	否
64	其他	只描述缺陷，不扣分	

注：:"其他"项目中，包含扶手箱、车内地胶（毯）、车门内饰版和 A、B、C 柱饰板等内容。

（2）鉴定步骤

① 车辆内饰。检查车内是否整洁、无异味，车内是否无水泡痕迹。

座椅、车顶及周边内饰是否完整、无破损、功能正常。

仪表台、储物盒是否无裂痕，配件是否无缺失。

门窗密封条是否良好、无老化，是否无破损、松动及裂缝和污迹。

② 电子电器设备。故障灯是否正常，空调、天窗、玻璃窗升降器、门窗工作使用效果是否正常。

③ 安全带结构是否完整、功能是否正常。
④ 方向盘自由行程转角是否小于 15°。
⑤ 驻车制动系统是否灵活有效。
⑥ 车内后视镜，左、右后视镜折叠装置工作是否正常。

(3) 鉴定结果

检查完成后，按表 5-11 要求完成检查结果的填写。

(4) 操作训练

根据上述检查要求，完成驾驶舱的鉴定。

5.2.4.4 底盘检查

(1) 鉴定要求

按表 5-12 要求检查 8 个项目。选择 A 不扣分；第 85、86 项，选择 C 扣 4 分；第 87、88 项，选择 C 扣 3 分；第 89、90、91 项，选择 C 扣 2 分。共计 15 分，扣完为止。

表 5-12　底盘检查项目作业表

序号	检查项目	A	C
85	发动机油底壳是否无渗漏	是	否
86	变速箱体是否无渗漏	是	否
87	转向节臂球销是否无松动	是	否
88	三角臂球销是否无松动	是	否
89	传动轴十字轴是否无松旷	是	否
90	减震器是否无渗漏	是	否
91	减震弹簧是否无损坏	是	否
92	其他	只描述缺陷，不扣分	

注："其他"项中，主要检查车辆的制动系统，包括制动踏板行程、刹车片、刹车盘、驻车制动等功能是否正常，检查刹车片是否太薄，刹车盘是否有变形凸凹感觉等。

(2) 鉴定步骤

底盘检查时应举升车辆，因为车辆举升后便于检查底盘。主要检查底盘是否严重锈蚀、悬架部件是否老化、渗油、渗水，底盘是否严重磕碰。检查轮胎、轮毂是否异常，检查刹车盘、刹车片磨损程度。

如果检查发现底盘骨架、悬挂件大部分严重锈蚀，建议不考虑此车。

高档车的发动机舱密封得很严实，不容易从发动机舱检查零部件的状况，将车辆举升起来就容易观察了。

有些高档车的底盘也是密封得很严实，需拆下底盘护板检测。

① 发动机总成检查。

a. 鉴定发动机油底壳、变速箱体是否无渗漏。

b. 鉴定检测发动机、变速箱、前桥、悬挂件螺栓是否拆卸过。如果拆卸过则可能发动机进行过大修。

② 转向系统、行驶系统、传动系检查。

a. 检查系统是否无松旷。

b. 检查悬架螺栓是否拆卸过。检查轮胎是否鼓包、刮伤，检查轮胎生产日期、磨损情况。检查轮毂是否变形、裂纹。

③ 车身检查。

a. 检查前后纵梁和中部大梁的接合点、原厂冲压点、整体平整度,是否碰撞变形、是否切割焊接。

b. 检测底盘中部是否存在磕碰凹陷。

c. 检查后围板、备胎箱接合点、原厂冲压点、整体平整度。

d. 检查前后防撞梁是否有新旧件、看固定螺栓是否有松动痕迹。

e. 检查门槛骨架是否切割修复。

(3) 鉴定结果

检查完成后,按表 5-12 要求完成检查结果的填写。

(4) 操作训练

根据上述检查要求,完成底盘的鉴定。

5.2.4.5 功能性零部件检查

(1) 鉴定要求

对表 5-13 所示零部件功能进行检查。结构、功能损坏的,直接进行缺陷描述,不计分。

表 5-13　车辆功能性零部件项目表

序号	类别	零部件名称	序号	类别	零部件名称
93	车身外部件	发动机舱盖锁止	105	随车附件	备胎
94		发动机舱盖液压支撑杆	106		千斤顶
95		后门/后备厢液压支撑杆	107		轮胎扳手及随车工具
96		各车门锁止	108		三角警示牌
97		前后雨刮器	109		灭火器
98		立柱密封胶条	110	其他	全套钥匙
99		排气管及消音器	111		遥控器及功能
100		车轮轮毂	112		喇叭高低音色
101	驾驶舱内部件	车内后视镜	113		玻璃加热功能
102		座椅调节及加热			
103		仪表板出风管道			
104		中央集控			

(2) 鉴定步骤

按表 5-13 检查车身外部件、驾驶舱内部件、随车附件和车钥匙等。

(3) 鉴定结果

检查完成后,按表 5-13 要求完成检查结果的填写。

(4) 操作训练

根据上述检查要求,完成功能性零部件的鉴定。

5.2.4.6 启动检查

(1) 鉴定要求

按表 5-14 要求检查 10 个项目。选择 A 不扣分;第 65、66 项选择 C 扣 2 分;第 67 项选择 C 扣 1 分；第 68 至 71 项，选择 C 扣 0.5 分；第 72、73 项选择 C 扣 10 分。共计 20 分，扣完为止。

如检查第 66 项时发现仪表板指示灯显示异常或出现故障报警，则应查明原因，并在《二手车鉴定评估报告》或《二手车技术状况鉴定书》的技术状况缺陷描述中予以注明。

优先选用车辆故障信息读取设备对车辆技术状况进行检测。

表 5-14 启动检查项目作业表

序号	检查项目	A	C
65	车辆启动是否顺畅（时间少于 5s，或一次启动）	是	否
66	仪表板指示灯显示是否正常，无故障报警	是	否
67	各类灯光和调节功能是否正常	是	否
68	泊车辅助系统工作是否正常	是	否
69	制动防抱死系统（ABS）工作是否正常	是	否
70	空调系统风量、方向调节、分区控制、自动控制、制冷工作是否正常	是	否
71	发动机在冷、热车条件下怠速运转是否稳定	是	否
72	怠速运转时发动机是否无异响，空挡状态下逐渐增加发动机转速，发动机声音过渡是否无异响	是	否
73	车辆排气是否无异常	是	否
74	其他	只描述缺陷，不扣分	

（2）鉴定步骤

按表 5-14 要求进行启动检查，要特别注意做好发动机启动前的检查工作，保证不损坏发动机等机件和避免出现安全事故。

发动机启动时要按要求进行，如果发动机不容易启动或不能启动时，按要求处理。

发动机启动后要检查仪表显示是否正常，怠速运转是否正常。

检查各类灯光和调节功能是否正常。

（3）鉴定结果

检查完成后，按表 5-14 要求完成检查结果的填写。

（4）操作训练

根据上述检查要求，完成发动机启动的鉴定。

5.2.4.7 路试

（1）鉴定要求

按表 5-15 要求检查 10 个项目。选择 A 不扣分；选择 C 扣 2 分。共计 15 分，扣完为止。

如果检查第 80 项时发现制动系统出现刹车距离长、跑偏等不正常现象，则应在《二手车鉴定评估报告》或《二手车技术状况表》的技术缺陷描述中予以注明，并提示修复前不宜使用。

（2）鉴定步骤

路试时要注意行车安全，在驾驶时要注意转向系统、制动系统等工作是否正常，确保驾驶安全。

路试时主要检查发动机工作是否正常，检查发动机动力性、制动性、操控性等是否正常。检查传动系统和行驶系统工作是否正常。

表 5-15　路试检查项目作业表

序号	检查项目	A	C
75	发动机运转、加速是否正常	是	否
76	车辆启动前踩下制动踏板,保持 5~10s,踏板无向下移动的现象	是	否
77	踩住制动踏板启动发动机,踏板是否向下移动	是	否
78	行车制动系最大制动效能在踏板全行程的 4/5 以内达到	是	否
79	行驶是否无跑偏	是	否
80	制动系统工作是否正常有效、制动不跑偏	是	否
81	变速器工作是否正常、无异响	是	否
82	行驶过程中车辆底盘部位是否无异响	是	否
83	行驶过程中车辆转向部位是否无异响	是	否
84	其他	只描述缺陷,不扣分	

路试时尽量在各种工况和路况下试车。试车时主要注意发动机是否加速有力,变速器换挡是否平稳(针对手动挡变速器需要试验离合器是否分离彻底,是否存在打滑、起步抖动、发闷、异响、沉重等现象,以及试验变速器每个挡位切入是否正常、是否存在异响)。

20 万以下的车辆的自动变速器换挡时会存在顿挫感,只要不是特别严重就行。

还要注意在不平路面行驶时,底盘要扎实无异响,不要有很松旷的感觉,否则说明底盘件老化了。

再者注意车辆行驶时是否噪声过大,方向盘、车身是否存在抖动等。

制动系统检查时要注意以下 4 项。

① 检查 ABS。装有 ABS 的汽车,当汽车以 30~40km/h 的速度在各种路面上全力制动时,车轮不应抱死。特别是在紧急制动情况下看 ABS 有无反应,而且要分车速测试在制动时车辆有无跑偏现象。

② 检查点刹制动。以 30km/h 车速行驶,急踩制动踏板然后松开,不应出现跑偏迹象。60km/h 车速紧急制动时,车辆应能立即减速,应特别注意不应有跑偏迹象。

③ 检查车辆的驻车制动。检查驻车制动是否灵敏,在有坡度的地方进行驻车制动检查,查看是否有溜车现象。

④ 检查滑行性能。以 30km/h 速度行驶,手动变速器挂空挡后滑行,检查滑行距离。一般轿车的滑行距离不应少于 150m。

(3) 鉴定结果

检查完成后,按表 5-15 要求完成检查结果的填写。

(4) 操作训练

根据上述检查要求,完成车辆的路试鉴定。

5.2.4.8　拍摄车辆照片

车辆拍照是评估人员使用数码照相机或手机拍摄被评估车辆的照片并存档的过程。

(1) 拍摄时对车辆的要求

拍摄时对被拍摄车辆的要求是:①车身要擦洗干净;②前挡风玻璃及仪表盘上无杂物;③牌照号码无遮挡;④转向盘回正,前轮处于直线行驶状态。

5 二手车鉴定评估综合训练

（2）拍摄光线要求

二手车拍照应尽量采用正面光拍照，以使二手车的轮廓分明、牌照号码清晰、车身颜色真实。

（3）二手车拍摄要求

为了更好地显示车辆的特征，一般按正面、后面、侧面、侧前方和侧后方等五个方向拍摄，同时要求拍摄清楚的发动机舱、驾驶室、行李箱等局部照片，反映车辆的真实使用情况。

拍摄时将车辆放置在宽阔平坦的地面，要求全车影像尽量充满整个像面，一般要求车辆占画面的比例为画面的 3/4 左右，以确保照片的完整性。

也可以按照下面的要求多拍摄几张，不但能够展现车辆的全貌，同时对销售也能够起到一定的促进作用。

拍摄照片要求反映正面 45°角、背面 45°角、侧面、前大灯、后大灯、中控台、方向盘、变速器、控制面板、仪表盘、前排座椅、后排座椅、发动机机舱、备胎、轮毂和行李箱。

① 车辆外观　车辆外观照片一般采用平拍视角拍摄。

前面照（也称为标准照）是在车前侧呈 45°方向拍摄的全车照片（见图 5-5），机动车行驶证首页上的照片就是标准照；这个角度拍摄的照片可以清晰地展现车辆的全貌，也让消费者对于这款二手车有一个直观的了解。

图 5-5　前侧 45°

后面照是在车后侧 45°方向拍摄的全车照片（见图 5-6）。

图 5-6　后侧 45°

拍摄车辆的正面、侧面与背面照片，全面展示车辆外观（见图 5-7）。

② 外部特写　前后大灯特写，如图 5-8 所示。

前面照片

侧面全车照片

前大灯

背面照片

后大灯

图 5-7　全面展示车辆外观　　　　　　　图 5-8　前后大灯

轮胎能够反映车辆的使用情况，拍摄轮胎时需要平视角度拍摄，避免轮胎拍摄变形，如图 5-9 所示。

③ 骨架　骨架照片见图 5-10。

图 5-9　轮胎

防火墙

悬架支座、散热器支架和左右大梁

车门和A、B、C柱

图 5-10 尾部翼子板、行李箱盖

④ 发动机机舱　拍摄发动机机舱正面及全貌照片，能清晰反映发动机机舱的布置特点，可以不拍摄特写镜头，如图 5-11 所示。

⑤ 行李箱　反映行李箱的容量、结构和行李箱盖支撑等，如图 5-12 所示。

图 5-11　发动机机舱

图 5-12　行李箱

⑥ 内饰　二手车的内饰也是消费者关心的问题，内饰的好坏、配置的种类，都是决定一辆车卖价的标准。因此，用内饰照片可以让消费者直观地了解车辆的配置和使用情况。

一般拍摄驾驶室内饰板、后排空调座椅、方向盘、仪表盘、中控台、天窗、车门装饰板、中央扶手、音响喇叭和变速器操纵杆等部位。

⑦ 驾驶室　分别拍摄方向盘及其多功能按键、仪表台、操纵杆和座椅等照片，反映驾驶室整体状况。拍摄时一般采用俯拍，如图 5-13 所示。

首先是坐在车辆后方拍摄前方中控台，在拍摄这组照片的时候需要把前排的座椅往后挪到底，以便能够全面地反映驾驶席、副驾驶席以及仪表台的全貌。

⑧ 座椅　因为座椅表面包裹面料有皮质和织物之分，因此它也是衡量车价的一个因素。拍摄前座椅时，要选择侧面的角度拍摄，如图 5-14 所示；需要注意的是，拍摄前排座椅时

需要将座椅的调节方式拍摄出。

前排座椅(含座椅调节方式)

中央扶手

后排座椅

后座空调

图 5-13　驾驶室　　　　　　　　　　图 5-14　座椅

⑨ 天窗　天窗拍摄时要能够反映天窗的全貌和特点，如图 5-15 所示。

图 5-15　天窗

⑩ 证件、铭牌照片　机动车登记证书（有变更的每一页都要拍摄）、行驶证等拍摄。

（4）操作训练

根据上述要求，完成车辆照片的拍摄。

5.2.4.9　车辆技术状况鉴定训练

结合上述内容，参考表 5-16 进行车辆技术鉴定训练，将检查结果记录在表 5-17 中。

表 5-16　二手车质量检验标准

车身检验		
序号	检查内容	质量标准
1	前挡风玻璃（刮痕、擦痕、裂痕、凹痕）	玻璃无明显裂纹，无刮痕、擦痕、裂痕、凹痕，无渗水漏风
2	后挡风玻璃（刮痕、擦痕、裂痕、凹痕）	
3	发动机舱盖（油漆、表面光洁、内侧隔音垫）	部件、饰板齐全，且无破损、锈蚀。允许有漆面划痕，凹痕小于 10 处
4	前保险杆（表面油漆）	轻微油漆损伤、没有无法处理的污迹
5	后保险杠（表面油漆）	
6	中网防护罩（汽车标志）	没有凹痕、扭曲、锈蚀、遗失、破损和松动
7	灯光罩壳	部件、饰板齐全，且没有锈蚀和破损
8	左侧车身检查（左前翼子板、左前门、左后门、左后翼子板）	部件、饰板齐全，且没有明显锈蚀。油漆损伤不能伤及钣金件基部，表面不得有任何锈迹和腐蚀痕迹。允许有漆面划痕，但长度不得超过 5cm，表面凹痕不得大于 15mm×15mm，并且每辆车划痕、凹痕小于 10 处
9	右侧车身检查（右前翼子板、右前门、右后门、右后翼子板）	
10	行李箱盖	没有无法处理的污迹
11	车顶及顶边，A、B、C 柱，两后视镜	车门框与 A、B、C 三柱平整无修理痕迹，接缝自然平整与出厂时保持一致
内饰检验		
序号	检查内容	质量标准
12	仪表板（装饰件、控制件、时钟重设）	无缺件，无松动、损坏的部件
13	左前座椅和门内侧（坐垫、控制件、内装饰件、头枕）	没有撕裂、破损、烧焦的痕迹、污迹，座椅轨道无断裂、卡死
14	右前座椅和门内侧（坐垫、控制件、内装饰件、头枕）	

续表

内饰检验		
序号	检查内容	质量标准
15	左后座椅和门内侧(坐垫、控制件、内装饰件、头枕)	没有撕裂、破损、烧焦的痕迹、污迹，座椅轨道无断裂、卡死
16	右后座椅和门内侧(坐垫、控制件、内装饰件、头枕)	
17	内部装饰检验(遮阳板、化妆镜、行李托架、地毯、脚垫)	
18	行李箱内侧饰板及钣金件	没有烧焊、松旷、修复痕迹；无破损、烧焦的痕迹；无裂缝和污迹

功能件检验		
序号	检查内容	质量标准
19	喇叭	功能正常
20	钥匙/遥控钥匙	功能正常。备有两套钥匙及遥控器
21	内部照明灯(仪表板灯)	车内所有的照明系统(仪表台背景灯、顶灯、车内灯、阅读灯、手套箱灯、副仪表台灯、标记灯灯)正常工作、开关自如。灯泡及插座无损坏
22	前座椅(功能)	电动功能、记忆功能、安全带功能正常
23	后座椅(功能)	电动功能、安全带功能正常
24	后视镜(电动外后视镜)	调节功能、记忆功能正常
25	挡风玻璃雨刷及喷嘴	雨刮器无松旷、角度正常。洗涤器喷嘴顺畅，无清洗液泄漏。雨刷工作无抖动和异常噪声。各部件齐全,固定牢靠
26	四车窗玻璃(操控开关/电控按钮正常)	正常工作,车窗工作升降顺畅无卡带,防夹功能正常。儿童保护装置功能正常
27	天窗	正常工作,工作无振动、噪声外观无裂纹破损等,密封正常
28	暖风和风扇开关	工作正常无噪声
29	工具箱	工具箱无裂纹损坏,内部工具齐全
30	燃油箱锁/行李箱锁/发动机舱盖锁	工作正常。按键和拉锁无磨损和松旷,开关自如
31	车载警报器/车载电话	功能正常,配件齐全
32	车载电源/点烟器	功能正常
33	时钟	功能正常,指示正确
34	门拉手/门锁	正常,无裂纹、不松旷。密封严密。饰条齐全。锁止装置/儿童保护装置功能正常
35	前部照明	停车灯、近光灯、远光灯、雾灯、转向灯、示宽灯工作正常,开关自如。组合开关工作正常,外观无损坏,不存在松旷现象
36	后部照明	倒车灯、牌照灯、刹车灯、雾灯、转向灯、示宽灯工作正常。外观无损坏,不存在松旷现象

续表

发动机检验

序号	检查内容	质量标准
37	视觉观察(遗失/缺损配件、渗漏、商标、标志铭牌)	视觉观察部件是否渗漏、磨损、丢失。所有的标记和指示标贴、铭牌必须为原厂件
38	检测仪诊断校对车辆VIN、发动机、自动变速器传感器	电脑检测无故障，功能测试及相关数据在正常数值内
39	电路系统(各类线束)	线束布置符合原要求，无破损裂纹。接头接触牢靠
40	蓄电池/发电机	蓄电池电眼颜色呈绿色，电瓶桩头无锈蚀、牢固
41	启动机	工作时结合平稳，无异响,回位迅速
42	发动机冷却系统/水泵(液面、盖子、液体状况)	散热器护罩、横梁、发动机下纵梁、发动机舱侧副梁无严重变形和修理过的痕迹
43	散热器及冷却风扇	工作正常，固定牢固。冷却液无滴漏
44	润滑油油泵/燃油泵	工作正常，无异响
45	动力转向系统(液面,方向机泵,油路管路)	液面正常,转向系统工作正常,无滴漏、无噪声
46	制动系统(刹车油液面,制动助力泵,制动液管路)	制动系统工作正常,无泄漏无噪声。制动总泵和真空助力器工作正常,制动液在正常水平,管路无滴漏及破损(包括制动分泵)
47	点火系统(火花塞,点火线圈)	高压线点火线圈外观无裂纹、破损。发动机运转平稳
48	油气循环系统(曲轴箱通风)	曲轴箱各阀门齐全、有效
49	燃油油路系统(油路、管路及连接处渗漏检查)	燃油油路系统无渗漏,连接牢固
50	真空系统	真空软管连接牢固、无裂纹、无磨损
51	空调压缩机(渗漏,管路)	空调系统管路布置符合原厂规定。无渗漏。空调系统线路无老化、裂纹、破损,空调制冷剂检查并充注
52	冷凝器、蒸发器系统(渗漏,管路)	
53	发动机皮带/正时链条(张紧轮磨损)	工作正常。无裂纹、老化现象,张紧度符合要求

底盘检验

序号	检查内容	质量标准
54	目视检查(车身,车身底部,车身下部)	无变形、修复烧焊痕迹,结合部位牢固,无悬吊物、无松旷等现象
55	减震器/支柱(功能、渗漏)	无松旷、变形、撞击、磨损、滴漏等,减震器功能良好,转向无异常噪声
56	减震器弹簧和支座(安装,衬套)状况	安装正确,无松旷、无磨损、无变形
57	三元催化反应器(外侧)	无撞击、无磨损、无变形
58	所有V带	无磨损、无变形
59	排气状况	工作正常,通过国家规定的在用机动车尾气排放标准
60	转向节	工作正常
61	转向系统	助力转向随动正常
62	稳定杆/平衡杆	连接牢固,无撞击、无变形
63	传动轴(状况、护套)	传动轴无磨损,护套无损坏
64	所有制动管接头	无变形、撞击、松旷等,无渗漏、无磨损、无锈蚀

5 二手车鉴定评估综合训练

续表

底盘检验		
序号	检查内容	质量标准
65	后卡钳、半轴、制动蹄(状况)	无变形、撞击、松旷等，无渗漏滴流现象，无磨损，无锈蚀，衬垫卡簧齐全，制动蹄有足够厚度
66	前制动摩擦片、鼓(状况、衬套)	刹车片、盘和刹车蹄磨损正常，平整无弯曲变形
67	后制动摩擦片、鼓(状况、衬套)	
68	炭罐及控制阀、管路	连接牢固，无撞击、完好不变形
69	发动机下侧部件(状况)	连接牢固，无撞击、无变形、油液无滴漏，完好不变形
70	变速器下侧部件(状况)	变速器的支撑无破损
71	自动变速器液压系(渗漏、润滑油)	管路连接正常牢固，软管无裂纹不滴漏
72	驱动系统(半轴、防尘罩、球笼结合部分)	连接牢固、无撞击、无变形、油液无滴漏，完好不变形
73	后桥	无变形、撞击、松旷等，没有发现严重撞过的痕迹，无磨损无锈蚀
74	ABS传感器和线路	自检功能正常，工作稳定可靠(检测仪检测)
75	方向机(液压油检查渗漏、安装)	方向机无滴漏，安装正确、无松旷
76	驻车制动拉线(状况、磨损程度)	具有较强劲制动效果，释放自如，无噪声
77	轮胎状况(凹痕、擦痕及气压)	四条轮胎型号一致，同一轴的轮胎必须是同一品牌。胎面无损伤和严重单边磨损，花纹深度不少于3mm，轮胎磨损均匀，侧面无鼓包、划痕及凹凸不均；备胎及轮辋无损伤，无不正常的褪色

路试检验		
序号	检查内容	质量标准
78	发动机运行状况	发动机启动迅速、工作有力，高低速过渡平稳安静，点火正时正确，不烧机油、不敲缸、无漏油、气、水、电等现象
79	加速性和通过性	加速性能正常平稳，不存在抖动、缺缸等异常现象
80	传动装置运行情况	自动变速箱各挡传动正常，换挡正常无冲击
81	后车轴噪声水平	在正常范围
82	离合器液压助力系统	无异响、无渗漏
83	手动变速器换挡	操作灵活，不松旷，换挡自如无卡带，所有挡位正常
84	离合器分离程度/踏板行程	离合器操作轻便、结合平稳、分离彻底
85	车速表情况	工作正常、指示准确
86	里程表情况	
87	燃油油量表情况	
88	后视镜/后窗除霜操作(电热丝、内外后视镜)	无破损和磨损，电动及手动调节功能正常。漆面无划痕，固定可靠
89	制动系统(ABS)工作性能	电脑检测无故障，仪表指示工作正常。ABS制动正常，能够感觉到系统工作。无跑偏、甩尾。制动距离达到国家规定的在用机动安全运行技术条件

续表

路试检验		
序号	检查内容	质量标准
90	转弯、直线行驶轻松无噪声,方向盘水平置中	无跑偏(规定范围内)、车轮无摆动,不发飘和方向盘不振动。通过前轮侧滑检测
91	被动安全系统(气囊,全部安全带)	气囊完整,检测仪显示SRS系统正常,气囊盖表面无裂纹、掉色和开裂。仪表指示灯工作正常。安全带的搭扣、调节和卷缩器正常,安全带无严重磨损、切口和裂缝
92	车身四门(噪声/震动/车身线束)	所有车门和门锁开启顺畅。防水胶条平整,门铰链和止转杆工作正常。遥控门锁、电动门锁工作正常
93	底盘/悬架系统/轮胎(噪声/震动/车身线束)	底盘/悬架系统整体无异常噪声、松旷和震动。车身线束固定牢靠
94	巡航系统	工作正常。控制开关按键齐全有效
95	可调式方向盘	方向盘调整功能正常
96	音响系统(收音机/USB接口/CD/VCD/DVD/扬声器/天线)	功能正常。液晶显示、背景照明正常。外观没有明显损伤。按键开关齐全有效
97	冷暖空调(鼓风机/操控系统/供气分配系统)	空调制冷和加热工作正常,制冷速度达到设计要求。风扇、温度、模式控制、除雾、除霜功能达到设计要求。空调系统过滤网干净,通风道流畅
98	风噪检验	风噪在标准范围内
99	车内CO水平	CO浓度在标准范围内

保养与清洁		
序号	检查内容	质量标准
100	变速箱润滑油/发动机润滑油/燃油	视情况进行添加,保持正常
101	润滑油/空调/空气/燃油的滤清器	检查各滤清器(必要时用原厂认可零件更换),进气系统工作正常
102	防冻/制动/风窗洗涤器的油液	视情况进行添加,保持液面正常
103	润滑枢轴点(发动机机舱盖/门铰链、驻车制动)	工作正常,无严重异响
104	排放/自诊系统	尾气排放/自诊系统达到国家规定的车辆年检标准
105	备胎状态及胎压	在标准状态
106	车门铰链	检查铰链,视情况添加润滑油,使保持正常
107	随车工具、用户手册和原质保手册	齐全有效
108	车辆清洗(车身、内部座椅、内饰、地毯、行李箱、发动机室)	清洁

5 二手车鉴定评估综合训练

表 5-17　二手车技术状况鉴定表

车辆基本信息				
车辆出厂日期		首次登记日期		
VIN 号码		发动机号码		
车型/配置				
牌照号		变速器	□手动	□自动
发动机排量	L	行驶里程		km

车身检验

说明:"检查结果"的□内,打"√"表示达到检验标准;打"×"表示未达到检验标准

序号	检查内容	检查结果	序号	检查内容	检查结果
1	前挡风玻璃(刮痕、擦痕、裂痕、凹痕)	□	7	左侧车身检查(左前翼子板、左前门、左后门、左后翼子板)	□
2	后挡风玻璃(刮痕、擦痕、裂痕、凹痕)	□	8	右侧车身检查(右前翼子板、右前门、右后门、右后翼子板)	□
3	发动机盖(油漆、表面光洁)/内侧隔音垫无破损	□	9	行李箱盖	□
4	前保险杠(表面油漆)	□	10	行李箱盖车顶及顶边,A、B、C 三柱,两后视镜	□
5	后保险杠(表面油漆)	□	11	中网防护罩(汽车标志)	□
6	灯光罩壳	□			

内饰检验

序号	检查内容	检查结果	序号	检查内容	检查结果
12	仪表板(装饰件、控制件、时钟重设)	□	16	右后座椅和门内侧(坐垫、控制件、内装饰件、头枕)	□
13	左前座椅和门内侧(坐垫、控制件、内装饰件、头枕)	□	17	内部装饰检验(遮阳板、化妆镜、行李托架、地毯、脚垫)	□
14	右前座椅和门内侧(坐垫、控制件、内装饰件、头枕)	□	18	行李箱内侧饰板及钣金件	□
15	左后座椅和门内侧(坐垫、控制件、内装饰件、头枕)	□			

功能件检验

序号	检查内容	检查结果	序号	检查内容	检查结果
19	喇叭	□	28	暖风和风扇开关	□
20	钥匙/遥控钥匙	□	29	工具箱	□
21	内部照明灯(仪表板灯)	□	30	燃油箱锁/行李箱锁/发动机机舱盖锁	□
22	前座椅(功能)	□	31	车载警报器/车载电话(遥控装置功能正常)	□
23	后座椅(功能)	□	32	车载电源/点烟器	□
24	后视镜(电动外后视镜)	□	33	时钟	□
25	挡风玻璃雨刷及喷嘴	□	34	门拉手/门锁(锁止装置、儿童保护装置功能正常)	□
26	四车窗玻璃(操控开关/电控按钮正常)	□	35	前部照明	□
27	自动天窗(功能状况正常)	□	36	后部照明	□

续表

		发动机舱检验			
序号	检查内容	检查结果	序号	检查内容	检查结果
37	视觉观察(遗失/缺损配件、渗漏、商标、标志铭牌)	☐	46	制动系统(刹车油液面,制动助力泵,制动液管路)	☐
38	检测仪诊断校对车辆VIN、发动机、自动变速箱传感器	☐	47	点火系统(火花塞,点火线圈)	☐
39	电路系统(各类线束)	☐	48	油气循环系统(曲轴箱通风)	☐
40	蓄电池/发电机	☐	49	燃油油路系统(油路、管路及连接处渗漏检查)	☐
41	启动机	☐	50	真空系统(状况)	☐
42	发动机冷却系统/水泵(液面、盖子、液体状况)	☐	51	空调压缩机(渗漏,管路)	☐
43	散热器及冷却风扇	☐	52	冷凝器、蒸发器系统(渗漏,管路)	☐
44	润滑油泵/燃油泵	☐	53	发动机皮带/正时链条(张紧轮磨损)	☐
45	动力转向系统(液面,方向机泵,油路管路)	☐			

		底盘检验			
序号	检查内容	检查结果	序号	检查内容	检查结果
54	目视检查(车身,车身底部,车身下部)	☐	66	前制动摩擦片、鼓(状况,衬套)	☐
55	减震器/支柱(功能、渗漏)	☐	67	后制动摩擦片、鼓(状况,衬套)	☐
56	减震器弹簧和支座(安装、衬套)状况	☐	68	炭罐及控制阀、管路	☐
57	三元催化反应器(外侧)	☐	69	发动机下侧部件(状况)	☐
58	所有V带	☐	70	变速器下侧部件(状况)	☐
59	排气状况	☐	71	自动变速器液压系统(渗漏,润滑油)	☐
60	转向节	☐	72	驱动系统(驱动半轴,防尘罩、球笼结合部分)	☐
61	转向系统	☐	73	后桥	☐
62	稳定杆/平衡杆	☐	74	ABS传感器和线路	☐
63	传动轴(状况、护套)	☐	75	方向机(液压油检查渗漏,安装)	☐
64	所有制动管接头	☐	76	驻车制动拉线(状况、磨损程度)	☐
65	后卡钳,半轴,制动蹄(状况)	☐	77	轮胎状况(凹痕、擦痕及气压)	☐

续表

路试检验

序号	检查内容	检查结果	序号	检查内容	检查结果
78	发动机运行状况	☐	89	制动系统（ABS）驾驶性能	☐
79	加速性和通过性	☐	90	转弯、直线行驶轻松无噪声，方向盘水平置中	☐
80	传动装置运行情况	☐	91	被动安全系统（气囊，全部安全带）	☐
81	后车轴噪声水平	☐	92	车身四门（噪声/震动/车身线束）	☐
82	离合器液压助力系统	☐	93	底盘/悬挂系统/轮胎（噪声/震动/车身线束）	☐
83	手动变速器换挡	☐	94	巡航控制系统	☐
84	离合器分离程度/踏板行程	☐	95	可调整式方向盘（功能/声音）	☐
85	车速表情况	☐	96	音响系统（收音机/USB 接口/CD/VCD/DVD/扬声器/天线）	☐
86	里程表情况	☐	97	冷暖空调（鼓风机/操控系统/供气分配系统）	☐
87	燃油油量表情况	☐	98	风噪检验	☐
88	后视镜/后窗除霜操作（电热丝、内外后视镜）	☐	99	车内 CO 水平	☐

保养与清洁

序号	检查内容	检查结果	序号	检查内容	检查结果
100	变速器润滑油/发动机润滑油/燃油	☐	105	备胎状态及胎压	☐
101	润滑油/空调/空气/燃油的滤清器	☐	106	车门铰链	☐
102	防冻/制动/风窗洗涤器的油液	☐	107	随车工具、用户手册和原质保手册	☐
103	润滑枢轴点（发动机舱盖/门铰链/驻车制动）	☐	108	车辆清洗（车身、内部座椅、内饰、地毯、行李箱、发动机室）	☐
104	排放/自诊系统	☐			

5.2.5 评估车辆价值

根据所鉴定的车辆有关情况，确定二手车的估值方法，并对车辆价值进行估算。估值方法选用原则是一般情况下，推荐选用现行市价法；在无参照物或无法使用现行市价法的情况下，选用重置成本法。

运用现行市价法估算二手车价格时，要注意选取与被评估车辆车型、配置、技术状况鉴定检测分值相同或相近的车辆的近期交易价格作为参照。并结合车辆技术状况鉴定分值加以修正。

使用重置成本法计算车辆价值时，综合成新率由技术鉴定成新率与年限成新率组成，即：

综合成新率＝年限成新率×α＋技术鉴定成新率×β

其中，年限成新率＝预计车辆剩余使用年限/车辆使用年限，注意，乘用车使用年限15年，超过15年的按实际年限计算；有年限规定的车辆按实际要求计算。

技术鉴定成新率＝车辆技术状况分值/100

α、β分别为年限成新率系数与技术鉴定成新率系数，由评估人员根据市场行情等因素确定，且$\alpha+\beta=1$。

技术鉴定成新率×β，相当于实体性陈旧贬值与功能性陈旧贬值后，车辆剩余的价值率。

年限成新率×α，相当于经济性陈旧贬值后，车辆剩余的价值率。

结合上述要求，进行二手车的价格计算，完成表5-18的填写。

表5-18 二手车鉴定估价表

车辆VIN：		发动机编号：		车辆牌照：	车辆型号：	
制造年份：		车辆颜色：	发动机排量：	变速箱：	行驶里程：	
鉴定结果及预估维修费用							

	鉴定项目	维修费用		鉴定项目	维修费用
车身外部油漆和钣金件	前后四车门		车厢内部及静态检查	电动后视镜/电动天线	
	前后四翼子板			安全带、安全气囊、驻车系统	
	发动机机舱盖/散热器护罩前围板			空调冷暖工作系统/温度效果	
	行李箱盖/后围板			油箱、行李箱、前盖锁止机构	
	前后保险杆			点火启动状况及风窗雨刮器	
	车轮/车轮装饰盖			离合器、制动和油门踏板行程	
	车顶、顶边、A柱、B柱、C柱			前围/前纵梁及翼子板内侧	
	前后全车灯罩		发动机机舱盖下侧	发动机怠速运转状况/点火正时	
	全车风窗玻璃			变速器状况/离合器换挡/油面	
	全车门密封条及装饰条			方向机助力系统/液压管路	
	发动机、车架号牌、铭牌、标牌			冷却及空调管路系统	
车厢内部及静态检查	车内饰顶/内饰板/遮阳板/储物箱			点火系统/蓄电池/保险丝盒	
	四座椅及其功能			四轮制动性能及制动助力系统	
	仪表装置及指示灯/车内外照明			避震系统/驱动半轴/横拉杆	
	全车门锁拉手及儿童锁止动装置			轮胎/轮毂/轮罩	
	收音机/CD及音响喇叭系统			底盘大梁/消声器/三元催化	
	电动窗机及天窗装置		其他		
路试检查	启动—离合器分离能力—加速—手/自动换挡质量—转向—制动—怠速—驻车制动—喇叭—转速表—车速表—空调暖气—轮胎振动—发动机运转温度			行李箱/备胎/随车工具	
				润滑油/空气/汽油滤清器/前后制动刹车片(鼓)等易损耗件	
维修费用总计：					

5.2.6 撰写鉴定评估报告

① 根据车辆技术状况鉴定等级和价值评估结果等情况，按照附录2要求撰写《二手车鉴定评估报告》，做到内容完整、客观、准确，书写工整。

② 按委托书要求及时向客户出具《二手车鉴定评估报告》，并由鉴定评估人与复核人签章、鉴定评估机构加盖公章。

5.2.7　归档工作底稿

将《二手车鉴定评估报告》及其附件与工作底稿独立汇编成册，存档备查。

档案保存一般不低于 5 年；鉴定评估目的涉及财产纠纷的，其档案至少应当保存 10 年；法律法规另有规定的，从其规定。

附录1 《二手车鉴定评估技术规范》

引言

为规范二手车鉴定评估行为，营造公平、公正的二手车消费环境，保护消费者合法权益，促进汽车市场健康发展，制定本标准。

本标准在制定过程中，参考了国外二手车鉴定评估有关法规与行业标准的主要思路与方法。

1. 范围

本标准规定了二手车鉴定评估的术语和定义、企业要求、作业流程和方法等技术要求。

本标准适用于从事二手乘用车鉴定评估的活动。从事其他二手车鉴定评估，以及其他涉及汽车鉴定评估活动参照执行。

2. 规范性引用文件

下列规范所包含的条文，通过在本规范中引用而构成本规范的条文。

本规范出版时，所示版本均为有效。

所有规范都会被修订，使用本规范的各方应探讨使用下列规范最新版本的可能性。

凡是不注明日期的引用文件，其最新版本适用于本规范。

《机动车运行安全技术条件》（GB 7258—2004）。

3. 术语和定义

本规范采用下列定义：

3.1 二手车 used automobile

本规范所述二手车是指从办理完注册登记手续到达到国家强制报废标准之前进行交易并转移所有权的汽车。

3.2 二手车鉴定评估 appraisal and inspection

是指对二手车进行技术状况检测、鉴定，确定某一时点价值的过程。

3.2.1 二手车技术状况鉴定 technical inspection

对车辆技术状况进行缺陷描述、等级评定。

3.2.2 二手车价值评估 evaluation

根据二手车技术状况鉴定结果和鉴定评估目的，对目标车辆价值评估。

价值评估方法主要包括现行市价法和重置成本法。

3.2.2.1 现行市价法 Current market price method

根据车辆技术状况按照市场现行价格计算出被评估车辆价值的方法。

3.2.2.2 重置成本法 Replacement cost method

按照相同车型市场现行价格重新购置一个全新状态的评估对象，用所需的全部成本减去评估对象的实体性、功能性和经济性陈旧贬值后的差额，以其作为评估对象现时价值的方法。

3.3 二手车鉴定评估机构 appraisal and inspection enterprises

从事二手车鉴定评估经营活动的第三方服务机构。

3.4 二手车鉴定评估师 appraiser 与高级二手车鉴定评估师 advanced appraiser

分别指依法取得二手车鉴定评估师、高级二手车鉴定评估师国家职业资格的人员。

4. 二手车鉴定评估机构条件和要求

4.1 场所

经营面积不少于 $200m^2$。

4.2 设施设备

4.2.1 具备汽车举升设备；

4.2.2 车辆故障信息读取设备、车辆结构尺寸检测工具或设备；

4.2.3 具备车辆外观缺陷测量工具、漆面厚度检测设备；

4.2.4 具备照明工具、照相机、螺丝刀、扳手等常用操作工具。

4.3 人员

具有3名以上二手车鉴定评估师，1名以上高级二手车鉴定评估师。

4.4 其他

4.4.1 具备电脑等办公设施；

4.4.2 具备符合国家有关规定的消防设施；

5. 二手车鉴定评估程序

5.1 二手车鉴定评估作业流程

二手车鉴定评估机构开展二手车鉴定评估经营活动按图一流程作业，并填写《二手车鉴定评估作业表》。二手车经销、拍卖、经纪等企业开展业务涉及二手车鉴定评估活动的，参照图一有关内容和顺序作业，即查验可交易车辆—登记基本信息—判别事故车—鉴定技术状况，并参照附录三填写《二手车技术状况表》。

5.2 受理鉴定评估

了解委托方及其车辆的基本情况，明确委托方要求，主要包括委托方要求的评估目的、评估基准日、期望完成评估的时间等。

5.3 查验可交易车辆

5.3.1 查验机动车登记证书、行驶证、有效机动车安全技术检验合格标志、车辆购置税完税证明、车船使用税缴付凭证、车辆保险单等法定证明、凭证是否齐全，并按照表一检查所列项目是否全部判定为"Y"。

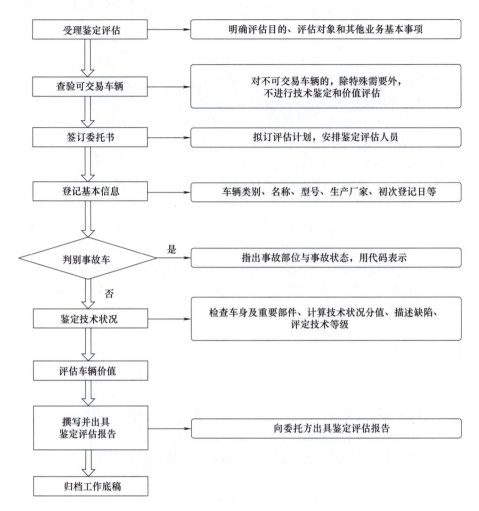

图一　二手车鉴定评估作业流程

表一　可交易车辆判别表

序号	检查项目	判别
1	是否达到国家强制报废标准	Y 否　N 是
2	是否为抵押期间或海关监管期间	Y 否　N 是
3	是否为人民法院、检察院、行政执法等部门依法查封、扣押期间的车辆	Y 否　N 是
4	是否为通过盗窃、抢劫、诈骗等违法犯罪手段获得的车辆	Y 否　N 是
5	发动机号与机动车登记证书登记号码是否一致，且无凿改痕迹	Y 是　N 否
6	车辆识别代号或车架号码与机动车登记证书登记号码是否一致，且无凿改痕迹	Y 是　N 否
7	是否走私、非法拼组装车辆	Y 否　N 是
8	是否法律法规禁止经营的车辆	Y 否　N 是

5.3.2　如发现上述法定证明、凭证不全、或表一检查项目任何一项判别为"N"的车辆，应告知委托方，不需继续进行技术鉴定和价值评估（司法机关委托等特殊要求的除外）。

5.3.3　发现法定证明、凭证不全，或者表一中第 1 项、4 项至 8 项任意一项判断为"N"的车辆应及时报告公安机关等执法部门。

5.4 签订委托书

对相关证照齐全、表一检查项目全部判别为"Y"的,或者司法机关委托等特殊要求的车辆,按附录一签署二手车鉴定评估委托书。

5.5 登记基本信息

5.5.1 登记车辆使用性质信息,明确营运与非营运车辆。

5.5.2 登记车辆基本情况信息,包括车辆类别、名称、型号、生产厂家、初次登记日期、表征行驶里程等。如果表征行驶里程与实际车况明显不符,应在《二手车鉴定评估报告》或《二手车技术状况表》中对有关技术缺陷描述时予以注明。

5.6 判别事故车

5.6.1 参照图二所示车体部位,按照表二要求检查车辆外观,判别车辆是否发生过碰撞、火烧,确定车体结构是完好无损或者有事故痕迹。

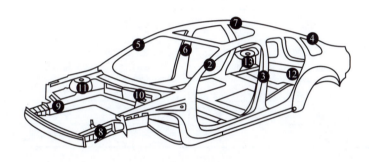

图二 车体结构示意图

1—车体左右对称性(图中未标注);2—左A柱;3—左B柱;4—左C柱;
5—右A柱;6—右B柱;7—右C柱;8—左前纵梁;9—右前纵梁;10—左前减震器安装座;
11—右前减震器安装座;12—左后减震器安装座;13—右后减震器安装座

5.6.2 使用漆面厚度检测设备配合对车体结构部件进行检测。

使用车辆结构尺寸检测工具或设备检测车体左右对称性。

5.6.3 根据表二、表三对车体状态进行缺陷描述。

即:车身部位+状态。

例:4SH,即左C柱有烧焊痕迹。

5.6.4 当表二中任何一个检查项目存在表三中对应的缺陷时,则该车为事故车。

5.6.5 事故车的车辆技术鉴定和价值评估不在本规范的范围之内。

表二 车体部位代码表

序号	检查项目	序号	检查项目
1	车体左右对称性	8	左前纵梁
2	左A柱	9	右前纵梁
3	左B柱	10	左前减震器安装座
4	左C柱	11	右前减震器安装座
5	右A柱	12	左后减震器安装座
6	右B柱	13	右后减震器安装座
7	右C柱		

表三　车辆缺陷状态描述对应表

代表字母	BX	NQ	GH	SH	ZZ
缺陷描述	变形	扭曲	更换	烧焊	褶皱

5.7　鉴定车辆技术状况

5.7.1　按照车身、发动机舱、驾驶舱、启动、路试、底盘等项目顺序检查车辆技术状况。

5.7.2　根据检查结果确定车辆技术状况的分值。总分值为各个鉴定项目分值累加，即鉴定总分＝∑项目分值，满分100分。

5.7.3　根据鉴定分值，按照表四确定车辆对应的技术等级。

表四　车辆技术状况等级分值对应表

技术状况等级	分值区间
一级	鉴定总分≥90
二级	60≤鉴定总分＜90
三级	20≤鉴定总分＜60
四级	鉴定总分＜20
五级	事故车

5.8　评估车辆价值

5.8.1　根据按照车辆有关情况，确立估值方法，并对车辆价值进行估算。

5.8.2　估值方法选用原则：

一般情况下，推荐选用现行市价法；在无参照物、无法使用现行市价法的情况下，选用重置成本法。

5.8.3　现行市价法的运用方法：

评估价值为相同车型、配置和相同技术状况鉴定检测分值的车辆近期的交易价格；

如无参照，可从本区域本月内的交易记录中调取相同车型、相近分值，或从相邻区域的成交记录中调取相同车型、相近分值的成交价格，并结合车辆技术状况鉴定分值加以修正。

5.8.4　当无任何参照体时，使用重置成本法计算车辆价值。

车辆评估价值＝更新重置成本×综合成新率

1. 更新重置成本为相同型号、配置的新车在评估基准日的市场零售价格；

2. 综合成新率由技术鉴定成新率与年限成新率组成，即：

综合成新率＝年限成新率×α＋技术鉴定成新率×β。

其中，年限成新率＝预计车辆剩余使用年限/车辆使用年限（乘用车使用年限15年，超过15年的按实际年限计算；有年限规定的车辆、营运车辆按实际要求计算）；

技术鉴定成新率＝车辆技术状况分值/100；

α、β分别为年限成新率系数与技术鉴定成新率系数，由评估人员根据市场行情等因素确定，且$\alpha+\beta=1$。

技术鉴定成新率×β，相当于实体性陈旧贬值与功能性陈旧贬值后，车辆剩余的价值率；

年限成新率×α，相当于经济性陈旧贬值后，车辆剩余的价值率。

5.9　撰写及出具鉴定评估报告

5.9.1　根据车辆技术状况鉴定等级和价值评估结果等情况，撰写《二手车鉴定评估报告》，做到内容完整、客观、准确，书写工整。

5.9.2　按委托书要求及时向客户出具《二手车鉴定评估报告》，并由鉴定评估人与复核人签章、鉴定评估机构加盖公章。

5.10　归档工作底稿

将《二手车鉴定评估报告》及其附件与工作底稿独立汇编成册，存档备查。

档案保存一般不低于5年；鉴定评估目的涉及财产纠纷的，其档案至少应当保存10年；法律法规另有规定的，从其规定。

6. 正常车辆技术状况鉴定有关要求

6.1　车身

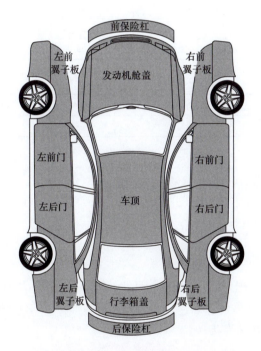

图三　车身外观展开示意图

6.1.1　参照图三标示，按照表五、表六要求检查26个项目，程度为1的扣0.5分，每增加1个程度加扣0.5分。共计20分，扣完为止。轮胎部分需高于程度4的标准，不符合标准扣1分。

6.1.2　使用车辆外观缺陷测量工具与漆面厚度检测检测仪器结合目测法对车身外观进行检测。

6.1.3　根据表五、表六描述缺陷，车身外观项目的转义描述为：

车身部位＋状态＋程度。

例：21XS2

对应描述为：

左后车门有锈蚀，面积为大于100mm×100mm并小于或等于200mm×300mm。

表五 车身外观部位代码对应表

代码	部位	代码	部位
14	发动机舱盖表面	27	后保险杠
15	左前翼子板	28	左前轮
16	左后翼子板	29	左后轮
17	右前翼子板	30	右前轮
18	右后翼子板	31	右后轮
19	左前车门	32	前大灯
20	右前车门	33	后尾灯
21	左后车门	34	前挡风玻璃
22	右后车门	35	后挡风玻璃
23	行李箱盖	36	四门风窗玻璃
24	行李箱内侧	37	左后视镜
25	车顶	38	右后视镜
26	前保险杠	39	轮胎

表六 车身外观状态描述对应表

代码	HH	BX	XS	LW	AX	XF
描述	划痕	变形	锈蚀	裂纹	凹陷	修复痕迹

程度：

1——面积小于或等于100mm×100mm；

2——面积大于100mm×100mm并小于或等于200mm×300mm；

3——面积大于200mm×300mm；

4——轮胎花纹深度小于1.6mm。

6.2 发动机舱

按表七要求检查10个项目。选择A不扣分，第40项选择B或C扣15分；第41项选择B或C扣5分；第44项选择B扣2分，选择C扣4分；其余各项选择B扣1.5分，选择C扣3分。共计20分，扣完为止。

表七 发动机舱检查项目作业表

序号	检查项目	A	B	C
40	机油有无冷却液混入	无	轻微	严重
41	缸盖外是否有机油渗漏	无	轻微	严重
42	前翼子板内缘、水箱框架、横拉梁有无凹凸或修复痕迹	无	轻微	严重
43	散热器格栅有无破损	无	轻微	严重
44	蓄电池电极桩柱有无腐蚀	无	轻微	严重
45	蓄电池电解液有无渗漏、缺少	无	轻微	严重
46	发动机皮带有无老化	无	轻微	严重
47	油管、水管有无老化、裂痕	无	轻微	严重
48	线束有无老化、破损	无	轻微	严重
49	其他	只描述缺陷，不扣分		

如检查第 40 项时发现机油有冷却液混入、检查第 41 项时发现缸盖外有机油渗漏，则应在《二手车鉴定评估报告》或《二手车技术状况表》的技术状况缺陷描述中分别予以注明，并提示修复前不宜使用。

6.3 驾驶舱

按表八要求检查 15 个项目。选择 A 不扣分，第 50 项选择 C 扣 1.5 分；第 51、52 项选择 C 扣 0.5 分；其余项目选择 C 扣 1 分。共计 10 分，扣完为止。

如检查第 60 项时发现安全带结构不完整或者功能不正常，则应在《二手车鉴定评估报告》或《二手车技术状况鉴定书》的技术状况缺陷描述中予以注明，并提示修复或更换前不宜使用。

表八　驾驶舱检查项目作业表

序号	检查项目	A	C
50	车内是否无水泡痕迹	是	否
51	车内后视镜、座椅是否完整、无破损、功能正常	是	否
52	车内是否整洁、无异味	是	否
53	方向盘自由行程转角是否小于 15 度	是	否
54	车顶及周边内饰是否无破损、松动及裂缝和污迹	是	否
55	仪表台是否无划痕，配件是否无缺失	是	否
56	排档把手柄及护罩是否完好、无破损	是	否
57	储物盒是否无裂痕，配件是否无缺失	是	否
58	天窗是否移动灵活、关闭正常	是	否
59	门窗密封条是否良好、无老化	是	否
60	安全带结构是否完整、功能是否正常	是	否
61	驻车制动系统是否灵活有效	是	否
62	玻璃窗升降器、门窗工作是否正常	是	否
63	左、右后视镜折叠装置工作是否正常	是	否
64	其他	只描述缺陷，不扣分	

6.4 启动

按表九要求检查 10 个项目。选择 A 不扣分，第 65、66 项选择 C 扣 2 分；第 67 项选择 C 扣 1 分；第 68 至 71 项，选择 C 扣 0.5 分；第 72、73 项选择 C 扣 10 分。共计 20 分，扣完为止。

如检查第 66 项时发现仪表板指示灯显示异常或出现故障报警，则应查明原因，并在《二手车鉴定评估报告》或《二手车技术状况鉴定书》的技术状况缺陷描述中予以注明。

优先选用车辆故障信息读取设备对车辆技术状况进行检测。

6.5 路试

按表十要求检查 10 个项目。选择 A 不扣分，选择 C 扣 2 分。共计 15 分，扣完为止。

如果检查第 80 项时发现制动系统出现刹车距离长、跑偏等不正常现象，则应在《二手车鉴定评估报告》或《二手车技术状况表》的技术缺陷描述中予以注明，并提示修复前不宜使用。

表九 启动检查项目作业表

序号	检查项目	A	C
65	车辆启动是否顺畅(时间少于5秒,或一次启动)	是	否
66	仪表板指示灯显示是否正常,无故障报警	是	否
67	各类灯光和调节功能是否正常	是	否
68	泊车辅助系统工作是否正常	是	否
69	制动防抱死系统(ABS)工作是否正常	是	否
70	空调系统风量、方向调节、分区控制、自动控制、制冷工作是否正常	是	否
71	发动机在冷、热车条件下怠速运转是否稳定	是	否
72	怠速运转时发动机是否无异响,空档状态下逐渐增加发动机转速发动机声音过渡是否无异响	是	否
73	车辆排气是否无异常	是	否
74	其他	只描述缺陷,不扣分	

表十 路试检查项目作业表

序号	检查项目	A	C
75	发动机运转、加速是否正常	是	否
76	车辆启动前踩下制动踏板,保持5~10秒,踏板无向下移动的现象	是	否
77	踩住制动踏板启动发动机,踏板是否向下移动	是	否
78	行车制动系最大制动效能在踏板全行程的4/5以内达到	是	否
79	行驶是否无跑偏	是	否
80	制动系统工作是否正常有效、制动不跑偏	是	否
81	变速箱工作是否正常、无异响	是	否
82	行驶过程中车辆底盘部位是否无异响	是	否
83	行驶过程中车辆转向部位是否无异响	是	否
84	其他	只描述缺陷,不扣分	

6.6 底盘

按表十一要求检查8个项目。选择A不扣分,第85、86项,选择C扣4分;第87、88项,选择C扣3分;第89、90、91项,选择C扣2分。共计15分,扣完为止。

表十一 底盘检查项目作业表

序号	检查项目	A	C
85	发动机油底壳是否无渗漏	是	否
86	变速箱体是否无渗漏	是	否
87	转向节臂球销是否无松动	是	否
88	三角臂球销是否无松动	是	否
89	传动轴十字轴是否无松框	是	否
90	减震器是否无渗漏	是	否
91	减震弹簧是否无损坏	是	否
92	其他	只描述缺陷,不扣分	

6.7 功能性零部件

对表十二所示部件功能进行检查。结构、功能坏损的,直接进行缺陷描述,不计分。

表十二 车辆功能性零部件项目表

序号	类别	零部件名称	序号	类别	零部件名称
93	车身外部件	发动机舱盖锁止	105	随车附件	备胎
94		发动机舱盖液压撑杆	106		千斤顶
95		后门/后备厢液压支撑杆	107		轮胎扳手及随车工具
96		各车门锁止	108		三角警示牌
97		前后雨刮器	109		灭火器
98		立柱密封胶条	110	其他	全套钥匙
99		排气管及消音器	111		遥控器及功能
100		车轮轮毂	112		喇叭高低音色
101	驾驶舱内部件	车内后视镜	113		玻璃加热功能
102		座椅调节及加热			
103		仪表板出风管道			
104		中央集控			

6.8 拍摄车辆照片

6.8.1 外观图片。分别从车辆左前部与右后部45度角拍摄外观图片各1张。拍摄外观破损部位带标尺的正面图片1张。

6.8.2 驾驶舱图片。分别拍摄仪表台操纵杆、前排座椅、后排座椅正面图片各1张,拍摄破损部位带标尺的正面图片1张。

6.8.3 拍摄发动机舱图片1张。

7. 二手车鉴定评估机构经营管理

7.1 有规范的名称、组织机构、固定场所和章程,遵守国家有关法律、法规及行规行约,客观公正地开展二手车鉴定评估业务。

7.2 在经营场所明显位置悬挂二手车鉴定评估机构核准证书和营业执照等证照,张贴二手车鉴定评估流程和收费标准。

7.3 二手车鉴定评估人员应严格遵守职业道德、职业操守和执业规范。

7.4 开展二手车鉴定评估活动应坚持客观、独立、公正、科学的原则,按照关联回避原则,回避与本机构、评估人有关联的当事人委托的鉴定评估业务。

7.5 建立内部培训考核制度,保证鉴定评估人员职业素质和鉴定评估工作质量。

7.6 建立和完善二手车鉴定评估档案制度,并根据评估对象及有关保密要求,合理确定适宜的建档内容、档案查阅范围和保管期限。

附一　　　　　二手车鉴定评估委托书(示范文本)

委托书编号:＿＿＿＿＿＿＿＿＿＿

委托方名称(姓名):　　　　　　法人代码证(身份证)号:

鉴定评估机构名称:　　　　　　　法人代码证:

委托方地址:　　　　　　　　　　鉴定评估机构地址:

联系人:　　　　　　　　　　　　电话:

因□交易□典当□拍卖□置换□抵押□担保□咨询□司法裁决需要,委托人与受托人达成委托关系，号牌号码为_____，车辆类型为_____，车架号（VIN 码）为_____的车辆进行技术状况鉴定并出具评估报告书，_____年_____月_____日前完成。

委托评估车辆基本信息

车辆情况	厂牌型号		使用用途	营运□非营运□
	总质量/座位/排量		燃料种类	
	初次登记日期	年 月 日	车身颜色	
	已使用年限	年 个月	累计行驶里程(万 km)	
	大修次数	发动机(次)	整车(次)	
	维修情况			
	事故情况			
价值反映	购置日期	年 月 日	原始价格(元)	
备注：				

委托方：（签字、盖章）　　　　　　　　　　　　受托方：（签字、盖章）
　　　　　　　　　　　　　　　　　　　　　　　（二手车鉴定评估机构盖章）
　　年　　月　　日　　　　　　　　　　　　　　　　　　　　年　　月　　日

1. 委托方保证所提供的资料客观真实，并负法律责任。
3. 仅对车辆进行鉴定评估。
4. 评估依据：《机动车运行安全技术条件》《二手车鉴定评估技术规范》等。
5. 评估结论仅对本次委托有效，不做它用。
6. 鉴定评估人员与有关当事人没有利害关系。
7. 委托方如对评估结论有异议，可于收到《二手车鉴定评估报告》之日起 10 日内向受托方提出，受托方应给予解释。

附二　　　　　　　二手车鉴定评估报告（示范文本）
　　　　　　　××××鉴定评估机构评报字（20　　年）第××号

一、绪言
　　_____（鉴定评估机构）接受_____的委托，根据国家有关评估及《二手车流通管理办法》和《二手车鉴定评估技术规范》的规定，本着客观、独立、公正、科学的原则，按照公认的评估方法，对牌号为_____的车辆进行了鉴定。本机构鉴定评估人员按照必要的程序，对委托鉴定评估的车辆进行了实地查勘与市场调查，并对其在_____年_____月_____日所表现的市场价值作出了公允反映。现将该车辆鉴定评估结果报告如下：

二、委托方信息
委托方：_____　　委托方联系人：_____
联系电话：_____　　车主姓名/名称：（填写机动车登记证书所示的名称）

三、鉴定评估基准日_____年_____月_____日

四、鉴定评估车辆信息

厂牌型号：＿＿＿＿＿＿　牌照号码：＿＿＿＿＿＿
发动机号：＿＿＿＿＿＿　车辆 VIN 码：＿＿＿＿＿＿
车身颜色：＿＿＿＿＿＿　表征里程：＿＿＿＿＿＿　初次登记日期：＿＿＿＿＿＿
年审检验合格至：＿＿＿＿年＿＿＿＿月＿＿＿＿　交强险截止日期：＿＿＿＿年＿＿＿＿月
车船税截止日期：＿＿＿＿年＿＿＿＿月
是否查封、抵押车辆：□是□否　　车辆购置税（费）证：□有□无
机动车登记证书：　　□有□无　　机动车行驶证：　　□有□无
未接受处理的交通违法记录：□有□无
使用性质：□公务用车　□家庭用车　□营运用车　□出租车　□其他：

五、技术鉴定结果
技术状况缺陷描述：＿＿＿
重要配置及参数信息：＿＿
技术状况鉴定等级：＿＿＿＿＿＿＿＿　等级描述：＿＿＿＿＿＿＿＿

六、价值评估
价值估算方法：□现行市价法　□重置成本法　□其他＿＿＿＿＿＿＿＿＿＿
价值估算结果：车辆鉴定评估价值为人民币＿＿＿＿＿＿元，金额大写：＿＿＿＿＿＿

七、特别事项说明[1]

八、鉴定评估报告法律效力
本鉴定评估结果可以作为作价参考依据。本项鉴定评估结论有效期为 90 天，自鉴定评估基准日至＿＿＿＿年＿＿＿＿月＿＿＿＿日止；

九、声明：
（1）本鉴定评估机构对该鉴定评估报告承担法律责任；
（2）本报告所提供的车辆评估价值为评估基准日的价值；
（3）该鉴定评估报告的使用权归委托方所有，其鉴定评估结论仅供委托方为本项目鉴定评估目的使用和送交二手车鉴定评估主管机关审查使用，不适用于其他目的，否则本鉴定评估机构不承担相应法律责任；
因使用本报告不当而产生的任何后果与签署本报告书的鉴定评估人员无关；
（4）本鉴定评估机构承诺，未经委托方许可，不将本报告的内容向他人提供或公开，否则本鉴定评估机构将承担相应法律责任。

附件：
一、二手车鉴定评估委托书
二、二手车技术状况鉴定作业表
三、车辆行驶证、机动车登记证书证复印件
四、被鉴定评估二手车照片（要求外观清晰，车辆牌照能够辨认）
二手车鉴定评估师（签字、盖章）　　　　　　　　　　复核人[2]（签字、盖章）
＿＿＿＿＿＿年＿＿＿＿月＿＿＿＿日　　　　　　　　（二手车鉴定评估机构盖章）
　　　　　　　　　　　　　　　　　　　　　　　　　　＿＿＿＿＿＿年＿＿＿＿月＿＿＿＿日

[1] 特别事项是指在已确定鉴定评估结果的前提下，鉴定评估人员认为需要说明在鉴定

过程中已发现可能影响鉴定评估结论，但非鉴定评估人员执业水平和能力所能鉴定评定估算的有关事项以及其他问题。

[2] 复核人是指具有高级二手车鉴定评估师资格的人员

备注：

1. 本报告书和作业表一式三份，委托方二份，受托方一份；
2. 鉴定评估基准日即为《二手车鉴定评估委托书》签订的日期。

附三　　　　　　　　　　二手车技术状况表

车辆基本信息	厂牌型号			牌照号码		
	发动机号			VIN码		
	初次登记日期	年　月　日		表征里程	万km	
	品牌名称		□国产□进口	车身颜色		
	年检证明	□有（至　年　月）□无		购置税证书	□有　□无	
	车船税证明	□有（至　年　月）□无		交强险	□有（至　年　月）□无	
	使用性质	□营运用车□出租车□公务用车□家庭用车□其他				
	其他法定凭证、证明	□机动车号牌　□机动车行驶证　□机动车登记证书　□第三者强制保险单　□其他				
	车主名称/姓名			企业法人证书代码/身份证号码		
重要配置	燃料标号		排量		缸数	
	发动机功率		排放标准		变速器形式	
	气囊		驱动方式		ABS	□有　□无
	其他重要配置					
是否为事故车	□是□否	损伤位置及损伤状况				
鉴定结果	分值			技术状况等级		
车辆技术状况鉴定缺陷描述	鉴定科目	鉴定结果（得分）		缺陷描述		
	车身检查					
	发动机检查					
	车内检查					
	启动检查					
	路试检查					
	底盘检查					

二手车鉴定评估师：　　　　　　　鉴定单位：（盖章）

　　　　　　　　　　　　　　　　鉴定日期：＿＿＿＿年＿＿＿＿月＿＿＿＿日

声明：

本二手车技术状况表所体现的鉴定结果仅为鉴定日期当日被鉴定车辆的技术状况表现与描述，若在当日内被鉴定车辆的市场价值或因交通事故等原因导致车辆的价值发生变化，对车辆鉴定结果产生明显影响时，本技术状况鉴定说明书不作为参考依据。

说明：

本二手车技术状况表由二手车经销企业、拍卖企业、经纪企业使用，作为二手车交易合同的附件。车辆展卖期间，放置在驾驶室前风挡玻璃左下方，供消费者参阅。

附录 2　《机动车强制报废标准规定》

第一条　为保障道路交通安全、鼓励技术进步、加快建设资源节约型、环境友好型社会，根据《中华人民共和国道路交通安全法》及其实施条例、《中华人民共和国大气污染防治法》《中华人民共和国噪声污染防治法》，制定本规定。

第二条　根据机动车使用和安全技术、排放检验状况，国家对达到报废标准的机动车实施强制报废。

第三条　商务、公安、环境保护、发展改革等部门依据各自职责，负责报废机动车回收拆解监督管理、机动车强制报废标准执行有关工作。

第四条　已注册机动车有下列情形之一的应当强制报废，其所有人应当将机动车交售给报废机动车回收拆解企业，由报废机动车回收拆解企业按规定进行登记、拆解、销毁等处理，并将报废机动车登记证书、号牌、行驶证交公安机关交通管理部门注销：

（一）达到本规定第五条规定使用年限的；

（二）经修理和调整仍不符合机动车安全技术国家标准对在用车有关要求的；

（三）经修理和调整或者采用控制技术后，向大气排放污染物或者噪声仍不符合国家标准对在用车有关要求的；

（四）在检验有效期届满后连续 3 个机动车检验周期内未取得机动车检验合格标志的。

第五条　各类机动车使用年限分别如下：

（一）小、微型出租客运汽车使用 8 年，中型出租客运汽车使用 10 年，大型出租客运汽车使用 12 年；

（二）租赁载客汽车使用 15 年；

（三）小型教练载客汽车使用 10 年，中型教练载客汽车使用 12 年，大型教练载客汽车使用 15 年；

（四）公交客运汽车使用 13 年；

（五）其他小、微型营运载客汽车使用 10 年，大、中型营运载客汽车使用 15 年；

（六）专用校车使用 15 年；

（七）大、中型非营运载客汽车（大型轿车除外）使用 20 年；

（八）三轮汽车、装用单缸发动机的低速货车使用 9 年，装用多缸发动机的低速货车以及微型载货汽车使用 12 年，危险品运输载货汽车使用 10 年，其他载货汽车（包括半挂牵引车和全挂牵引车）使用 15 年；

（九）有载货功能的专项作业车使用 15 年，无载货功能的专项作业车使用 30 年；

（十）全挂车、危险品运输半挂车使用 10 年，集装箱半挂车 20 年，其他半挂车使用 15 年；

（十一）正三轮摩托车使用 12 年，其他摩托车使用 13 年。

对小、微型出租客运汽车（纯电动汽车除外）和摩托车，省、自治区、直辖市人民政府有关部门可结合本地实际情况，制定严于上述使用年限的规定，但小、微型出租客运汽车不得低于 6 年，正三轮摩托车不得低于 10 年，其他摩托车不得低于 11 年。

小、微型非营运载客汽车、大型非营运轿车、轮式专用机械车无使用年限限制。

机动车使用年限起始日期按照注册登记日期计算，但自出厂之日起超过 2 年未办理注册登记手续的，按照出厂日期计算。

第六条 变更使用性质或者转移登记的机动车应当按照下列有关要求确定使用年限和报废：

（一）营运载客汽车与非营运载客汽车相互转换的，按照营运载客汽车的规定报废，但小、微型非营运载客汽车和大型非营运轿车转为营运载客汽车的，应按照本规定附件 1 所列公式核算累计使用年限，且不得超过 15 年；

（二）不同类型的营运载客汽车相互转换，按照使用年限较严的规定报废；

（三）小、微型出租客运汽车和摩托车需要转出登记所属地省、自治区、直辖市范围的，按照使用年限较严的规定报废；

（四）危险品运输载货汽车、半挂车与其他载货汽车、半挂车相互转换的，按照危险品运输载货车、半挂车的规定报废。

距本规定要求使用年限 1 年以内（含 1 年）的机动车，不得变更使用性质、转移所有权或者转出登记地所属地市级行政区域。

第七条 国家对达到一定行驶里程的机动车引导报废。

达到下列行驶里程的机动车，其所有人可以将机动车交售给报废机动车回收拆解企业，由报废机动车回收拆解企业按规定进行登记、拆解、销毁等处理，并将报废的机动车登记证书、号牌、行驶证交公安机关交通管理部门注销：

（一）小、微型出租客运汽车行驶 60 万千米，中型出租客运汽车行驶 50 万千米，大型出租客运汽车行驶 60 万千米；

（二）租赁载客汽车行驶 60 万千米；

（三）小型和中型教练载客汽车行驶 50 万千米，大型教练载客汽车行驶 60 万千米；

（四）公交客运汽车行驶 40 万千米；

（五）其他小、微型营运载客汽车行驶 60 万千米，中型营运载客汽车行驶 50 万千米，大型营运载客汽车行驶 80 万千米；

（六）专用校车行驶 40 万千米；

（七）小、微型非营运载客汽车和大型非营运轿车行驶 60 万千米，中型非营运载客汽车行驶 50 万千米，大型非营运载客汽车行驶 60 万千米；

（八）微型载货汽车行驶 50 万千米，中、轻型载货汽车行驶 60 万千米，重型载货汽车（包括半挂牵引车和全挂牵引车）行驶 70 万千米，危险品运输载货汽车行驶 40 万千米，装用多缸发动机的低速货车行驶 30 万千米；

（九）专项作业车、轮式专用机械车行驶 50 万千米；

（十）正三轮摩托车行驶 10 万千米，其他摩托车行驶 12 万千米。

第八条 本规定所称机动车是指上道路行驶的汽车、挂车、摩托车和轮式专用机械车；非营运载客汽车是指个人或者单位不以获取利润为目的的自用载客汽车；危险品运输载货车是指专门用于运输剧毒化学品、爆炸品、放射性物品、腐蚀性物品等危险品的车辆；变更使用性质是指使用性质由营运转为非营运或者由非营运转为营运，小、微型出租、租赁、教练等不同类型的营运载客汽车之间的相互转换，以及危险品运输载货汽车转为其他载货汽车。本规定所称检验周期是指《中华人民共和国道路交通安全法实施条例》规定的机动车安全技术检验周期。

第九条　省、自治区、直辖市人民政府有关部门依据本规定第五条制定的小、微型出租客运汽车或者摩托车使用年限标准，应当及时向社会公布，并报国务院商务、公安、环境保护等部门备案。

第十条　上道路行驶拖拉机的报废标准规定另行制定。

第十一条　本规定自2013年5月1日起施行。2013年5月1日前已达到本规定所列报废标准的，应当在2014年4月30日前予以报废。《关于发布〈汽车报废标准〉的通知》（国经贸经〔1997〕456号）、《关于调整轻型载货汽车报废标准的通知》（国经贸经〔1998〕407号）、《关于调整汽车报废标准若干规定的通知》（国经贸资源〔2000〕1202号）、《关于印发〈农用运输车报废标准〉的通知》（国经贸资源〔2001〕234号）、《摩托车报废标准暂行规定》（国家经贸委、发展计划委、公安部、环保总局令〔2002〕第33号）同时废止。

附录3 车辆技术状况鉴定记录表

车体骨架检查项目（任何一项存在缺陷即为事故车，不适用本规范）

代码	检查内容
1	车体左右对称性
2	左A柱
3	左B柱
4	左C柱
5	右A柱
6	右B柱
7	右C柱

代表字母	BX	NQ	GH	SH	ZZ
描述	变形	扭曲	更换	烧焊	褶皱

缺陷描述：

事故判定：□事故车　□正常车

车身检查

代码	检查内容	扣分	状态描述						缺陷描述
			HH 划痕	XS 锈蚀	AX 凹陷	BX 变形	LW 裂纹	XF 修复痕迹	
14	发动机舱盖表面								
15	左前翼子板								
16	左后翼子板								
17	右前翼子板								(14-38)缺陷程度为1扣0.5，每增加一个程度加扣0.5，共计20分，扣完为止。轮胎不符合标准扣1分。
18	右后翼子板								
19	左前车门								1—面积≤(100×100)平方毫米；
20	右前车门								2—(100×100)平方毫米<
21	左后车门								面积≤(200×300)平方毫米；
22	行李箱盖								3—面积>(200×300)平方毫米；
23	行李箱内侧								4—轮胎花纹深度<1.6毫米；
24	车顶								
25	前保险杠								
26	后保险杠								
27	左前轮								
28	左后轮								
29	右前轮								
30	右后轮								
31	前大灯								
32	后尾灯								
33	前挡风玻璃								
34	后挡风玻璃								
35	四门风窗玻璃								
36	左后视镜								
37	右后视镜								
38	轮胎								
39	其他项目								
	合计扣分								

续表

发动机舱检查

代码	检查内容		程度		扣分
		无	轻微	严重	
40	润滑油有无冷却液混入		15分	15分	
41	缸盖外是否有润滑油渗漏		5分	5分	
42	前翼子板内缘、散热器框架、横拉梁有无凹凸或修复痕迹		1.5分	3分	
43	散热器格栅有无破损		1.5分	3分	
44	蓄电池电极桩柱有无腐蚀		2分	4分	
45	蓄电池电解液有无渗漏、缺少		1.5分	3分	
46	发动机皮带有无老化		1.5分	3分	
47	油管、水管有无老化、裂痕		1.5分	3分	
48	线束有无老化、破损		轻微1.5	严重3	
49	其他：				
	合计扣分				

驾驶舱检查

代码	检查内容	状态		配分	扣分
		是	否		
50	车内无水泡痕迹	是	否	1.5	
51	车内后视镜、座椅是否完整、无破损、功能	是	否	0.5	
52	车内是否整洁，无异味	是	否	0.5	
53	方向盘自由行程转角小于15°	是	否	1	
54	车顶及周边内饰是否无破损、松动及裂缝和污迹	是	否	1	
55	仪表台是否无划痕、配件是否完好、无缺失	是	否	1	
56	变速器手柄护罩是否完好、无破损	是	否	1	

驾驶舱检查

代码	检查内容	状态		配分	扣分
		是	否		
57	储物盒是否无裂痕、配件是否缺失	是	否	1	
58	天窗是否移动灵活、关闭正常	是	否	1	
59	门窗密封条是否良好、无老化	是	否	1	
60	安全带结构是否完整，功能是否正常	是	否	1	
61	驻车制动器、门窗升降器工作是否灵活有效	是	否	1	
62	玻璃窗升降装置工作是否正常	是	否	1	
63	左、右后视镜折叠装置工作是否正常	是	否	1	
64	其他（只描述缺陷不扣分）：				

启动检查

代码	检查内容	状态		配分	扣分
		是	否		
65	车辆启动是否顺畅（时间少于5秒，或一次启动）	是	否	2	
66	仪表板指示灯显示是否正常，无故障报警	是	否	2	
67	各类灯光和调节功能是否正常	是	否	1	
68	泊车辅助系统工作是否正常	是	否	0.5	
69	制动防抱死系统（ABS）工作是否正常	是	否	0.5	
70	空调系统风量、制冷、热车条件下分区控制、自动控制工作是否稳定	是	否	0.5	
71	发动机在冷、热车条件下怠速运转是否稳定	是	否	0.5	
72	急速运转时发动机是否无异响，空档状态下逐渐增加发动机转速、发动机声音过渡是否无异响	是	否	10	
73	车辆排气是否无异常	是	否	0.5	
74	驻车制动系统结构是否完整	是	否	10	
75	其他（只描述，不扣分）：				
	合计扣分				

续表

路试检查

代码	检查内容	状态	配分	扣分	车辆功能性零部件列表（直接进行缺陷描述不扣分）	
76	发动机运转,加速是否正常	是 否	2		发动机舱盖锁止	仪表板出风管道
77	车辆启动前踩下制动踏板,保持5~10s,踏板无向下移动的现象	是 否	2		发动机舱盖液压撑杆	中央集控
78	踩住制动踏板启动发动机,踏板是否向下移动	是 否	2		后门液压支撑杆	备胎
79	行车制动踏板最大制动效能在踏板全行程的4/5以内达到	是 否	2		后备箱液压支撑杆	千斤顶
80	行驶是否跑偏	是 否	2		各车门锁止	轮胎扳手及随车工具
81	制动系统工作是否正常有效,制动不跑偏	是 否	2		前雨刮器	三角警示牌
82	变速箱工作是否正常,无异响	是 否	2		后雨刮器	灭火器
83	行驶过程中车辆底盘部位是否无异响	是 否	2		立柱密封胶条	全套钥匙
84	行驶过程中车辆转向部位是否无异响	是 否	2		排气管及消音器	遥控器及功能
85	其他（只描述,不扣分）：				车轮轮毂	喇叭高低音色
	合计扣分				车内后视镜	玻璃加热功能
					座椅调节及加热	

底盘检查

代码	检查内容	状态	配分	扣分
86	发动机油底壳是否无渗漏	是 否	4	
87	变速箱体是否无渗漏	是 否	4	
88	转向节臂球销是否无松动	是 否	3	
89	三角臂球销是否无松动	是 否	3	
90	传动轴十字轴是否无松旷	是 否	2	
91	减震器是否无渗漏	是 否	2	
92	减震弹簧是否无损坏	是 否	2	
93	其他（只描述,不扣分）：			
	合计扣分			

参 考 文 献

［1］ 何宝文. 汽车评估［M］. 大连：大连理工大学出版社，2010.
［2］ 张鹏. 二手车鉴定与评估［M］. 南京：江苏科学技术出版社，2010.
［3］ 庞昌乐. 二手车评估与交易实务. 北京：北京理工大学出版社，2007.